Sonja Kilian
Marli Spieker
Wenn Gott ins Leben funkt

Sonja Kilian

Marli Spieker

Wenn Gott ins Leben funkt

Sonja Kilian
Marli Spieker
Wenn Gott ins Leben funkt

Best.-Nr. 271 719
ISBN 978-3-86353-719-7
Christliche Verlagsgesellschaft Dillenburg

Neues Leben. Die Bibel © der deutschen Ausgabe 2002/2006/2017
by SCM R.Brockhaus in der SCM Verlagsgruppe GmbH, Witten/
Holzgerlingen

1. Auflage
© 2021 Christliche Verlagsgesellschaft Dillenburg
www.cv-dillenburg.de

Satz und Umschlaggestaltung:
Christliche Verlagsgesellschaft Dillenburg
Kleine Bilder auf dem Cover: © TWR
Bilder im Bildteil: privat

Druck: GGP Media GmbH, Pößneck
Printed in Germany

Für meine Mama
und für meine Schwiegermutter

Inhalt

Vorwort 9
Der Schmetterlingseffekt 11

1 Hochzeitspläne 12
2 Antonieta und Julio 17
3 Geplatzte Träume 25
4 Unermüdliche Arbeit bei der Heilsarmee 28
5 Heilsarmee-Alltag in Santa Maria 34
6 Wieder eine Trennung 37
7 Wind in den Segeln und Flauten 41
8 Verliebt, verlobt 52
9 Familie 61
10 Heiße Tage in Rio de Janeiro 67
11 Neue Aufgaben 69
12 Radioarbeit in Brasilien 91
13 Burnout 108
14 Zurück in Brasilien 114
15 Kanada 121
16 USA 129
17 Die Vergangenheit 134
18 Große, weite Welt 147
19 Am Strand von Guam 150
20 Die Berufung 156
21 Projekt Hannah 160
22 Marli ist nicht zu stoppen 183
23 Schwindelnde Höhen und abgrundtiefe Täler . . 189
24 Edmunds neue Wege 200
25 Zehn Jahre voller Wunder 205
26 Peggy Banks 221

| 27 | Abschied | 225 |

Nachwort von Marli Spieker 233
Anhang: Projekt Hannah heute 243
Literaturverzeichnis 244
Dank der Autorin 245

Vorwort

Während einer Geschäftsreise im Mai 1975 fuhr ich mit dem Taxi zur Rua Manoel da Nobrega in São Paulo. Dort wollte ich Edmund Spieker treffen, dessen Adresse mir Hermann Schulte gegeben hatte. Ich traf Edmund allein an. Seine Frau Marli war mit den Kindern aus der lauten Millionenstadt „geflohen". Edmund erzählte mir von den ersten Schritten mit Radio Transmundial, seinen Plänen, Visionen und auch den Schwierigkeiten. Die Zeit verflog im Nu, und als er mich dann zum Flughafen brachte, wurde es sehr knapp. Aber das hinderte Edmund nicht daran, für mich zu beten, bevor ich ausstieg.

Das war meine erste Begegnung mit Edmund. Viele folgten, dann auch mit Marli. Eine Freundschaft entstand mit gemeinsamen Anliegen wie die Radiomission in Deutschland und weltweit. 1980 besuchte uns die ganze Familie Spieker in Haiger, Deutschland. (Bild im Bildteil, Seite 4).

So trafen wir uns mal in Brasilien, mal in den USA, oder in Wetzlar, auch bei einer „Women of hope"-Konferenz in Thailand. Unsere Gespräche kreisten oft um die Verbreitung der Frohen Botschaft von Jesus, besonders für Frauen in Not.

Bei einer der letzten Begegnungen im Restaurant der Haigerer Stadthalle war Marli unsicher, fragend wegen des bevorstehenden Führungswechsels im Projekt „Women of hope". Sie wollte aktiv abgeben, hatte aber gleichzeitig Angst, dass der Führungswechsel dem Projekt schaden könnte.

So habe ich Marli erlebt, immer fragend nach Gottes Wegen, vorausdenkend, visionär und doch suchend nach den Möglichkeiten Gottes. Sie spricht sehr offen ihre Gedanken aus, will Rat, sucht nach Hilfe für die Entscheidungen. Und gleichzeitig spürt man ihr ab, wie ergriffen sie ist von Gottes Auftrag für die unterdrückten, in kultureller, seelischer und geistlicher Not befindlichen Frauen, und danach fiebert, ihnen die frohe Nachricht von der Liebe Jesu zu bringen.

Wie froh bin ich, dass Marlis Geschichte mit diesem Buch veröffentlicht wird. Die packende und ermutigende Lektüre ist so spannend, so emotional aufrührend und gleichzeitig so hinweisend auf Jesus, dass ich jedem sehr empfehlen muss, das zu lesen - Frauen wie Männern, Christen wie Nichtchristen!

Für mich zählt Marli Spieker zu den Heldinnen der Wirklichkeit. Ihr leiser, zarter Flügelschlag ist zum kräftigen Wind der Ermutigung, zum Segen, zum Glück sehr, sehr vieler Frauen weltweit geworden. Auch mich hat der „Hauch" in Bewegung gebracht, persönlich und in meinem ehrenamtlichen Dienst bei ERF Medien und TWR international.

Joachim Loh, Unternehmer, Haiger 2021

Der Schmetterlingseffekt

Während des Zweiten Weltkriegs arbeitete ein Mann namens Edward Norton Lorenz an Wettervorhersagen für die Luftstreitkräfte der US-Armee. Er forschte am *Massachusetts Institute of Technology* (MIT) und studierte Meteorologie. Der Wissenschaftler entwickelte ein Wettervorhersage-Modell, bei dem er drei Variablen verwendete: Temperatur, Luftdruck und Windrichtung. Eines Tages stellte Lorenz fest, dass ein minimaler Zahlenfehler bei diesen Variablen in der Lage war, das Ergebnis seiner Wetterprognose komplett zu verändern. Die große Auswirkung einer kleinen Veränderung der Anfangsbedingungen wurde später bekannt als Schmetterlingseffekt.

Durch Edward Lorenz entstand auch die wunderschöne Metapher, dass ein Schmetterling vielleicht durch einen einzigen Flügelschlag einen Orkan auslösen kann. Es ist ein inspirierender Gedanke, dass ein zarter Falter durch sein Flattern in der Lage sein könnte, eine weitreichende Kettenreaktion in der Atmosphäre auszulösen, weil winzige Luftmoleküle angestoßen werden, deren Bewegung sich immer weiter fortsetzt. Dies würde bedeuten, dass auch unscheinbare Anstrengungen überraschende und unvorhersehbare Auswirkungen haben können, die weit über unsere Vorstellungskraft hinausgehen.

Durch die mächtige Kraft, die in uns wirkt, kann Gott unendlich viel mehr tun, als wir je bitten oder auch nur hoffen würden.
Epheser 3,20

1

Hochzeitspläne

1963: Marli steht verträumt vor dem kleinen Spiegel in ihrem Zimmer, dreht sich zur Seite und betrachtet ihre Frisur von allen Seiten. Obwohl sie Brasilianerin ist und alle aus ihrer Familie dunkle Haare haben, ist Marli blond. Ihre Brüder Darby und Paulo nennen sie manchmal scherzhaft und liebevoll zugleich „Alemãzinha" – was so viel heißt wie „kleine Deutsche". Marli begutachtet ihre einfache, aber elegante Hochsteckfrisur. Genau so will sie aussehen, wenn es endlich so weit ist. Es dauert nicht mehr lange bis zu dem Tag, von dem jedes kleine Mädchen träumt. Marlis Hochzeit steht kurz bevor, und ihre Gedanken überschlagen sich. Im Spiegel sieht sie sich selbst; doch vor ihrem inneren Auge steht der Mann, mit dem sie gemeinsam bis zu ihrem Lebensende glücklich sein will. Er ist ein attraktiver, großer gebürtiger Däne aus Argentinien, sympathisch, gebildet, mit außerordentlich höflichen Umgangsformen, bei allen beliebt. Doch eigentlich ist Marli nur eine einzige Sache wirklich wichtig. Alle anderen Eigenschaften ihres Verlobten verblassen im Hinblick auf diese eine wesentliche Voraussetzung, die ihr Zukünftiger aufweisen muss, um eine Chance bei ihr zu haben: Marlis Ehemann soll sein Leben nach Gott ausrichten. Und genau das trifft bei Marlis Auserwähltem zu. Wie Marli selbst möchte auch er Gott gehorsam sein und nach biblischen Maßstäben leben. Nichts ist wichtiger, als dass in einer Ehe beide Partner im Glauben die gleiche Basis haben; davon ist Marli überzeugt. Diese Art von Ehe im Einklang erlebt sie schließlich am Vorbild ihrer Eltern.

Schon als kleines Mädchen hat sie sich an ihrer Mutter und ihrem Vater orientiert. Sie möchte später alles genauso machen wie die beiden. In ihrem Vater sieht Marli das Vorbild für ihren zukünftigen Ehemann. Sie selbst ist entschlossen, eine gute Ehefrau zu werden – so wie es ihre Mutter ist. Marli weiß ganz sicher: Mit ihrem Verlobten zusammen wird die Zukunft genau so werden, wie sie es sich schon immer vorgestellt hat.

Als Marli sich in den dänischen Missionar verliebt hat, war er 25 Jahre alt und damit zehn Jahre älter als sie. Das ist exakt der gleiche Altersunterschied wie bei Marlis Eltern. Bei ihnen sind es fast auf den Tag genau zehn Jahre. Ihre Mama Antonieta Banuz wurde am 11. März 1920 geboren. Ihr Vater Julio Valente am 10. März 1910.

Begonnen hat alles an Marlis 15. Geburtstag. In Brasilien feiern viele Mädchen, wenn sie 15 Jahre alt werden, ein ganz besonderes Fest: den Übergang vom Mädchen zur Frau. Viele Freundinnen sind eingeladen, und das Geburtstagskind wird herausgeputzt, fast wie für eine Hochzeit. Die 15-jährigen jungen Damen dürfen jetzt Stöckelschuhe tragen und sich kleiden wie eine Lady. Es ist deshalb auch ein wehmütiger Tag für die Mütter, denn sie verlieren ihr kleines Mädchen, das jetzt groß ist. Jede Mama möchte, dass ihre Tochter bei diesem Fest wunderschön aussieht und sich auch so fühlt. Sie versucht, ihrem Mädchen einen unvergesslichen Tag zu bereiten. Mama Antonieta war an diesem Tag ganz besonders stolz auf die Tochter, die sie sich immer gewünscht hatte – das *eine* Mädchen mitten unter den vielen Jungs. Sie selbst hatte ihren Julio mit 15 Jahren geheiratet. Antonieta konnte kaum glauben, dass ihr kleines Mädchen jetzt schon so alt war. Würde sie vielleicht auch bald schon heiraten und von zu Hause weggehen?

Vielleicht war es Zufall; vielleicht lagen aber auch so viele Erwartungen an diesem Tag in der Luft, dass Marlis Gefühle an ihrem 15. Geburtstag verrücktspielten. Sie bemerkte zum ersten Mal, dass sie etwas für den gut aussehenden dänischen Missionar empfand, das mehr war als Freundschaft oder Respekt. Mit 15 Jahren begann Marli, sich selbst als junge Frau zu fühlen, und beim Anblick des attraktiven Dänen machte sich plötzlich ein Kribbeln in ihrem Bauch breit. Dieses aufregende Gefühl musste wohl Verliebtheit sein.

Seit ihrem 15. Geburtstag hat sich an Marlis Gefühlen für den charmanten Missionar nichts geändert. Auch mit 18 Jahren schaut Marli zu dem blonden Dänen auf, der die gleiche Berufung hat wie ihr Vater. Es ist seine zweite Arbeitsstelle, nachdem er die Kadettenschule der Heilsarmee in London beendet hat. Wie Marlis Vater arbeitet der junge Mann als Prediger bei der gleichen Organisation wie alle aus Marlis Familie: bei der Heilsarmee. Als ausgebildeter, hauptamtlicher Geistlicher der Heilsarmee wird er Offizier genannt.

Heute probiert Marli nicht nur die Frisur für den großen Tag aus, sondern das gesamte Outfit, das sie tragen wird, wenn sie ihrem zukünftigen Mann das Eheversprechen gibt. Doch jetzt kommt ihr wieder der Alltag in den Sinn. Seufzend beschließt Marli, nicht mehr ihren Tagträumen nachzuhängen, sondern wieder an die Arbeit zu gehen. Obwohl sie ihre Hochzeitskleidung trägt, muss sie sich kaum umziehen: Statt eines Hochzeitskleids wird sie nämlich die Uniform der Heilsarmee tragen; das ist die Regel für alle Mitglieder dieser internationalen christlichen Organisation. William Booth aus England, der Gründer der Heilsarmee, hatte die Uniform eingeführt. Mit dem gleichen Feuereifer wie für die christliche Verkündigung engagierte er sich in der praktischen Sozialarbeit. Um die Effektivität der vielen Wohlfahrtseinrichtungen und zahlreichen Projekte steigern zu können, war eine straff organisierte Bewegung unerlässlich. So erhielt die Missionsgesellschaft 1878 nicht nur den *Namen* Heilsarmee, sondern sie wurde auch aufgebaut wie eine Streitmacht: Die Gemeindeniederlassungen nannte man Korps, die hauptamtlichen Mitarbeiter Offiziere, die Mitglieder Soldaten, und der Gründer William Booth war der General. Anfangs gab es noch keine militärisch anmutende Kleidung. Lediglich Anstecker oder Abzeichen dienten als Symbole mit Wiedererkennungswert. Doch später ermutigte der General seine Mitarbeiter, sich zusätzlich Uniformen zuzulegen, an welchen der Rang erkennbar war. Für Marli und ihre Familie sind die Uniformen ein sichtbares und deutliches Bekenntnis ihrer Zugehörigkeit sowohl zum christlichen Glauben als auch zur Heilsarmee.

Ihre neue Uniform sieht sehr schön aus, findet Marli. Sie ist navyblau. Für die Hochzeit hat Marli eine weiße Schärpe selbst genäht. Feine Spitze hat sie mit Seide unterlegt und die Schärpe mit Perlen und mit einer hübschen weißen Stoffblume an der Schulterpartie geschmückt. Nur dieses weiße Band, das von der linken Schulter zur rechten Hüfte reicht, deutet auf die Hochzeit hin. Doch Marli ist sehr zufrieden mit diesem besonderen Accessoire, das in dieser Form wahrscheinlich vor ihr noch keine Heilsarmee-Braut getragen hat. Das weiße Band zu schmücken war Marlis eigene Idee. Sie hat einen Blick für das Schöne und eine künstlerische Ader. Auch sonst sticht sie manchmal aus der Masse heraus. Sie wollte noch nie das haben, was jeder hat. Vielleicht auch deshalb, weil sie eben nicht so ist wie jede andere und weil ihr Leben nicht so verlaufen ist wie bei vielen anderen. Es macht Marli nichts aus, dass die meisten ihrer Freundinnen in einem üppigen weißen Kleid heiraten werden. Ein weißes Kleid hätte ihr natürlich gut gefallen, aber sie ist bereit, dieses Opfer zu bringen. Sie ist stolz auf ihre dunkelblaue Uniform.

Marli hat ihren zukünftigen Bräutigam bei der Heilsarmee in ihrer Heimatstadt Curitiba kennengelernt. Marlis Eltern wurden jedoch bald nach São Paulo versetzt und der junge Prediger nach Rio de Janeiro. Daher ergibt es sich, dass Marli bei ihren Eltern in São Paolo arbeitet, über 400 Kilometer entfernt von ihrem zukünftigen Bräutigam. Sie sehen sich in der Regel nur einmal im Monat, wenn der dänische Missionar die zwölfstündige Busfahrt über Nacht auf sich nimmt, um zu Marli zu fahren. Meist an einem Montag, denn am Wochenende, insbesondere am Sonntag, hat ein Heilsarmee-Offizier viel zu tun. Erst nach dem letzten Gottesdienst am Sonntagabend kann er sich freinehmen. Nur einen Tag können die beiden Verlobten dann jeweils miteinander verbringen. Marli freut sich schon darauf, wenn diese langen Zeiten des Getrenntseins endlich ein Ende haben werden und sie für immer mit ihrem Geliebten zusammen sein darf.

Die Heilsarmee ist für die beiden wie eine große Familie. Alle Angehörigen dieser Freikirche duzen sich und reden sich mit „Bruder" und „Schwester" an. Hier kennt Marli sich aus und fühlt sich zu Hause. Was für ein Geschenk, dass sie einen Ehemann gefunden hat, der zu dieser Familie gehört! Nur ein kleines Problem gab es: Marlis Alter. Seit sie 17 Jahre alt ist, macht sie eine Ausbildung an der Offiziersschule der Heilsarmee, wo sie sich darauf vorbereitet, Offizierin zu werden. Sonst dürfte sie nach den Regeln der Heilsarmee keinen Offizier heiraten. Die verantwortlichen Leiter der Schule finden Marli allerdings zu jung zum Heiraten. Sie machen trotzdem eine Ausnahme und genehmigen die Verlobung. Marli ist überglücklich. In ihrem jungen Leben hat sie zwar schon mehr Schwierigkeiten erlebt als manch andere in ihrem Alter, aber ihre brasilianische Energie ist ungebrochen. Jetzt ist alles perfekt, und sie freut sich darauf, ihre eigene kleine Familie zu gründen.

Etwa 400 Gäste sind zu der Feier eingeladen. Der Vater des Bräutigams ist Territorialleiter bzw. Kommandeur der Heilsarmee in Argentinien. Er selbst will die Trauungszeremonie für seinen Sohn und Marli in Brasilien durchführen. Auch andere Familienmitglieder planen, aus Argentinien zur Hochzeitsfeier anzureisen. Die ersten Geschenke sind bereits eingetroffen. Es ist nämlich üblich, dass Freunde und Verwandte schon vor dem großen Fest etwas vorbeibringen. „Die Zukunft kann beginnen", denkt Marli. „Und das bevorstehende Hochzeitsfest wird ein wunderbarer Auftakt dazu!"

2

Antonieta und Julio

1945: Antonieta und Julio haben sich schon immer ein kleines Mädchen gewünscht. Der Wunsch geht in Erfüllung, als Marli am 2. Mai 1945 geboren wird. Drei Söhne hat das brasilianische Ehepaar zu diesem Zeitpunkt schon: Celso, Darby und Paulo. Die Eltern sind überglücklich und verwöhnen die Kleine, wo es nur geht. Genauso machen es auch die großen Brüder. Sie himmeln Marli regelrecht an. Der erstgeborene Celso ist neun Jahre älter als Marli. Sie ist wie ein Püppchen für ihn, ein zerbrechliches, unendlich wertvolles Porzellanpüppchen, auf das man aufpassen muss wie auf seinen Augapfel.

Zu der Zeit, als die kleine Marli geboren wird, sind ihre Eltern voll engagiert bei verschiedenen Projekten der Heilsarmee. Das war bei ihrer Heirat – zehn Jahre vor Marlis Geburt –

noch ganz anders: Antonieta und Julio ahnten damals nicht im Entferntesten, dass sie ihr gesamtes Familien- und Arbeitsleben einmal nach einer christlichen Organisation ausrichten würden. Doch schon kurz nach ihrer Hochzeit begannen sie, Veranstaltungen der Heilsarmee zu besuchen. Antonietas Mutter Adelina, die sich dort bekehrt hatte, lud ihre Tochter und ihren Schwiegersohn zu Gottesdiensten ein. Auf der Suche nach der Wahrheit lasen und studierten die beiden frisch Verheirateten eifrig die Bibel und fingen Feuer. Sie ließen sich begeistern für ein Leben mit Jesus. Es dauert nicht lange, und das Ehepaar Valente ist voll in die Arbeit der Heilsarmee integriert, und mit großer Überzeugung und Begeisterung stellen sie sich und ihre Kräfte Gott als ihrem neuen Dienstherrn voll und ganz zur Verfügung.

*

Im Oktober 1947, als die kleine Marli zweieinhalb Jahre alt ist, werden ihre Eltern von der Leitung der Heilsarmee gebeten, nach Pelotas in den südlichsten Bundesstaat Brasiliens, Rio Grande do Sul, zu ziehen, um dort die Leitung eines Waisenheims zu übernehmen. Es ist ein großes Haus mit 65 Jungs – alle zwischen vier und 18 Jahre alt. Die Kinder kommen aus zerbrochenen Familien. Jedes von ihnen bringt seine eigenen Herausforderungen und Sorgen mit ins Heim. 65 Einzelschicksale. 65 verschiedene Bedürfnisse. 65-mal junge Zukunftsträume und Zukunftsängste. Dazu noch die drei leiblichen Söhne von Antonieta und Julio. Und mittendrin: ein kleines Mädchen.

Marlis Mutter hat alle Hände voll zu tun. Dabei hat sie kaum Zeit für ihre Tochter. Das Heim voller Waisenkinder verbraucht ihre ganze Energie, sodass sie einen Babysitter engagieren muss. Zur Hilfe bei der Organisation der praktischen Arbeit hat sie schließlich nur eine Köchin sowie eine Frau, die die gesamte Wäsche des Hauses per Hand wäscht. Tag und Nacht gibt es alle Hände voll zu tun, denn vier Erwachsene für all diese Jungs sind nicht ausreichend. „Egal, was du machst", sagt die stets beschäftigte Mutter zu ihrer kleinen Tochter, „ich will dich im Blick haben." Seit Antonieta einen der größeren Jungen dabei erwischt hat, wie er einen kleineren missbrauchen wollte, und einige Zeit später ihre eigene kleine Marli fast in eine ähnliche gefährliche Situation geraten wäre, macht sie sich große Sorgen. Ständig hat sie ein schlechtes Gewissen, weil sie für Marli nicht die Mutter sein kann, die das Mädchen bräuchte. Antonieta bittet Gott immer wieder, dass er doch auf ihr kleines Töchterchen aufpassen möge.

Gott sieht die Not und sorgt dafür, dass noch jemand anderem die schwierige Situation auffällt. Ein anonymer Wohltäter zahlt das Schulgeld für Marli für das einzige Mädcheninternat der Stadt. Familie Valente hätte das Geld dafür nie aufbringen können. Mama Antonieta hat das Gefühl, dass dieses Internat der richtige Ort für ihre Tochter ist. „In der Gesellschaft von anderen Mädchen ist Marli sicher besser aufgehoben als bei den vielen Jungs im Waisenheim", denkt sie. Bis heute weiß niemand aus der Familie, wer diese großzügige Person war, die das Geld für das Internat zur Verfügung gestellt hat. Später, als Marli älter ist, bedauert sie, dass sie sich nie bei ihr bedanken kann.

Bei dem Internat handelt sich um eine Eliteschule für Mädchen, die von der anglikanischen Kirche geführt wird. Im gleichen Gebäude befindet sich eine gewöhnliche Schule, die von Kindern besucht wird, die nicht im Internat wohnen.

Marli ist fünf, als sie aufgenommen wird. Sie ist im Internat mit Abstand die Jüngste. Alle anderen sind 15 Jahre und älter.

Marli ist ein kleines Mädchen unter lauter jungen Damen. Die Kinder in ihrer Schulklasse sind natürlich im gleichen Alter, aber sie ist die Einzige von ihnen, die nach Schulschluss um 17:30 Uhr nicht abgeholt wird, sondern mit den älteren Schülern über Nacht bleibt. Sie fühlt sich sehr einsam, weil sie anders ist als die anderen. Die anderen Kinder stammen aus wohlhabenden Familien, von Politikern oder den ganz großen Farmern Südbrasiliens. Es sind Mädchen aus ganz Rio Grande do Sul. Allesamt reich. Jeder merkt, dass Marli eigentlich nicht dort hingehört, und sie selbst spürt es auch. Oft wird sie geärgert. Doch wenigstens bei den Lehrern ist sie sehr beliebt. Sie mögen Marli gerne, weil sie immer brav ist und fleißig lernt. Niemals macht das kleine Heilsarmee-Mädchen Unfug. Dieses vorbildliche Verhalten wird allerdings von *allen* Schülerinnen erwartet. Es geht recht streng zu. Beim Essen zum Beispiel wird nicht geredet. Eine Lehrerin sitzt immer bei den Mahlzeiten dabei, um die Einhaltung der Regeln zu überwachen.

Ein einziges verrücktes Ding macht Marli während ihrer ganzen Schulzeit. Und auch das ist nur eine Kleinigkeit. Ihr kommt eines Tages die Idee, sich zusammen mit Margarita, einer Mitschülerin, im Zimmer ihrer Klassenlehrerin zu verstecken. Die Lehrerin trägt immer ein langes schwarzes Kleid und wirkt so geheimnisvoll. Marli und Margarita wollen sehen, was sie macht, wenn sie allein ist. Die beiden Mädchen schleichen sich in das Zimmer der Lehrerin und verstecken sich dort in einer Truhe. Sie warten und warten, aber niemand kommt, und die beiden geben schließlich auf.

Marli zählt zu den fleißigsten Schülern – stets mit hervorragenden Ergebnissen. „Gib dein Bestes!", hat Marlis Vater zu ihr gesagt, bevor sie ins Internat gegangen ist. „Schließlich zahlt jemand anders für die Schule." Irgendwie fühlt sich

Marli seitdem dafür verantwortlich, ihren Teil dazu beizutragen, dass das Geld nicht umsonst ausgegeben wird. Sie hat immer die allerbesten Noten. Wenn sie keine glatte 10 (die Bestnote) erreicht, sondern nur 9,5 Punkte, dann ist ihr Vater schon enttäuscht. Das ist sehr hart für das kleine Mädchen, das sich so sehr anstrengt und es allen recht machen will.

In vielen Nächten liegt die kleine Marli im Bett und weint. Sie vermisst vor allem ihre Mama, aber auch die anderen Familienmitglieder. Niemand ist da, um sie zu trösten. Niemand hält nachts ihre Hand, wenn sie Angst vor der Dunkelheit hat. Keiner ist für sie da.

In den ersten Jahren darf Marli jedes Wochenende nach Hause gehen. Aber als sie sieben Jahre alt wird, nur noch einmal im Monat. Jedes Mal, wenn sie zu Hause ist, bekommt sie so viel Zuneigung, wie man sich nur vorstellen kann. Die Brüder lieben ihre kleine Schwester über alle Maßen. Genau aus diesem Grund hat Marli zunächst nie das Gefühl, dass sie um irgendetwas beraubt worden wäre. Die Zeit mit ihrer fürsorglichen und liebevollen Familie erscheint ihr wie eine Entschädigung für die Einsamkeit im Internat. Wenn Marli zu Hause ist, geht ihr ältester Bruder Celso nicht ins Bett, bevor Marli ihm gesagt hat, dass sie ihn lieb hat. Mama Antonieta erzählt Marli später: „Jedes Mal hast du Celso erst eine Weile zappeln lassen, bevor du ihm dann gesagt hast, was er hören wollte. Ich habe den armen Celso ermahnt: ‚Lass Marli in Ruhe! Du weißt doch, dass sie dich lieb hat.' Aber er konnte den Gedanken nicht ertragen, dass es vielleicht doch nicht so wäre." Celso, der große Bruder, nimmt sich vor, immer auf Marli aufzupassen. Es ist eine ganz besondere Liebe zwischen den zweien.

Trotzdem fühlt Marli oft eine unbestimmte Traurigkeit tief in sich – besonders am Abend bei Sonnenuntergang in der Schule. Sie beobachtet, wie die herrlich warme Sonne Südbrasiliens als riesiger Ball rot-orange hinter dem Horizont verschwindet. Mit ihr verschwinden nach Schulende um 17:30 Uhr auch alle anderen Mädchen aus ihrer Klasse. Sie dürfen fröhlich nach Hause gehen, weil sie nur auf der Tagesschule angemeldet sind, während Marli mit den älteren Internatskindern und mit ihrem Schmerz und ihrer Traurigkeit allein zurückbleiben muss. Mit der Abendsonne sinkt auch Marlis Stimmung.

Erst als die Jahre vergehen, beginnt Marli sich zu fragen: „Warum kümmern sich meine Eltern um so viele andere Kinder, aber so wenig um mich?" Irgendwann sagt jemand zu ihr: „Es ist ein Opfer für deine Eltern, dich abzugeben und von dir getrennt zu sein. Sie tun das, weil sie Gott lieben."

Mit so einem Gott will Marli nichts zu tun haben. Als sie wieder nach Hause kommt, ist genau das ihr Problem; es sind nicht ihre Eltern, sondern der Gott, dem ihre Eltern dienen.

Im Jahr 1957 wird Marlis Vater aus der Stadt Pelotas in Rio Grande do Sul zu einem neuen Posten berufen, um die Leitung der Heilsarmee in Curitiba, im Bundesstaat Paraná, zu übernehmen. Marli darf als Zwölfjährige wieder zu ihrer Familie; allerdings an einen völlig neuen Wohnort, in einer neuen Schule, zu neuen Klassenkameraden. Diesmal ist es kein Internat. Alles ist neu, aber Marli ist endlich wieder zu Hause bei ihren Eltern und den geliebten Geschwistern.

Es sind nicht viele unbeschwerte Kindheitstage, die Marli erlebt. Aber einige gibt es doch. Die vielleicht schönste Zeit, in der Marli Kind sein darf, verbringt sie in Curitiba, als sie endlich wieder bei ihrer Familie ist. Sie findet Freunde, mit denen sie regelmäßig etwas unternimmt. Am schönsten sind für Marli die Ferienlager, die von der Heilsarmee für Kinder organisiert werden. Sie liebt diese Zeit über alles! Während der

Freizeit-Camps entstehen so enge Freundschaften, dass Marli sogar 50 Jahre später auf Facebook einige der alten Freunde wiederfindet und Skype-Treffen im Internet mit etwa 20 der damaligen Jugendlichen organisiert. Die fröhliche Zeit auf den Jugend-Camps wird Marli nie vergessen.

Rebellisch wird Marli in ihrer Teenagerzeit nie, doch diese stille Traurigkeit beginnt, sie von innen langsam, aber stetig aufzufressen. Marli merkt es zwar, hat aber nicht den Mut, mit jemandem darüber zu sprechen. „Wenn ich meinen Eltern davon erzähle, ist das, als würde ich sie ins Gesicht schlagen", denkt Marli. „Sie haben mich in die beste Schule geschickt, die es gibt. All die wunderbaren Dinge, die ich heute kenne – Gastfreundschaft, die Liebe zur Musik, Kunst, die Liebe zu allem Schönen ... all dies habe ich in diesem Internat gelernt." Tatsächlich haben die Lehrer bei den Schülerinnen nicht nur auf höfliche und vornehme Umgangsformen geachtet. Sie haben den Mädchen beigebracht, feminine, schöne Frauen zu sein. Das weiß Marli sehr zu schätzen. Wie könnte sie all das Gute undankbar zurückweisen? Sie hat fast ein schlechtes Gewissen, wenn sie ihre Brüder beobachtet. Die fröhlichen, unbeschwerten Jungs helfen den Eltern und arbeiten Seite an Seite mit ihnen. „Sie sind wie Engel", denkt Marli. Einen Groll hegt sie weder gegen ihre Brüder noch gegen ihre Eltern. Später sagt sie: „Ich weiß nicht, was mit mir passiert ist. Ich glaube, Gott hat einige Stellen bei mir im Kopf versiegelt. Er hat keine bösen Gedanken hineingelassen. So habe ich nie gegen meine Eltern rebelliert. Ich wusste immer, dass sie nur das Beste für mich wollten." Eigentlich kennt Marli ihre Mutter und ihren Vater nicht wirklich. Doch es fällt ihr in dieser Zeit nicht auf, weil sie nicht darüber nachdenkt.

Tief in ihrer Seele ist Marli ein sehr unsicherer Mensch. Sie hat ein geringes Selbstbewusstsein, obwohl sie immer die

Beste in ihrer Schulklasse ist und obwohl sie schon als kleines Mädchen ganz gut etwas vor einer Gruppe präsentieren konnte. Als sie einmal drei Monate lang Ferien hat, arbeitet sie bei ihren Eltern mit. Schon mit neun Jahren hat sie den Kindergottesdienst geleitet. Sozial ist Marli weit entwickelt. Sie kann sich gut benehmen und findet sich auch in der Erwachsenenwelt bestens zurecht. Niemand kommt auf den Gedanken, dass es emotional dunkle Stellen in Marli gibt, die sie keinem zeigt. Niemandem öffnet sie ihr verwundetes Herz – auch Gott nicht.

Eines regnerischen Tages geht die inzwischen fünfzehnjährige Marli wieder einmal zu einem Gottesdienst – mitten in der Woche, an einem Dienstag. Gelegentlich kann es auch in Südbrasilien recht kalt werden; das ist an diesem Tag der Fall. Statt es sich zu Hause gemütlich zu machen, bricht die ganze Familie zum Gottesdienst auf. Im Hause Valente ist es keine Frage, ob man zum Gottesdienst geht oder nicht. Daran nimmt die ganze Familie teil, ohne lange zu überlegen. Die Valentes sind die Ersten, die da sind, und die Letzten, die gehen. Marlis Vater hätte höchstens dann Verständnis dafür, dass sie zu Hause bleibt, wenn sie krank wäre. So sitzt Marli brav im Gottesdienst, während viele andere wegen des kalten Wetters daheim geblieben sind. Im Versammlungssaal befinden sich außer Marlis Familie kaum noch weitere Zuhörer. Die Predigt hält Marlis Vater, der Korpsoffizier der Gemeinde, wie es in der Heilsarmee heißt. Julio predigt so wortgewaltig und begeistert, als säßen 3 000 Menschen im Gottesdienst. Er spricht über Petrus, der von Jesus gefragt wird: „Petrus, liebst du mich? Petrus, liebst du mich?" Es ist, als hörte Marli in ihrem Kopf diese Frage: „Marli, liebst du mich? Marli, liebst du mich?" Sie antwortet lautlos: „Nein. Du weißt, dass ich dich nicht liebe. Aber wenn du diese Traurigkeit aus meinem Herzen nimmst, dann werde ich dich lieben; denn ich weiß, du bist die Liebe." Und das weiß sie wirklich ganz genau. Schließlich ist Marli schon mit fünf Jahren bei einer Kinderevangelisation nach vorne zu den Mitarbeitern gegangen, um deutlich zu machen, dass sie Jesus nachfolgen will. Aber an diesem kalten Tag in dem fast leeren Saal beschließt Marli erneut, Gott ihr Leben anzuvertrauen. In dieser Stunde akzeptiert sie ganz bewusst die Konsequenzen, die es mit sich bringt, wenn man ein Kind Gottes ist. Still, aber fest entschlossen verspricht sie Gott: „Ich werde dir dienen, bis ich sterbe." Von da an ist Marli eine andere Person. Sie hat Gott darum gebeten, die Traurigkeit aus ihrem Herzen zu nehmen, und tatsächlich spürt sie plötzlich ganz deutlich, dass Gott ihr diese Bitte erfüllt hat.

3
Geplatzte Träume

1963: Marli starrt auf das Telefon. War das eben am anderen Ende der Leitung wirklich die Stimme des Mannes, den sie in acht Tagen heiraten wollte? Mit dem sie sich eine wunderbare Zukunft ausgemalt hat?

Marli kann gar nicht mehr klar denken. Es ist, als hätte sie einen Schlag ins Gesicht bekommen – von dem Mann, von dem sie seit ihrem 15. Lebensjahr träumt. „Marli, ich liebe dich nicht. Deshalb kann ich dich nicht heiraten." Hat er tatsächlich aus Rio de Janeiro angerufen, um ihr das zu sagen?

Er wollte doch zu ihr reisen, um mit ihr die letzten Vorbereitungen für die Hochzeit zu treffen, die in gut einer Woche stattfinden sollte.

Marli kann es nicht glauben. Wie in Trance hat sie geantwortet: „Wenn du mich nicht liebst, will ich dich auch nicht heiraten." Ein einziger Anruf – und alles ist vorbei. Als hätte eine Bombe in Marlis Leben eingeschlagen.

Die nächsten Monate sind ein einziger Albtraum. Jeder in der Heilsarmee kennt Marli und weiß bald Bescheid über die Ereignisse. Überall begegnen ihr mitleidige Blicke. Marli fühlt sich gedemütigt, schuldig, wertlos, von aller Welt verlassen. Ihre Kindheit hat sie gerade so überstanden – oft einsam, auf sich allein gestellt, eine Außenseiterin in der Schule. Jetzt ist das letzte Selbstbewusstsein, das sie sich so mühsam aufgebaut hat, verschwunden. Gerade als es schien, als würde sich alles zum Besseren wenden, wird Marlis aufkeimende unbeschwerte Lebenslust wieder niedergedrückt. Bald stellt sich heraus, dass Marlis Bräutigam eine Beziehung eingegangen ist – zu ihrer besten Freundin, die bei der Hochzeit Brautjungfer hätte werden sollen. Für Marli ist das gleich ein doppelter Schlag. Als sie es erfährt, bricht sie innerlich völlig zusammen. Etwas in ihr stirbt.

Auch ihre Eltern sind am Boden zerstört. Wie kann ein Mensch ihrer geliebten Prinzessin so etwas antun? Noch dazu jemand aus den eigenen Reihen – ein Mitglied der Heilsarmee, ein frommer Mann aus gutem Hause. Sein Vater bekleidet den höchsten Heilsarmee-Rang als Leiter der Arbeit in Argentinien, und sein Bruder ist in der Heilsarmee in Brasilien tätig. Niemand hätte für möglich gehalten, was passiert ist.

Es ist das erste Mal, dass Marli ihren Vater weinen sieht. Niemand spricht mit Marli über das Geschehene, aber beide Eltern und die Brüder nehmen sich frei. Das ist ein wertvolles

Geschenk. Urlaub gibt es in ihrer Familie nämlich eigentlich nicht. Die Arbeit liegen zu lassen ist außergewöhnlich. So oft hatten Julio und Antonieta keine Zeit für ihre kleine Marli, aber jetzt nehmen sie sich gute zwei Wochen. Für die Brüder ist das nicht so einfach. Sie müssen ihre Arbeit kündigen, damit das möglich ist. Darby macht gerade eine medizinische Ausbildung; er ist schon verheiratet und hat einen kleinen Sohn. Trotzdem lässt auch er alles stehen und liegen, um mit Marli und den anderen wegzufahren.

Sie reisen in den Süden Brasiliens, wo sie allein sein können. Marlis Onkel nimmt dort die ganze Familie bei sich auf. Alle trauern gemeinsam, aber niemand redet mit Marli über die Ereignisse. Das ist in Brasilien zu der Zeit nicht üblich. Durch das Gespräch würde man ja nur wieder an die schrecklichen Vorkommnisse erinnert werden. Eine stille gemeinsame Trauer scheint eher angebracht. Marli fühlt sich von ihrer Familie sehr geliebt, sodass diese 15 Tage einen heilsamen Prozess in ihr anstoßen. Antonieta und Julio haben umsonst Geld für die geplante Hochzeit ausgegeben. Sie wollten für ihre einzige Tochter eine wunderbare Feier ausrichten. Sie haben Geld verloren und geben trotzdem noch einmal welches aus, um mit der ganzen Familie weit wegzufahren. Das alles zeigt Marli, dass sie doch noch geliebt wird und nicht von aller Welt verlassen ist. Trotzdem fällt ihr später als Situationsbeschreibung nur noch *ein* Wort für diese Zeit ein: „Grausam!"

Nach den zwei Wochen „Urlaub" kommt die ganze Familie wieder zurück. Jeder tut seinen Dienst und arbeitet unermüdlich; denn Mitglieder der Heilsarmee sind ihrem Motto „gerettet, um zu dienen" – „saved to serve", wie es im Englischen heißt, treu. Etwa ein Jahr lang tut Marli genau das, was sie bei anderen in ihrem Umfeld sieht: arbeiten bis zum Umfallen.

4

Unermüdliche Arbeit bei der Heilsarmee

Als verlassene Verlobte fühlt sich Marli unendlich verletzt, aber sie leidet nicht unter Groll, Bitterkeit oder Unfähigkeit zur Vergebung. Das ist ein großes Geschenk Gottes.

Irgendeine Art von Begleitung oder Seelsorge wegen Marlis zerschlagenem Gemütszustand gibt es nicht. Stattdessen wird sie von ihrem Arbeitgeber zunächst auf einen anderen Posten nach Belo Horizonte, am anderen Ende von Brasilien, geschickt. In Belo Horizonte arbeitet sie mit einer Frau zusammen, die etwas älter ist als sie selbst und weder Zeit hat noch die Notwendigkeit sieht, sich um Marlis Seele zu kümmern. Dahinter steckt keine böse Absicht, aber Marli muss sich allein durchbeißen. Nicht nur der Schock wegen der geplatzten Träume und die große Demütigung machen ihr zu schaffen. Es fällt ihr auch schwer, dauerhaft so weit weg von ihrer Familie zu sein.

„Du kannst jederzeit nach Hause zurückkommen", haben Marlis Eltern ihr versichert. Aber Marli ist zu stolz dazu. „Das wäre irgendwie, als würde ich aufgeben und den Platz verlassen, an den Gott mich gestellt hat. Und als würde ich nicht allein zurechtkommen", denkt sie. Sie beschließt, als junge Offizierin der Heilsarmee weiterzuarbeiten. Sie will anderen dienen und dabei ihre eigene Not vergessen.

Marli arbeitet und arbeitet. Fleißig war sie schon immer, aber in dieser Lebensphase wird sie endgültig zum absoluten Workaholic. Das rettet sie. Sie konzentriert sich auf die Arbeit und auf die Hilfsbedürftigen, die nach Liebe und Brot hungern. Dabei vergisst sie ihren eigenen Schmerz. Morgens um sechs Uhr steht sie auf und richtet das Frühstück für alle Mitarbeiter der Heilsarmee auf dem Posten in Belo Horizonte. Der Gottesdienstraum der Heilsarmee befindet sich im Erdgeschoss eines Gebäudes mit Platz für etwa 80 Besucher. Darüber liegen die Zimmer der Mitarbeiter. Marli fühlt sich permanent beobachtet, denn sie ist ja immer am Arbeitsplatz. Und für ein Privatleben bleibt sowieso keine Zeit. Zu Marlis Job gehören die Reinigungsarbeiten für den Gottesdienstraum – den sogenannten „Versammlungssaal" – und die anderen Räumlichkeiten inklusive einer kleinen Klinik. Für ihren Dienst bezahlt die Heilsarmee ein kleines Gehalt, das gerade für die persönliche Grundversorgung reicht. Unzählige Male hat Marli kaum Geld für das Nötigste und muss sich zum Beispiel entscheiden, ob sie sich lieber Seife oder Zahnpasta kaufen will. Für beides reichen ihre Finanzen nicht aus.

Marli liebt schöne Dinge, die sie sich aber nicht leisten kann. So lernt sie während dieser harten Zeit, ihr Improvisationstalent und ihre Kreativität zu nutzen. Diese Gabe kommt ihr auch bei ihrem Engagement für die jüngsten Hilfsbedürftigen zugute. Schon in ihrer frühesten Jugend hat Marli Kinderstunden gehalten. Auch jetzt arbeitet sie viel mit Kindern. Es macht ihr Freude, den Schwachen und Kleinen ein paar schöne Stunden zu bereiten, sie einfach mal zur Abwechslung von der Straße zu holen und ihnen von Gottes Liebe zu erzählen. Material kann ihr dafür niemand zur Verfügung stellen. Marli sammelt deshalb Holz, Kronkorken, Nägel und andere Dinge, um mit den Kindern zu basteln. Aus bunten Luftschlangen, die Marli irgendwoher aufgetrieben hat, entstehen zum Beispiel kleine Gefäße. Dazu kocht Marli aus Mehl und Wasser eine klebrige Pampe. Damit werden die Papierschlangen dicht übereinander geklebt. Beim Trocknen verbindet sich das Papier mit der Klebemasse, härtet aus und behält seine Form. Eine spannende Beschäftigung für die experimentierfreudigen Kinder! Zum Erzählen von biblischen Geschichten verwendet Marli eine Kiste mit Sand. Mit dem Sand formt sie Landschaften. Eine Spiegelscherbe verwandelt sich in einen See und kleine Äste stellen Bäume dar. Durch Sandmalerei und kleine Gegenstände in dem Holzkasten wird die Fantasie der Kinder angeregt, und sie lauschen erstaunt den Geschichten, von denen sie vorher noch nie etwas gehört haben.

Marli ist nicht nur Reinigungskraft und Sozialarbeiterin. Sie schreibt Ansprachen und Gedanken auf. Sie liest viel und notiert sich wichtige Dinge. Schließlich will Marli für Evangelisationen gut vorbereitet sein. Wenn sie spricht, kommen regelmäßig viele Leute nach vorne und bekehren sich; sie wollen ihr Leben verändern und es nach Gottes Maßstäben ausrichten. Menschen entscheiden sich dafür, Jesus nachzufolgen.

Immer wieder erlebt Marli dramatische Verwandlungen bei denen, die dem Aufruf zur Umkehr folgen. Eine Lebensgeschichte dieser Art hat sich Marli ganz besonders ins Gedächtnis gebrannt. Bevor sie nach Belo Horizonte versetzt worden ist, war Marli schon einmal mit der Heilsarmee zu einem Einsatz dort. Sie erinnert sich noch genau an den Tag, an dem sie mit ihren Kadetten aus der Offiziersschule in São Paulo in Belo Horizonte unterwegs war. Akkordeon spielend zog Marli mit den anderen durch die Stadt und lud Passanten zu einer evangelistischen Gottesdienstreihe ein, als sie plötzlich eine Bewegung im Gebüsch am Straßenrand wahrnahm. Sie dachte zuerst, es sei ein Tier, das da aus den Büschen herauskroch; doch es war eine Frau – die stadtbekannte, stets alkoholisierte Dona Maria. Sie war diesmal so betrunken, dass sie nicht mehr laufen konnte. „Ich komme mit euch", keuchte sie, während sie sich auf allen vieren auf die musizierende Gruppe zu bewegte. Die Heilssoldaten und Offiziere packten Dona Maria links und rechts unter den Armen und schleppten sie, so gut es ging, mit sich.

Im Versammlungssaal der Heilsarmee angekommen, überlegten die Helfer, wie sie die lautstarke Betrunkene etwas beruhigen könnten. „Wir geben ihr am besten erst mal einen starken Kaffee", lautete Marlis Vorschlag. Danach setzten sie Dona Maria in die allerletzte Reihe, damit sie den Gottesdienst nicht allzu sehr stören konnte. Am Ende der Veranstaltung forderte der Prediger mit dem typischen Ruf zur Entscheidung die Zuhörer dazu auf, nach vorne zu kommen. Er machte noch einmal deutlich, dass jede einzelne anwesende Person die Chance zur Umkehr hätte. Durch Jesus Christus sei es möglich, ein völlig neuer Mensch zu werden.

Marli saß vorne bei der Rednerplattform und traute ihren Augen kaum, als sie sah, wer diesmal der Aufforderung folgte und nach vorne kam: Es war Dona Maria höchstpersönlich, die entschlossenen Schrittes in Richtung Altar ging und an einer Bank in der ersten Reihe niederkniete. Marli ging gemeinsam mit anderen Frauen zu ihr, um mit ihr zu beten. Sie erinnert sich noch, wie sie sich zu Dona Maria herunterbeugte, die irgendetwas Unverständliches murmelte. Marli dachte in dem Moment nur: „Ach, du meine Güte! Sie wird nichts von dem verstehen, was ich zu ihr sage." Doch ihre Angst war unbegründet. Dona Maria sprach ein Gebet zum Sündenbekenntnis, indem sie Marlis Worte deutlich wiederholte.

Nach der Veranstaltung brachte Marli die Frau an diesem Sonntag zurück in den Slum, in dem sie lebte. Dona Maria wies ihr dabei den Weg. „Die Frau werde ich nie wieder im Gottesdienst sehen", dachte Marli noch beim Abschied. „Ich glaube nicht, dass sie wirklich in der Lage ist, ein neues Leben zu beginnen."

Tatsächlich kam Dona Maria am nächsten Tag nicht mehr. Am übernächsten auch nicht. Als sich die Mitarbeiter am Donnerstag aussuchen durften, welchen Dienst sie tun wollten, schlug Marli vor: „Ich möchte Dona Maria besuchen." Marli wusste ja ungefähr, wo die Frau wohnte, immerhin hatte sie sie am Sonntag fast bis nach Hause begleitet. Dona Maria hatte ihr auch erzählt, dass sie allein lebe; einen Ehemann hätte sie nicht, und ihre 14-jährige Tochter sei seit einiger Zeit spurlos verschwunden. Marli machte sich also zusammen mit anderen auf, um diese Frau im Slum zu suchen. Jeder dort kannte Dona Maria, und es war ein Leichtes, ihre Hütte ausfindig zu machen. Es war eine Bruchbude. Wo man auch hintrat – alles war voller Fliegen, Dreck und Gestank. Marli ekelte sich vor dem schmutzigen Boden und wusste gar nicht, wo sie stehen sollte. Da sah sie Dona Maria auf etwas liegen, das einem Bett ähnelte. Es war eine mit Getreidehülsen gefüllte Matratze. In der Bretterbude stank es ekelerregend, weil die arme Frau sich tagelang erbrochen hatte. Seit Sonntag nach dem Gottesdienst hatte sie anscheinend keinen Tropfen Alkohol mehr angerührt. Ihr Körper nahm ihr diesen abrupten Alkoholentzug übel. Dona Maria litt unter heftigen Entzugserscheinungen. Irgendwie schafften es die jungen Leute, die kranke Frau aus der Hütte zu schaffen und draußen ins Freie zu setzen. Einer von ihnen ging zur Apotheke und ließ sich Medizin geben. Die anderen versuchten, den Fußboden der Hütte und den Schlafplatz zu reinigen. Sie verbrannten die Matratze, besorgten eine neue und brachten auch frische Kleidung für die Frau mit. Bald lag die Patientin auf ihrer neuen Matratze – immer noch völlig erschöpft und fertig mit den Nerven. Die fleißigen Helfer der Heilsarmee fühlten sich am

Ende des Tages mindestens ebenso erschöpft. „Die Situation ist ausweglos!" – Da war sich Marli sicher. Wie sollte jemand aus einem solchen Slum jemals herauskommen?

Die Tage vergingen bis zum Sonntag, dem feierlichen Abschluss der Evangelisationswoche im September. Der Versammlungssaal war proppenvoll. Marli und ihre Kollegen saßen wie immer vorne bei der Rednertribüne. Gegen Ende der Veranstaltung tippte jemand Marli an und machte sie auf eine Gottesdienstbesucherin aufmerksam: „Schau mal! Da ist Dona Maria."

Marli sah sich um, konnte die Slumbewohnerin aber in der Masse beim besten Willen nicht ausfindig machen. „Die zweite Person von rechts in der letzten Reihe", flüsterte ihr die Heilsarmee-Kameradin zu. Und dann sah auch Marli die Frau. Sie hatte ihr Haar nach hinten gebunden und trug ein schlichtes weißes Kleid. Es war eine hübsche Frau. Eine völlig neue Person. Nicht mehr die altbekannte, verwahrloste Alkoholikerin. In dem Moment, als Marli sie entdeckte, kam sie nach vorne zum Gebet. Freudestrahlend brach es aus Dona Maria heraus: „Gott hat mich vom Alkohol erlöst. Er hat mich aus der Prostitution befreit. Ich möchte aber weiter in die Bars und Bordelle gehen, in denen ich Stammgast war, um den Menschen dort von meinem neuen Leben zu erzählen. Alle sollen wissen, dass Gott dieses Wunder für jeden tun kann."

Wie die biblische Frau am Brunnen, die nach einer Begegnung mit Jesus zurück in ihr Dorf ging und die Leute herbeiholte, verwandelte sich Dona Maria zu einer Evangelistin. Sie wurde ein aktives Gemeindemitglied, obwohl sie weiterhin in den Slums lebte. Sie blieb ein leuchtendes Licht für andere und lud viele Menschen zur Nachfolge Jesu ein.

Als Marli erfuhr, dass sie nach Belo Horizonte versetzt werden sollte, dachte sie natürlich gleich an Maria. Nicht lange nach ihrer Ankunft in der Großstadt im Südosten Brasiliens haben sich die beiden auch tatsächlich wieder getroffen.

Dona Maria ist zu Marli gezogen und hilft unter anderem bei allen anfallenden Reinigungsarbeiten im Korps der Heilsarmee. Sie kann weder lesen noch schreiben und hat daher kaum eine Chance, irgendwo anders Arbeit zu finden. Maria ist unendlich dankbar für diese Möglichkeit und nennt Marli ihren kleinen Engel. Ein Jahr lang leben die beiden zusammen, bis Marli wieder an einen anderen Ort versetzt wird, nach Santa Maria im äußersten Süden Brasiliens.

5
Heilsarmee-Alltag in Santa Maria

Marlis Arbeitstage bei der Heilsarmee sind randvoll gefüllt mit Verpflichtungen – so wie das bei allen ihren Dienstkollegen üblich ist. Marli predigt, hält Kindergottesdienste, leitet Bibelstudiengruppen für junge Leute, nimmt an Musikproben mit der Heilsarmee-Band teil, singt im Chor und besucht Bedürftige in Restaurants, Bars und Bordellen. Dabei muss Marli eine ungeheure Menge an Eindrücken verkraften. Dazu gehören auch Enttäuschungen, Rückschläge und Demütigungen von Menschen, die sich über die Heilsarmee lustig machen.

Trotzdem will Marli weiterhin dazu beitragen, dass Menschen an Leib und Seele gesund werden. Dabei bemerkt sie nicht, dass auch ihre eigene Seele Pflege braucht. Immer öfter leidet sie an einer ihr unerklärlichen Müdigkeit. Sie spürt ein lähmendes Gefühl der Schwäche, verbunden mit tiefer Traurigkeit. Außerdem fühlt Marli Zweifel in sich aufsteigen, die immer mehr Raum in ihren Gedanken einnehmen. Sie predigt zu dieser Zeit über das Thema „Die Freude am Herrn ist meine Stärke" aus Nehemia 8,10. „Wenn du Jesus hast, hast du alles, was du brauchst: Heil und Rettung", lautet die Botschaft ihrer Ansprachen. All das predigt sie sehr lebendig, aber innerlich fühlt sie sich tot. Marli beginnt sich zu fragen, was sie da eigentlich tut. Die Dinge, die sie predigt, sind in ihrem eigenen Leben nicht mehr wahr. Da ist keine Freude mehr in ihr, nur noch Trauer. Marli fühlt sich nicht mehr brennend, sondern ausgebrannt. Einsam, weil ihre Familie so weit weg wohnt. Allein, weil sie niemanden zum Reden hat. Immer noch traurig, weil sie verlassen wurde. Marli gibt anderen Menschen alles, aber bekommt wenig zurück.

Sie hat oft nicht einmal die Kraft zu beten. Manchmal, wenn Marli in der Bibel liest, kommt es ihr vor wie Spott. Sie liest Zusagen wie „Vertraue Gott und befiehl ihm deine Wege an! Er wird die Bedürfnisse deines Herzens erfüllen". Aber ihr Herzenswunsch, nämlich ihren Verlobten zu heiraten, wurde ihr nicht erfüllt. Sie kann die Vergangenheit nicht loslassen. Verletzungen machen anfällig für Versuchungen. Das merkt Marli an ihren zermürbenden Gedanken. Immer wieder stellt sie Dinge infrage, von denen sie eigentlich weiß, dass es unumstößliche Wahrheiten sind. In solchen Momenten sucht Marli die Stille. Sie geht in ihr Zimmer. Dort wiederholt sie immer nur tonlos vor sich hin: „Gott. Gott. Gott, sei mir gnädig."

Als Antwort erhält Marli keine deutliche Stimme, keine eindrucksvolle Vision. Nur Stille. Sie stellt sich vor, wie Jesus vor ihr sitzt und sie ihren Kopf in seinen Schoß legt. Da bleibt sie eine Weile. Es wird zu einer geistlichen Übung und

Willensentscheidung für Marli. Still formuliert ihr Herz die Worte:

Ich will
... allein sein mit Gott.
... auf ihn warten.
... ihm die wunden Punkte meines Lebens überlassen.
... wissen, dass wir Menschen ohne ihn nichts tun können.
... darauf vertrauen, dass ER etwas tun wird.
... mich darauf verlassen, dass Gott die Liebe ist, so wie es sein Wort sagt.

Wenn ich nicht verstehe, was Gottes Hand tut, dann kann ich dem Herzen Gottes vertrauen. Ich werde nah bei ihm bleiben und warten, bis er die Wunden meines Herzens heilt.

Soll sie vielleicht aus der Heilsarmee austreten? Marli erschrickt über ihre eigenen Gedanken, die ihr irgendwann plötzlich in den Sinn kommen. Schließlich erinnert sie sich noch genau an ihren Abschluss der Heilsarmee-Bibelschule, der Offiziersschule: Den kompletten Tag vor der Abschlussfeier verbringen die Kadetten, wie die Schüler genannt werden, traditionellerweise mit Gebet und Andachten. Danach wird eine Art Vertrag abgeschlossen. Auch Marli hat unterschrieben, dass sie niemals im Leben weder Gott noch die Heilsarmee verlassen wird. Als junge Kadettin war das für Marli eine ernste Angelegenheit, denn sie strebte mit jeder Faser ihres Körpers danach, ein gottgefälliges Leben zu führen. „Ich hätte mir auch meinen Arm aufgeritzt und den Vertrag mit meinem eigenen Blut unterschrieben, wenn man es von mir verlangt hätte", sagt sie später. Marli befindet sich in einem Zwiespalt. „Ich war so jung, als ich heiraten wollte", erinnert sie sich. „Doch die Heilsarmee hat extra eine Ausnahme für mich gemacht. Man hat es gut mit mir gemeint. Was würden meine Freunde sagen, wenn ich die Organisation verließe?" Schließlich ist Marli sozusagen in die Heilsarmee hineingeboren worden. Ihr Amt als Heilsarmee-Offizierin aufzugeben scheint ihr fast so, als wollte sie ihre Familie verlassen.

6
Wieder eine Trennung

Ein Jahr etwa bleibt Marli mit der Heilsarmee in Santa Maria, bis im Dezember 1964 kurz vor Weihnachten ein wichtiges Ereignis für ihren Bruder Darby ansteht. Er hat sein Medizinstudium erfolgreich beendet, und zur Abschlussfeier darf Marli in ihre Geburtsstadt Curitiba reisen.

Sie freut sich sehr darauf, endlich ihre Familie wiederzusehen. Viele Gedanken schießen ihr dabei durch den Kopf. Innerlich aufgewühlt beschließt sie in einem Anflug von Mut und Trotz zugleich: „Jetzt höre ich auf mit dem Lügen! Ich predige ständig über Frieden im Herzen und über Freude – dabei fehlt mir selbst beides. Das ist nicht aufrichtig." Als sie nach Hause zu ihrer Familie kommt, fasst sie sich ein Herz und bekennt ihren Seelenzustand und dass sie ernsthaft überlegt, ob sie aus der Heilsarmee-Arbeit aussteigen soll. Ihre Eltern haben sie nie dazu gedrängt, in der Heilsarmee aktiv zu sein, weil sie wissen, wie hart die Arbeit dort ist. Genauso wenig drängen sie jetzt ihre Tochter, dabei zu bleiben. Sie geben ihr volle Rückendeckung und lassen sie ihre bedingungslose Liebe spüren. Marli soll selbst entscheiden, was sie tun möchte.

Zu der Zeit betreuen Antonieta und Julio das evangelische Krankenhaus in Curitiba.

Marli will sich im Krankenhaus einbringen. Einfach nur Urlaub bei ihren Eltern zu machen kommt gar nicht infrage! Beim Arbeiten kommt man am besten auf andere Gedanken. Schnell findet sie außerdem Anschluss an einige junge Leute. Marli ist sehr glücklich über die Freundschaften, die sich dabei ergeben.

*

Darbys Abschlussfeier findet in einem großen Theatersaal statt, und Antonieta hat Marli gebeten, drei Plätze zu reservieren: für ihre Freundin Magdalena Spieker mit deren Sohn Edmund und der Tochter Ursula. Die zwei Frauen sind jedoch verhindert, sodass Edmund allein auf der Veranstaltung erscheint und letztendlich neben Marli sitzt. Die beiden jungen Leute kennen sich bereits flüchtig. Edmund arbeitet ebenfalls im Krankenhaus.

Marli wird viele Jahre später noch schmunzeln, wenn sie an den Abend der Abschlussfeier ihres Bruders denkt. Sie bekommt fast nichts von dem mit, was auf der Bühne stattfindet – so sehr ist sie ins Gespräch mit Edmund vertieft. Sie sprechen darüber, wie schwierig es doch manchmal ist, Gottes Willen zu erkennen; sie tauschen sich aus über geplatzte Träume und über ganz Persönliches, als wären sie seit Jahren befreundet. Zu ihrer Mutter sagt Marli später halb ernst, halb belustigt: „Dieser Kerl hat ein Gesicht wie ein Priester, sodass man am liebsten die Beichte bei ihm ablegen will!"

In der folgenden Zeit während Marlis Aufenthalt in Curitiba lernen die beiden sich noch besser kennen. Kurz vor Weihnachten hat Edmund die Idee, einen Chor zu bilden, der bei der Krankenhaus-Weihnachtsfeier singen soll. Marli mit ihrem melodischen Alt und Edmunds Schwester Ursula mit ihrer schönen Sopranstimme werden zu den wichtigsten Stützen dieses Projektchors. Ursula, die von ihren Freunden meist Ulla genannt wird, arbeitet wie Edmund als Freiwillige im evangelischen Krankenhaus. Marli und Ulla unternehmen viel zusammen und verstehen sich blendend.

Wenige Tage nach Weihnachten muss Marli wieder nach Santa Maria zurückkehren. Mama Antonieta macht sich Gedanken um ihr 19-jähriges Mädchen, das mit sich kämpft, ob es weiterhin in der Heilsarmee bleiben soll oder nicht. Besorgt spricht Antonieta mit Edmund darüber, und gemeinsam beten sie für Marli. Da er nun von der Situation weiß, spricht Edmund vor ihrer Abfahrt auch mit Marli selbst. Er macht ihr Mut und meint: „Folge deiner inneren Überzeugung und fürchte dich nicht vor dem, was andere sagen!"

Auf der Reise hat Marli noch einmal reichlich Zeit, um über ihre Entscheidung nachzudenken. Doch sie weiß immer noch nicht, was sie tun soll. In Santa Maria angekommen, dauert es weitere acht Wochen, bis sie nach viel innerem Ringen, Gebet und Gesprächen einen Entschluss fassen kann. Drei äußerst intensive Jahre voller unvergesslicher Ereignisse mit der Heilsarmee liegen hinter ihr: mit 16 Jahren als aktive Kandidatin, mit 17 Jahren in der Offiziersschule und danach als hauptamtlich Angestellte. In ihrer Familie gilt: „Was man beginnt, bringt man zu Ende." Das bedeutet so manches Mal, beherzt in den sauren Apfel zu beißen. Aufgeben ist in keiner Situation eine Option. Doch dieses Prinzip wirft Marli nach reiflicher Überlegung über den Haufen. Es fällt ihr sehr schwer, aber Marli sagt sich, dass sie ja schließlich nicht Gott, sondern nur die Heilsarmee verlässt. Außerdem bleibt sie einem anderen Prinzip treu: nämlich vor sich selbst ehrlich zu bleiben, statt nach außen etwas vorzugeben, das nicht der Wahrheit entspricht.

Es kostet Marli viel Kraft, zu ihren Chefs zu gehen und bei der Heilsarmee zu kündigen. Es ist ein Schritt, den ihre Vorgesetzten zu verhindern versuchen, aber Marli bleibt dabei. Als die schier unendlichen Wochen des Zweifelns und Grübelns vorbei sind, fühlt sich Marli irgendwie befreit.

Nachdem sie in Santa Maria alles erledigt hat, reist Marli wieder zurück nach Curitiba. Dort zieht sie in das evangelische Krankenhaus in ein Apartment innerhalb der Klinik, wo sie wieder mitarbeitet. Sie ist glücklich in Curitiba bei ihren lieben Familienmitgliedern und Freunden.

Und doch leidet sie unter dem erneuten Bruch. Es ist wieder eine Trennung – wie schon so oft in ihrem Leben. Als kleines Kind wurde sie durch das Internat aus ihrer Familie gerissen, dann von ihrem Verlobten verlassen, und jetzt hat sie ihre Zugehörigkeit zu der Heilsarmee aufgegeben. Wie bei jeder Trennung bleibt Trauer zurück, ein bitterer Geschmack und die unbewusste Frage tief in ihr drinnen: „Bin ich nicht gut genug? Habe ich versagt?" Diese Fragen lauern wie ein Schatten über Marli und schleichen sich abends nach Sonnenuntergang, wenn sie allein ist, in ihre Seele.

7
Wind in den Segeln und Flauten

Nach ihrer Kündigung bei der Heilsarmee nutzt Marli die Chance, wieder zur Schule zu gehen. Sie will das Versäumte nachholen. Zuvor hatte sie die Schule so schnell wie möglich beendet, um bei der Heilsarmee eine Bibelschulausbildung zu machen und sich darauf vorzubereiten, einen Pastor zu heiraten. Jetzt ist sie fest entschlossen, gute Abschlüsse zu machen. Sie hat lediglich einen *Middleschool*-Abschluss und setzt alles daran, in nur einem einzigen Jahr ihren *Highschool*-Abschluss – ihr Abitur – nachzuholen.

Eine Stütze und Quelle der Ermutigung sind für Marli ihre Freunde. Besonders mit Edmund kann sie sich einfach wunderbar unterhalten. Sie liegen auf einer Wellenlänge. Seit ihrer Begegnung bei der Uni-Abschlussfeier von Darby sind noch viele lange Unterhaltungen gefolgt, und aus Edmund ist ein enger Freund geworden.

Edmund ist in Deutschland geboren und aufgewachsen. Sein Vater Alfred Spieker hatte als junger Mann Kontakt zu anderen deutschen Christen in Brasilien, von denen viele nach dem Ersten Weltkrieg ausgewandert waren. Er beschloss, das Gleiche zu tun, und ließ sein Leben in Deutschland hinter sich. Nach vier Jahren in Brasilien heiratete Alfred eine junge Frau namens Magdalena, die ebenfalls deutschstämmig war. Weil sich Edmunds Vater aber bald darauf auf einer Bananenplantage mit Malaria infizierte, rieten ihm die Ärzte, nach Deutschland zurückzukehren. Seine Frau Magdalena war 22 Jahre alt, als die beiden 1934, nur wenige Wochen nach der Hochzeit, ein Schiff bestiegen und nach Deutschland reisten.

Edmund wurde als viertes Kind seiner Eltern wenige Monate vor dem Ausbruch des Zweiten Weltkriegs geboren. Edmunds Vater wurde 1943 eingezogen und Anfang 1945 in Russland vermisst. Er kam nie wieder zurück. Fast zehn Jahre später wurde Edmunds Großvater in Brasilien so krank, dass er seine Tochter Magdalena bat, nach Brasilien zurückzukommen, um ihn zu pflegen. Das war der Grund dafür, dass Edmunds Mutter Magdalena mit drei Kindern wieder in ihre alte Heimat nach Brasilien zu ihrem Vater zog.

Als Edmund mit seiner Mutter, seinem zwei Jahre älteren Bruder Dieter und seiner fünf Jahre jüngeren Schwester Ursula von Deutschland nach Brasilien zog, war er fünfzehn Jahre alt und konnte kein Wort Portugiesisch. Trotzdem fand er sehr bald Arbeit in einer Möbelfabrik, in welcher sämtliche Mitarbeiter ausschließlich Portugiesisch sprachen. Gott sei Dank ist Edmund sprachbegabt. Er lernte schnell akzentfrei Portugiesisch. Acht Jahre später, im Alter von 23 Jahren, besuchte Edmund, dessen Staatsangehörigkeit stets deutsch geblieben ist, das Theologische Seminar Ewersbach in Deutschland. Nach zwei Jahren beschloss er, nach Brasilien zurückzukehren und dort sein theologisches Studium an einer Bibelschule der Mennoniten fortzusetzen. Er wollte vor allem deshalb zurück nach Südamerika, weil er sonst als Deutscher seine Aufenthaltsgenehmigung für Brasilien verloren hätte. Vor dem Studienbeginn hat er nun noch sechs Monate Zeit. Diese nutzt er für eine freiwillige Mitarbeit im evangelischen Krankenhaus in Curitiba.

Später erzählt Edmund Marli, dass Gott ihm auf seiner Überfahrt mit dem Schiff nach Brasilien klargemacht hätte, dass er sich genau in diesem Krankenhaus melden solle. Erst in der Klinik selbst stellt sich dann heraus, dass Marlis Mutter Antonieta Edmunds Tante persönlich kennt. Diese Tante ist die Zwillingsschwester von Edmunds Mutter Magdalena. Ohne all diese Umstände hätte Edmund Marli vielleicht nie in dem von Antonieta und Julio geleiteten Krankenhaus in Curitiba kennengelernt.

In ihrem Bekanntenkreis gibt es inzwischen immer wieder vielsagende Blicke, wenn Marli und Edmund zusammen auftauchen, doch Marli selbst lässt den Gedanken an eine Liebesbeziehung gar nicht erst aufkommen. Das würde nur alles kaputt machen. Das demütigende Erlebnis des Verlassenwerdens schmerzt gelegentlich wie ein Stachel, der noch in ihrem Herzen steckt. Sie kann sich zu diesem Zeitpunkt keinen Mann in ihrem Leben mehr vorstellen. Tief in ihr warnt eine Stimme: „Lass dich nie wieder so enttäuschen! Lass nie mehr zu, dass jemand dein Leben zerstört, das gerade wieder anfängt, schön zu sein!"

Marli versteckt nicht, was in ihr vorgeht. Was Gefühle anbelangt, ist sie wie ein offenes Buch. Bei Edmund ist das anders. So kommt es auch, dass Marli diejenige ist, die eines Tages ihrem guten Freund ihr Herz ausschüttet. Sie erzählt Edmund alles: von der geplatzten Verlobung, ihrer bitteren Enttäuschung, der tiefen Verletzung und von der Leere, die seitdem an einer Stelle in ihrer Seele verblieben ist.

Edmund kann kaum begreifen, wie ein Mann dieser hübschen und noch dazu intelligenten Frau, die immer darauf bedacht ist, anderen Gutes zu tun, diesem blonden, brasilianischen Energiebündel so etwas antun kann. Es scheint ihm unmöglich. Am liebsten würde er Marli sofort in die Arme nehmen und sie für immer beschützen. Er spürt, wie eine starke, unsichtbare Verbindung zwischen ihm und Marli entsteht; doch er weiß nicht, ob sie es auch so empfindet. Obwohl er nicht der Typ ist, der gerne über Persönliches spricht, erzählt er dann doch auch von seinen eigenen bitteren Erfahrungen.

Marli kann es kaum glauben: Auch Edmund hat eine aufgelöste Verlobung hinter sich. Allerdings war das Ende seiner Beziehung weder so plötzlich noch so einseitig wie der Schlussstrich unter Marlis Verlobung. Es ist passiert, kurz bevor er aus Deutschland zurück nach Brasilien gekommen ist, und natürlich hat dieses Ereignis auch bei ihm Narben hinterlassen.

In Edmunds Schwester Ulla findet Marli eine Freundin fürs Leben. Aus ihr wird für Marli die Schwester, die sie nie hatte. Bald machen sie alles gemeinsam, besuchen sogar die gleiche Hauswirtschaftsschule. Gemeinsam gehen sie zur Gemeinde der deutschen EC-Jugendbewegung[1]. Edmund leitet dort die Jugendarbeit und hat zusätzlich außerhalb der Stadt eine Missionsarbeit gestartet. Die Besucher der Gemeinde treffen sich in einer großen, leerstehenden Garage. Edmund übernimmt dort jeden Sonntagabend den Predigtdienst, während sich Marli sowohl in der Jugendarbeit als auch in den Gottesdiensten musikalisch mit ihrem Akkordeonspiel einbringt. Die deutschen Gottesdienstbesucher sind etwas überrascht von dem Temperament der jungen Brasilianerin. Mit ihrem Feuereifer für den Herrn und ihrem Akkordeon spielt Marli sowohl in der deutschen Gemeinde als auch – wie zu Heilsarmee-Zeiten – auf den Straßen, um Leute zu den Gottesdiensten einzuladen.

Zur Jugendgruppe bringt Marli ihr Akkordeon mit – inklusive der flotten Rhythmen der Heilsarmee-Musik. Die Melodien und das Instrument sind so attraktiv und lebendig, dass sich noch mehr Jugendliche von der Gruppe angezogen

---

[1] Entschiedenes Christentum, eine evangelikale Jugendbewegung

fühlen als bisher. Marli ist es gewohnt, überall, wo sie hingeht, zu evangelisieren. Nur an irgendetwas teilzunehmen und zu konsumieren, das ist nicht ihr Ding. Marli ist eine Evangelistin! Sie will auf die Straßen gehen und Leute einladen; auch solche, die am Rande der Gesellschaft stehen. Die Ex-Heilsarmee-Offizierin hat nur ihre Uniform abgelegt und sich äußerlich von allen Reglements freigemacht; innerlich ist sie aber nach wie vor durch und durch von den Methoden der Heilsarmee geprägt. Sie sprudelt über vor Ideen und schlägt in der Jugendgruppe Aktionen vor, an die zuvor niemand auch nur im Traum gedacht hätte. Gottes Geist beginnt, die jungen Leute zu berühren und zu bewegen. Neue Teilnehmer kommen dazu, und es entsteht eine richtige Erweckung. Jugendliche treffen lebensverändernde Entscheidungen für Jesus.

Eine Diakonisse namens Hanna Berg ist die Leiterin der Jugendgruppe. Schwester Hanna wird zu einer verlässlichen Vertrauensperson für Marli und ist ihr eine große Hilfe. Die Diakonisse ist eine gute Zuhörerin. Aber es bleibt nicht nur bei einer Mentorin-Schülerin-Beziehung. Die beiden können wie Freundinnen stundenlang über alles reden und sich austauschen, denn Marli ist zwar noch jung, doch durch die Erlebnisse der vergangenen Jahre und durch ihren Dienst bei der Heilsarmee längst eine reife Persönlichkeit.

Auch wenn Marlis quirlige Wesensart manche zunächst befremdet, können sich die meisten ihrem Charme doch nicht entziehen. So mancher junge Mann ist fasziniert von der hübschen, tüchtigen Brasilianerin. Während einer Jugendfreizeit kommen gleich zwei junge Männer unabhängig voneinander zu Edmund, dem Leiter der Freizeit, um seinen Rat einzuholen. Beide sind in Marli verliebt und wissen nicht, was sie tun sollen. Edmund betet mit jedem von ihnen. Danach hat er das Gefühl, Marli warnen zu müssen. „Marli, sei vorsichtig mit den jungen Männern. Du bist wie eine Rose ohne Dornen", sagt er zu ihr. Marli lässt sich nichts anmerken, fühlt sich aber beleidigt durch diese Mahnung.

Edmund hingegen kann immer schwerer verleugnen, dass er für Marli ähnlich empfindet wie diese beiden Männer auf der Freizeit. Doch bei ihm ist es mehr als nur blinde Verliebtheit. Seine Zuneigung für Marli entwickelt sich langsam und stetig und entsteht nicht aus einer plötzlichen Laune heraus. Edmund, der inzwischen eine Gemeinde gegründet hat, gefällt Marlis offensichtliche Liebe zu Jesus, und ihn beeindruckt ihr unermüdliches Engagement. Doch er wartet noch auf eine passende Gelegenheit, um mit Marli über seine Gefühle zu sprechen.

Edmunds Beziehung zu seiner Schwester Ulla ist sehr eng, und da sie und Marli mittlerweile fast alles zusammen machen, sind da plötzlich nicht mehr zwei Geschwister oder zwei gute Freunde, sondern es entsteht ein starkes Dreier-Team, das nicht nur in der frisch gegründeten Gemeinde sehr gut zusammen agiert.

Durch die Gemeindearbeit und die enge Freundschaft mit Ulla verbringen Edmund und Marli immer mehr Zeit zusammen. Im Dezember haben die beiden sich das erste Mal getroffen. Vor Ostern lädt eine Freundin sie zu einem Wochenende gemeinsam mit ihrer Mutter, ihren Geschwistern und einer Freundin ein. Ihre Familie besitzt ein Ferienhaus am Stausee in Vossoroca, rund 60 Kilometer entfernt von Curitiba. Ulla, Edmund und Marli sagen gerne zu und fahren an den idyllisch gelegenen Ort.

Es ist der Samstag zwischen Karfreitag und Ostersonntag. Das Wetter ist mild, Spätsommer in Brasilien. Ein Segelboot steht verlockend am See bereit. Es ist ein kleines Boot für maximal zwei Personen. Aus der Gruppe von Edmunds und Marlis Bekannten wechseln sich die Urlauber ab, um mit dem Segelboot eine vergnügliche Runde auf dem Wasser zu drehen und die herrliche Seenlandschaft zu genießen. Irgendwann ist jeder an der Reihe gewesen – nur Edmund und Marli noch nicht. Sie sind wie immer so ins Gespräch vertieft, dass sie gar nicht merken, was um sie herum geschieht. Als sich die auffordernden Blicke der anderen Ausflügler auf die zwei jungen Leute richten, liegt etwas Unausgesprochenes in der Luft. „Die beiden würden ein gutes Paar abgeben", denken die meisten. Doch niemand sagt etwas.

Edmund und Marli sind an der Reihe, eine Runde mit dem Boot zu fahren. Schließlich steigen sie ein. Als sie den großen Deich hinter sich lassen, in dessen Nähe eine Brücke steht, fragt Edmund: „Siehst du das Wasser?" Als Marli nickt, fährt er fort: „Mein Leben ist wie dieser Deich. Da ist Wasser, das ich nicht aufhalten kann."

Marli versteht überhaupt nicht, was er damit meint. Beim Weitersegeln erwähnt Marli irgendwann, dass sie nicht schwimmen kann. „Keine Angst", sagt Edmund. „Im Notfall rette ich dich!" In diesem Moment schaut Marli sich den jungen Mann genauer an. Edmund sieht so männlich und stark aus. Zum ersten Mal fallen Marli seine langen, muskulösen Beine auf. Er ist tatsächlich ein sehr gut aussehender Mann. Warum hat sie das noch nie gemerkt?

Als die beiden so dahinsegeln, werden sie von einer Flaute erwischt. Völlig unerwartet regt sich kein Windhauch mehr. Doch in Edmund ist es alles andere als still. Er kann seine Gefühle nicht mehr zurückhalten: „Mit diesen Wassermassen, die sich mit Gewalt einen Weg nach draußen bahnen, meinte ich meine Gefühle zu dir. Ich muss sie rauslassen. Ich kann nicht länger verbergen, was ich für dich empfinde." Jetzt versteht Marli, was Edmund meint. Sie schaut ihm in die Augen, und in dieser kurzen Sekunde gehen Edmund tausend Dinge durch den Kopf. Der Moment erscheint ihm wie eine Ewigkeit der Ungewissheit. Doch während er noch hofft, sagt Marli: „Das wird niemals gut gehen. Wir sind so unterschiedlich. Denk an meine Kultur, meine Erziehung. Du bist so wahnsinnig deutsch und ich typisch brasilianisch. Das Einzige, was wir gemeinsam haben, ist unser Glaube."

Obwohl Edmund enttäuscht ist, versteht er Marlis Argumente, was die Unterschiedlichkeit angeht. Trotzdem merkt er, dass Marli auch Gefühle für ihn hat. Sie braucht es nicht auszusprechen. Ihre Bedenken sind gut begründet, deshalb bedrängt Edmund Marli in keiner Weise. Er versucht auch nicht, Argumente zu finden, aber ans Aufgeben denkt er noch nicht. In seiner ruhigen und doch hartnäckigen Art macht er seiner besten Freundin, für die sein Herz brennt, einen Vorschlag: „Wie wäre es, wenn wir vorerst getrennte Wege gehen und warten, bis Gott über diesen Abgrund, der uns trennt, eine Brücke baut?"

Marli ist einverstanden.

*

In den nächsten vier Wochen halten sich Marli und Edmund voneinander fern. Natürlich sind sie beide noch in der Gemeinde- und Jugendarbeit aktiv. Sie tun Dinge gemeinsam, aber mit einer gewissen Distanz – weder sitzen sie im gleichen Auto noch gehen sie die gleichen Wege zusammen. Beiden fällt das unendlich schwer. Einen Monat nach dem vertraulichen Gedankenaustausch im Segelboot, den keiner von ihnen vergessen kann, spielt Marli an einem Sonntagabend wie immer im Gottesdienst Akkordeon. Edmund hat gerade seine Predigt beendet. Die Gottesdienstbesucher singen. Da sieht

Marli ihre Mutter und deren Schwägerin Jane in den Raum kommen. Mama Antonieta läuft zielstrebig zu Edmunds Mutter und spricht mit ihr. Marli nimmt wahr, wie sich Entsetzen auf dem Gesicht von Edmunds Mutter ausbreitet. Sie denkt sich aber nicht viel dabei, räumt ihr Akkordeon auf, spricht mit Leuten. Edmund dagegen beobachtet die Situation ganz genau aus den Augenwinkeln. Er geht zu den beiden Müttern hinüber, um mehr zu erfahren.

Als auch Marli dazukommt, versucht Antonieta, Worte zu finden für das Unfassbare, das sich kurz zuvor ereignet hat: „Dein Vater hatte einen schlimmen Autounfall und liegt schwer verletzt im Krankenhaus. Er hat einen Schädelbasisbruch. Auch andere Knochenbrüche sind festgestellt worden. Es gibt keine Hoffnung mehr auf Genesung. Selbst wenn er überleben würde, wäre er nie wieder in der Lage, ohne fremde Hilfe zurechtzukommen."

„Ich will meinen Vater sehen", ist Marlis erste Reaktion.

Antonieta ist dagegen: „Er sieht völlig entstellt aus. Tu es nicht!"

„Ich will meinen Vater sehen", wiederholt Marli mehrmals und eilt nach draußen in den kleinen Garten vor dem Gebäude, um ihre Gedanken zu ordnen. Edmund folgt ihr. Bei ihr angelangt, legt er seine Hand auf ihre Schulter und sagt leise: „Fürchte dich nicht. Der Herr ist mit dir." Und nach einer Pause fügt er hinzu: „Du willst deinen Vater wirklich noch mal sehen, stimmt's? Ich bringe dich hin."

Da Edmund selbst kein Auto hat, bittet er seinen Freund Bernard, sie ins Krankenhaus zu fahren, wozu dieser sofort bereit ist. Während Marli und Edmund zum Auto gehen, kämpft Edmund mit sich selbst: Soll er vorne neben dem Fahrer Platz nehmen oder sich neben Marli auf die Rückbank setzen? Es sind nur wenige Sekunden, in denen dem jungen

Mann so vieles durch den Kopf geht. Er betet und bekommt von Gott als Antwort: „Sie hat keinen Vater mehr. Jetzt musst du ihr zur Seite stehen."

Als sie ins Auto steigen, setzt Edmund setzt sich neben Marli. Im Dunkeln reicht er ihr wortlos seine Hand. Marli ergreift seine Hand ebenfalls ohne ein Wort. Damit hat Edmund die vereinbarte und bisher konsequent eingehaltene Distanz zwischen sich und seiner geliebten Marli abrupt beendet. Unerwartet, still und einvernehmlich ist es geschehen. Von diesem Moment an wissen beide, dass Gott den trennenden Abgrund ihrer unterschiedlichen Nationalität überbrückt und sie zusammengeführt hat. Jetzt sind sie felsenfest davon überzeugt, dass ihre Verbindung gesegnet ist.

Edmund bleibt auch bei Marli, als sie ihren Vater besucht. Es ist immer jemand bei Julio. Besonders Marlis Bruder Darby, der junge Arzt, weicht nicht von der Seite seines bewusstlosen Vaters. Nur Marli wird für keine Nachtwache eingeteilt – selbst dann nicht, als eine Zeit lang niemand bei Julio in der Klinik bleiben kann. Sie ist für die Familie immer noch „die Kleine". Stattdessen übernimmt Edmund die Aufgabe. Er bleibt einmal 34 Stunden ohne Unterbrechung an Julios Krankenbett, als sei er ein Familienmitglied. Er wird sogar vom theologischen Seminar, wo er studiert, freigestellt. Marli ist von Edmunds Einsatz tief berührt.

Ein einziger Moment hat für die ganze Familie alles geändert: An dem Sonntag des Unfalls fand in der Stadt Curitiba eine große Schatzsuche statt – vielleicht vergleichbar mit Geocaching. Einer der Teilnehmer dieser Schatzsuche war mit einem besonders schnellen Auto unterwegs, während Marlis Vater Julio mit seinem Kombi auf dem Weg zu einer Open-Air-Veranstaltung war, bei der er predigen sollte. An einer Kreuzung missachtete der junge Fahrer das Vorfahrtsrecht und prallte ungebremst vorne seitlich auf Julios Auto. Dabei wurde Julio aus dem Auto geschleudert. Sein Kopf schlug hart auf dem Asphalt auf. Der junge Mann, der den Unfall verursacht hatte, konnte unverletzt aus seinem Auto steigen, aber Julio hat es das Leben gekostet.

*

Dreiundzwanzig Tage liegt Julio im Koma. Am 15. Mai 1965 stirbt er als Patient seines Sohnes Darby, der, sooft er konnte, am Bett seines Vaters gewacht hat.

Den Beerdigungsgottesdienst gestaltet ein guter Freund der Familie. Er hält die Predigt, die Julio am Sonntag seines tödlichen Unfalls selbst halten wollte. Es geht um die Worte, die Jesus am Kreuz zu dem Verbrecher sagte, der neben ihm hing: „Noch heute wirst du mit mir im Paradies sein." Viele Angehörige und Freunde haben das Gefühl, dass Gott alles so vorbereitet hat und dass er wusste, was er tut. Trotzdem ist der Schmerz bei Marli und ihrer Familie unendlich groß.

Auch nach der Beerdigung ist Edmund stets für Marli da, ebenso wie für Marlis Mutter Antonieta. Die beiden verstehen sich sehr gut. Antonieta ist überrascht, dass Marli und Edmund plötzlich ganz offiziell ein Paar sind, aber sie ist glücklich darüber. Edmund füllt den leeren Platz in Marlis Herzen, den Papa Julio hinterlassen hat. Antonieta spürt, dass Edmund ihrer Tochter guttut.

*

Antonieta Valente will das Krankenhaus, das ihr Mann geleitet hat, verlassen. Sie hat das Gefühl, dass im Krankenhaus nicht mehr der richtige Platz für sie ist. Die Arbeit in der Klinik kann sie sich ohne ihren Mann nicht vorstellen. Sie hätte ohnehin nur einen kleinen Lohn bekommen, der nicht gereicht hätte, um Marli weiterhin die Ausbildung an der Hauswirtschaftsschule zu ermöglichen. Weil es finanziell eng wird, bricht Marli die Hauswirtschaftsschule ab, um Geld verdienen zu können. Außerdem gelingt es Marli, fast alles von ihrer Aussteuer zu verkaufen.

Die beiden Frauen brauchen jetzt eine neue Wohnung. Antonieta kann ebenfalls einige Dinge zu Geld machen, sodass sie ein hübsches kleines Haus mieten können. Sowohl Marli als auch Antonieta finden eine Anstellung bei der SESI, der Sozialarbeit eines Industrieverbandes in Curitiba, während Edmund sein Theologiestudium an der mennonitischen Bibelschule fortführt.

8

Verliebt, verlobt ...

Während Antonieta sich über die Beziehung zwischen Marli und Edmund freut, geht es manch anderem etwas zu schnell. Vor allem aus Edmunds deutschem Umfeld gibt es Gegenwind. Viel zu groß erscheinen manchen die Schwierigkeiten, die eine multikulturelle Ehe in sich birgt. Zu viele Beziehungen sind schon gescheitert, weil die Prägung durch Herkunft, Tradition und Kultur unterschätzt wurde.

Besonders Edmunds deutschstämmige Mutter kann sich die brasilianische Marli nicht als Ehefrau für ihren Sohn vorstellen. Zwar lebt sie selbst schon viele Jahre in Brasilien, dennoch ist sie immer eine Deutsche geblieben. Portugiesisch spricht sie mit deutlichem Akzent, denn die meiste Zeit verbringt sie mit anderen aus Deutschland eingewanderten Freunden und Gemeindemitgliedern. Edmund ist ihr Augenstern. Nur das Beste ist gut genug für ihn. Auch wenn Marli mit ihren dunkelblonden Haaren äußerlich sogar von deutscher Abstammung sein könnte, merkt doch jeder, was für ein südamerikanisches Temperament in der jungen Brasilianerin steckt – spätestens dann, wenn sie ihr Akkordeon auspackt und zu spielen anfängt. Marlis ungezähmte Begeisterung beim Singen moderner Lieder ist Magdalena Spieker irgendwie nicht geheuer. Nein, für ihren geliebten Sohn hat sie sich eine andere Frau vorgestellt.

Auch ein guter Freund der Familie, Onkel Willi, rät vehement von einer Hochzeit der beiden ab. Gegen den Willen dieser wichtigen Personen in ihrem Leben können Marli und Edmund sich nur schwer vorstellen zu heiraten. Sie nehmen sich vor, den Entschluss noch mal zu prüfen und vor allem Gott um Rat zu fragen.

Wie gut, dass Marli und Edmund nicht nur Gegen-, sondern auch Rückenwind erfahren. Zum Beispiel durch Schwester Hanna, die Diakonisse aus dem Jugendkreis, die Marlis wichtigste Mentorin ist. Als Marli und Edmund ihre Beziehung beginnen, werden sie gleich von Schwester Hanna auf herzliche und aufrichtige Weise dazu ermutigt.

Edmund will ein guter Sohn sein, dennoch bleibt er gegen den Willen seiner Mutter mit Marli befreundet. Seit dem tragischen Tod von Julio am 15. Mai hat Edmund die Gewissheit, dass er für Marli sorgen soll. Auch nach längerem Prüfen ist er sich immer noch sicher, dass Gott sie zusammengeführt hat. Und weil Marli das genauso sieht, vergehen nur wenige

Monate, bis die beiden am 7. August 1965 ihre Verlobung bekannt geben. Die Hochzeit plant das Paar allerdings erst für zwei Jahre später, wenn Edmund sein theologisches Studium an der Bibelschule der Mennoniten-Brüdergemeinde in Brasilien beendet haben wird.

Marli ist am Tag des Verlobungsfests überglücklich. Es gibt keine große Feier. Wichtig ist Marli an diesem Tag das Gebet, die Zeit zu zweit mit Edmund und ein Beisammensein im Familienkreis.

Edmunds Schwester Ulla ist Marlis Verbündete. Sie versucht gelegentlich, bei ihrer Mama, die von jedem „Mutti Spieker" genannt wird, ein gutes Wort einzulegen. Als Marli eines Nachmittags mit Mutti Spieker beim Tee zusammensitzt, sagt Marli zu ihr: „Ich will, dass du eins weißt: Edmund liebt *dich* sehr und Edmund liebt *mich* sehr. Ich verspreche dir, dass ich ihn niemals darum bitten werde, dass er mich mehr liebt als dich. Die Liebe zwischen einem Sohn und seiner Mutter ist eine ganz andere Liebe als die zwischen einem Mann und seiner Ehefrau. Er wird dich nie weniger lieben, nur weil er mich liebt. Ich verspreche dir, dass ich nicht neidisch sein werde. Ich habe auch gar keinen Grund dazu. Ganz im Gegenteil: Ich bin dir unendlich dankbar, dass du diesen wunderbaren Mann für mich großgezogen hast. Hab also keine Angst, dass er dich irgendwann nicht mehr lieben wird! Das wird nicht geschehen." Marli erschrickt fast selbst vor ihren Worten. Sie hat diese kleine Rede nicht geplant.

Mutti Spieker schweigt zunächst – was ungewöhnlich für sie ist, da sie gerne redet. Marli hat bei ihrer zukünftigen Schwiegermutter einen wunden Punkt getroffen. Wahrscheinlich hat sie etwas ausgesprochen, das bisher nur im Unterbewusstsein der besorgten Mutter schlummerte.

In der folgenden Zeit lernt Marli viel von Mutti Spieker über die deutsche Kultur. Es kommt ihr fast so vor, als wäre es ihre Bestimmung, zur *Alemãzinha,* zu der kleinen Deutschen, zu werden – so wie die Brüder ihre blonde Schwester früher aus Spaß genannt haben. Sie nimmt es sich sogar fest vor. In Marli wächst der Wunsch und der starke Wille, sich in gewissen Bereichen anzupassen und eigene Verhaltensmuster aufzugeben. Für ihren geliebten Edmund ist sie zu einigem bereit. Marli besitzt die Gabe, andere Menschen genau zu beobachten. Sie ist demütig genug, um zu erkennen, welche ihrer eigenen scheinbar bewährten Sitten und Denkmuster sie aufgeben sollte. Gleichzeitig ist sie weise genug, um zu entscheiden, welche ihrer alten Gewohnheiten es wert sind, weiterhin gepflegt zu werden. Schon als kleines Mädchen hat Marli gelernt, sich anzupassen, ohne sich selbst aufzugeben. Sie findet sich in jeder Gesellschaft zurecht und gibt ihrem Gegenüber stets ein Gefühl der Wertschätzung. Mit ihrer gewinnenden, ehrlichen Art erobert sie schließlich auch das Herz von Mutti Spieker. Die beiden haben einander von Anfang an respektiert, doch bis zur bedingungslosen Herzenswärme füreinander hat es eben ein wenig gedauert. Die Gemeinsamkeiten haben natürlich auch dazu beigetragen: die Liebe zu Jesus und ein Herz für die Mission. Magdalena Spieker ist für viele Missionare der Barmer Allianzmission eine Missionsmutti mit einem Haus, das Tag und Nacht offensteht für die Glaubensgeschwister.

Im Oktober des gleichen Jahres fährt Marli mit den beiden Geschwistern Edmund und Ulla zu einer Konferenz nach Rio de Janeiro. Mit dabei ist außerdem Edmunds guter väterlicher Freund, Onkel Willi, der schon bei Edmunds Vater Trauzeuge war. Sie sind also unterwegs mit diesem älteren Herrn, der Edmund dazu rät, das brasilianische Mädchen nicht zu heiraten, denn mit zunehmendem Alter würde sich in der Ehe doch jeder wieder seinen Wurzeln und seiner ursprünglichen Kultur zuwenden. Das könne niemals gut enden. Das sei im

Prinzip wie beim Volk Israel, das Gott davor gewarnt hat, Ehepartner aus einer anderen Kultur zu wählen. Edmund versteht diese Bedenken, aber auf dem Theologischen Seminar Ewersbach hat er eine andere Einstellung gewonnen. Er will nicht am Ethnozentrismus festhalten, einem Nationalismus, bei dem die eigene Herkunft als anderen überlegen angesehen wird. Deshalb entscheidet er sich dafür, den Rat des Freundes nicht zu befolgen, auch wenn er ihn respektiert. Trotz dieser schwerwiegenden Meinungsverschiedenheit nimmt er den älteren Herrn gerne mit auf die Fahrt nach Rio.

Die Konferenz endet gegen fünf Uhr nachmittags. Edmund und Marli nutzen die Gelegenheit, um am Sandstrand von Rio de Janeiro spazieren zu gehen. Zwischen den berühmten Stränden Ipanema und Copacabana liegt ein großer Felsvorsprung, der Pedra do Arpoador. Die beiden Verliebten steigen auf den Felsen, von dem aus sie einen freien Blick auf den Atlantischen Ozean haben. Schweigend und eng aneinandergeschmiegt betrachten sie den Sonnenuntergang. Edmund schaut Marli an und fragt sie: „Was ist nötig, um zu heiraten?" Es ist nur eine rhetorische Frage, die er gleich selbst beantwortet: „Erstens: Liebe! – Davon haben wir sehr viel. Zweitens: Sicherheit. – Wir haben jetzt die nötige Gewissheit, dass Gott uns zusammengeführt hat. Drittens: Mut. – Der fehlt uns auch nicht. Warum wollen wir dann eigentlich zwei Jahre warten? Wir könnten doch schon im Februar heiraten!"

Marli ist überglücklich an diesem Abend am Strand von Rio. Sie spürt ein wunderbar warmes Gefühl der Geborgenheit und der Gemeinschaft, als sie Arm in Arm mit Edmund die untergehende Sonne betrachtet.

„Es ist zu schön, um wahr zu sein", denkt sie in den nächsten Tagen immer wieder. Dann beginnt sie zu grübeln. Plötzlich bekommt sie Zweifel: „Vielleicht ist das alles nur mein

Wunschtraum? Ich bin viel zu romantisch und zu emotional. Edmund ist doch genau das Gegenteil von mir! Vielleicht passen wir doch nicht zusammen." Sie möchte auf keinen Fall das Falsche tun. Eines Abends, als Edmund sie zu Hause besucht, äußert sie ihre Bedenken: „Edmund, es geht einfach nicht. Wir sollten Schluss machen, bevor es zu spät ist."

Edmund kann nicht glauben, was Marli sagt. Ihre Argumente und die einiger Freunde hat er sich doch schon oft genug zu Herzen genommen! Er weiß genau, was gegen eine Ehe zwischen ihnen beiden spricht, aber er hat lange genug darüber nachgedacht. Seine Entscheidung hat er getroffen und er weicht nicht mehr davon ab: Marli soll seine Frau werden. Von seiner Seite ist alles klar, aber an Marlis Bedenken kann er nichts ändern. Es liegt ihm auch fern, Druck auszuüben und Marli zu drängen. Verstört und abgrundtief traurig verabschiedet er sich von Marli. Statt den Bus zu nehmen, läuft er die acht Kilometer nach Hause, um einen klaren Kopf zu bekommen und zu beten.

Am nächsten Tag, frühmorgens um 6 Uhr, hört Marli ein Klopfen an der Haustür. Sie hat die ganze Nacht wach gelegen, gebetet, geweint und sich so sehr eine Antwort von Gott gewünscht. Die Sicherheit, mit der sie noch am Abend Edmund ihre Entscheidung mitgeteilt hatte, war ganz schnell verschwunden gewesen, kaum dass Edmund gegangen war. Wieder waren nur noch Zweifel übrig geblieben. Als Marli am Morgen das Klopfen hört, hofft sie sofort, dass Edmund draußen steht. Sie öffnet die Tür einen Spaltbreit und sieht ihn.

Marlis Herz klopft wild. Sie will Edmund am liebsten umarmen, aber sie rührt sich nicht. Edmund ergreift als Erster das Wort: „Marli, ich bin nur hergekommen, um dir zu sagen, dass alles gut wird. Mach dir keine Sorgen!"

Marli antwortet entschuldigend und liebevoll: „Wir gehören doch zusammen und wir werden heiraten!" Jetzt spürt sie wieder Gewissheit und Frieden im Herzen.

Nun steht es endgültig fest: Am 12. Februar wollen Marli und Edmund den Bund der Ehe eingehen. Marli wünscht sich, irgendwo in einer Kapelle auf einem Berg zu heiraten, und sie finden tatsächlich so einen Ort: Rogate, ein Freizeitheim des EC, besitzt eine neu erbaute Kapelle, von der aus man fast die ganze Stadt Curitiba überblicken kann. Dort soll die Trauung stattfinden. Zwei Pastoren sollen sie leiten: Pastor Grischy, der Feldleiter der Marburger Brasilienmission, und Pastor Archimedes, einer von Edmunds Bibelschullehrern. Die Gästeliste wird lang. Marli und Edmund versiegeln in liebevoller Handarbeit jede Einladung mit Siegellack. Alle geladenen Freunde und Verwandte können ganz klar erkennen, was das Lebensziel der jungen Brautleute ist, denn sie haben den Trauvers aus Römer 14,8 gewählt: „Leben wir, so leben wir dem Herrn; sterben wir, so sterben wir dem Herrn. Darum: Ob wir leben oder sterben, so sind wir des Herrn" (L).

Am Samstag, den 12. Februar 1966, regnet es wolkenbruchartig. Marli ist noch zu Hause im Trockenen und fragt sich, wie sie wohl am Nachmittag in die Kapelle gelangen soll, ohne wie ein begossener Pudel am Traualtar zu stehen. Einem Pudel hätte sie vielleicht sowieso geähnelt, wenn sie das Hochzeitskleid in der Form belassen hätte, in welcher sie es von ihrer Cousine ursprünglich erhalten hatte. Es war eine üppige Pracht gewesen. Marli muss schmunzeln. Ihr Geld hätte nicht für ein neues Kleid gereicht. Deshalb hat sie gerne das gebrauchte Brautkleid angenommen, in welchem bereits zwei ihrer Cousinen geheiratet haben. Aber es ist Marli gelungen, dem guten Stück ein völlig neues Aussehen zu verleihen. Die vielen Stunden mühevoller Näharbeit haben sich gelohnt, findet Marli. Sie schlüpft mit einem wohligen Seufzer der Vorfreude vorsichtig in das lange weiße Hochzeitskleid. Es ist jetzt schlichter als vorher, elegant und trotzdem aufwändig bearbeitet. Unzählige weiße Perlchen hat Marli alle einzeln festgenäht, um dem modernen, figurbetonten Stil zusätzlich etwas Festliches zu verleihen. Sie ist zufrieden mit dem Ergebnis. Der prasselnde Regen lenkt ihren Blick vom Kleid zum Fenster, an dem die Tropfen ununterbrochen hinunterfließen. Die Vorfreude auf die Hochzeit kann das nasse Wetter kaum trüben, aber Sorgen um ihr hübsches weißes Kleid macht sich Marli doch. Die letzten Meter bis zur Kapelle führt nämlich nur ein Fußweg.

Als Marli zur vereinbarten Zeit mit einem Wagen abgeholt wird, versteht der Fahrer ihre Bedenken wegen des nassen Wetters. Er will dafür sorgen, dass die Braut trockenen Fußes in die Kapelle gelangt, und fährt deshalb mit dem Auto noch etwas weiter, als es eigentlich erlaubt ist. Unbeschadet erreichen sie die Kapelle. Auch die rund zweihundert Gäste haben den Weg durch den Regen geschafft. Marli sieht die vielen jungen Leute aus ihrer Jugendarbeit. Als Überraschung haben einige von ihnen ein kleines Streich-Orchester zusammengestellt. Marli ist aufgeregt, als alle Blicke auf sie gerichtet sind und das Streicher-Ensemble das Largo von Händel spielt. Jetzt ist es tatsächlich so weit. Sie darf einen wunderbaren Mann heiraten, und es gibt nicht einmal mehr den kleinsten Zweifel, dass er der Richtige ist. Nur Marlis Vater Julio fehlt zum vollkommenen Glück. Ihr ältester Bruder Darby darf Marli zum Altar führen. Die Predigt und die Worte, die an das glückliche Brautpaar gerichtet werden, sind reich an Ermutigung und Ermahnung für das junge Paar und entsprechen genau dem, was Marli erwartet und sich gewünscht hat. Marli und Edmund geloben einander die Treue im festen Vertrauen darauf, dass ihr Herr Jesus für immer der Erste in ihrem Bund sein wird.

Nach dem Gottesdienst feiern Marli und Edmund mit allen Gästen im Jugendsaal des EC bei Kuchen und Häppchen. Die Stimmung ist fröhlich, und es fehlt an nichts. Nur zwei Gäste sind nicht erschienen, die Marli und Edmund gerne bei der Hochzeitsfeier dabeigehabt hätten. Marli hätte sich ihre wichtigste Mentorin und gute Freundin Schwester Hanna als Trauzeugin gewünscht. Doch es wurde Schwester Hanna nicht erlaubt, zur Hochzeit zu gehen. Es ist bei den Diakonissen, zu denen Schwester Hanna gehört, nicht üblich, an Hochzeitsfeiern teilzunehmen, weil sie selbst unverheiratet bleiben.

Edmund vermisst seinen väterlichen Freund Onkel Willi, der ebenfalls Trauzeuge hätte werden sollen. Aber Willi sagte bereits im Vorfeld: „Ich kann das nicht tun; denn ich denke, du begehst den größten Fehler deines Lebens." Edmund akzeptierte Onkel Willis Meinung, bat ihn aber auch um Verständnis für seine Entscheidung zu einer Ehe mit Marli. Sie beteten zusammen, und die Sache schien geklärt. Leider ist Onkel Willi nicht auf der Hochzeit aufgetaucht, obwohl Edmund und auch Marli es sich gewünscht hätten. Die Frischvermählten sind ihm trotzdem nicht böse. Doch sieben Jahre müssen nach der Hochzeit noch vergehen, bis Onkel Willi sich bei dem Ehepaar entschuldigt und zugeben wird, er habe sich geirrt: Marli sei die beste Frau, die Edmund hätte bekommen können. Genau passend für ihn. Einfach perfekt.

9
Familie

Nach der Hochzeit zieht Edmund zu Marli in das Haus, das sie zusammen mit Mama Antonieta nach Julios Tod gemietet hat. Marli ist nach wie vor beim sozialen Dienst der Industrie (SESI) beschäftigt. Dieser Zusammenschluss größerer Industriebetriebe bietet den Angestellten sowohl ärztliche als auch berufliche Hilfe an. Auch Edmund ist in diesem Bereich tätig, denn die Armut im brasilianischen Bundesstaat Paraná ist groß. Edmund ist angefragt worden, in Paraná die Verantwortung für die Verteilung von Hilfsgütern zu übernehmen. Das soll er innerhalb des CEB tun, eines Dachverbands, dessen Mitglieder Organisationen unterschiedlicher evangelikaler Denominationen sind, darunter auch der Bund der EC-Gemeinden, dem Edmund angehört. Zuvor waren Hilfsgüter, welche von den Initiativen *Lutheran World Relief*, *World Council of Churches* und *Food for Peace* kamen, für politische Zwecke missbraucht worden. Darum hatten die nordamerikanischen Organisationen die Versorgung vorerst gestoppt. Auch waren die Hilfsgüter und Lebensmittel ohne konkrete Kriterien an Sozialorganisationen und Kirchen verteilt worden. Edmund sieht das kritisch. Zusammen mit Marli und Ulla überlegt er, wie man das alte Verteilprogramm in ein Programm der Selbsthilfe verwandeln könnte. Er besucht Gemeinden und spricht mit vielen Pastoren und Missionsleitern.

Edmund, Marli und Ulla entwickeln bald ein Konzept zur gezielten Verteilung von Hilfsgütern. Ihre Idee ist dabei folgende: Bedürftige Brasilianer werden mit Essen versorgt, wobei die Menge an die Familiengröße angepasst wird. Um aber Anspruch auf diese Nahrungshilfe zu haben, die aus Amerika kommt, muss man durch die Teilnahme an Fortbildungen eine gewisse Eigeninitiative vorweisen. Dazu zählen zum Beispiel Alphabetisierungskurse, das Erlernen eines Berufs oder von Fertigkeiten wie Schreinern, Nähen oder Kochen. Der Vater oder die Mutter einer Familie muss mit einer solchen Aktivität registriert sein. Nur wenn dies der Fall ist, bekommt die Familie Unterstützung. Durch dieses Konzept der „Hilfe zur Selbsthilfe" sollen Menschen motiviert werden, selbst aktiv zur Verbesserung ihrer Lage beizutragen.

Ein Jahr lang arbeitet Edmund für die soziale Abteilung *DAS (Departamento Acao Social)* des kirchlichen Dachverbandes *CEB* im Bundesstaat Paraná. Allerdings bekommt er für seine Arbeit noch kein Geld, weil noch keine Gebühren eingenommen werden können. Die zu verteilenden Nahrungsmittel aus den USA stehen noch nicht zur Verfügung. Sie sind zwar schon nach Brasilien verschifft worden, liegen aber wegen bürokratischer Hürden und Zollunklarheiten in den Häfen fest. Und solange die Fracht noch nicht verteilbereit ist, kann Edmund kein Gehalt ausgezahlt werden. Er arbeitet also erst einmal umsonst. Nur für seine Arbeit als Jugendpastor, für die er sich nebenher engagiert, erhält Edmund einen ganz kleinen Lohn. Trotzdem geben Marli und Edmund nicht auf. Die Hälfte von Marlis Gehalt geht für die Miete ihres kleinen Häuschens drauf. Das restliche Geld reicht nur knapp für die nötigen Lebensmittel. Manchmal gibt Mutti Spieker ihrer Schwiegertochter Marli etwas zu essen und sagt: „Das ist für Edmund." Sie weiß, dass junge Männer immer hungrig sind.

Marlis Mutter und ihre Brüder merken, wie schwer Marli und Edmund über die Runden kommen. Sie denken sich ihren Teil; und obwohl sie nichts sagen, liegt unausgesprochen die

Anklage in der Luft: „Edmund ist nicht in der Lage, seine Frau anständig zu versorgen." Edmund leidet selbst darunter. Wie gerne würde er seiner geliebten Marli die finanziellen Sorgen abnehmen. Schon elf Monate lang haben die beiden inzwischen mit dem mickrigen Gehalt von Marli überlebt. Doch er ist von seiner Sache überzeugt und tröstet Marli und Antonieta. Bald wird sich die Situation verändern. Das weiß er.

*

Marli fühlt sich hundeelend. Sie spürt, dass eine schlimme Übelkeitsattacke im Anflug ist. Schnell entschuldigt sie sich bei den anwesenden Sitzungsteilnehmern und rennt zur nächsten Toilette, wo sie sich sofort übergibt. Die Übelkeit lässt ein wenig nach, aber Marli fühlt sich trotzdem noch schwach. So geht es nun schon seit Tagen. Ausgerechnet heute ist sie im Auftrag des Sozialen Dienstes mit Ulla unterwegs, um in einer Genossenschaft Konzepte für Kurse und Schulungen für sozial schwache Brasilianer vorzustellen. Trotz ihres Zustands ist Marli tapfer und jammert nicht. Sie ist schwanger und hofft, dass die Beschwerden bald nachlassen. Auch bei Edmund überwiegt die Freude über diese Neuigkeit. Aber Sorgen macht er sich irgendwann doch. Marli kommt ihm so zerbrechlich vor. Und wie sollen sie sich auf die Geburt vorbereiten? Bei dem wenigen Geld, das ihnen zur Verfügung steht, bleibt nichts übrig, um Kleidung oder andere nützliche Dinge für das Baby zu kaufen.

Zu keiner Zeit lassen sich Marli und Edmund in ihrem Arbeitseifer bremsen. Jeder tut, was er kann, und setzt seine ganze Energie in den Dienst, der einem guten Zweck dient. Sie haben die guten Früchte vor Augen, die ihre Mühe einmal tragen wird. Immer mehr Gemeinden bieten nämlich

Bedürftigen Kurse zur Selbsthilfe an, um zur Verbesserung des Lebensstandards Tausender Brasilianer beizutragen. Außerdem hören auf diese Weise die Menschen vom Evangelium, auch wenn das nicht das Hauptanliegen des Projekts an sich ist. Doch Marli und Edmund wissen, dass die beste Sozialhilfe nicht genug ist, um Menschen von der schlimmsten Armut auf dieser Welt zu befreien, nämlich von der Gottlosigkeit. Das zu erwartende Ergebnis treibt sie zur Bestleistung an. Zusammen entwickeln sie weiterhin Richtlinien und ein System zur Selbsthilfe. Selbst ohne die Nahrungsmittellieferungen ist die ganze Sache schon erfolgreich. Die angebotenen Kurse laufen sehr gut und werden gerne besucht.

Besonders Edmund ist sehr eingespannt. In São Paulo ist ein wichtiges Treffen mit Vertretern aus anderen Bundesländern Brasiliens geplant, bei dem besprochen werden soll, wie es mit den Nahrungsmittellieferungen weitergehen soll. Die Sozialabteilung DAS muss durch eine neue Organisation ersetzt werden. Edmund reist als Vertreter des EC-Bundes nach São Paulo zu dieser Konferenz. Er wird in die Kommission gewählt, die der zu gründenden Organisation den Namen *Diaconia* gibt und die Statuten ausarbeiten soll. Der Präses der Lutheraner, ein Bischof der Methodisten sowie Vertreter der Anglikaner, der Kongregationalen und anderer Denominationen gehören dazu. Wenige Wochen später wird der neue Vorstand zu einer Sondersitzung nach Rio de Janeiro eingeladen. Der wesentliche Punkt auf der Tagesordnung ist, den Vertreter der brasilianischen Kirchen zu ernennen, der zum Leitungsteam gehören soll. Edmund ist überrascht, als der neue Vorstand ihn bittet, diese Position anzunehmen. Sein Arbeitsmodel in Paraná ist bekannt geworden. Man kennt ihn inzwischen und vertraut darauf, dass er in der Lage sein wird, sein erfolgreiches Konzept mit den gut besuchten Schulungen und Kursen in ganz Brasilien durchzusetzen. Alle sind sich einig, dass Edmund ihr Vertreter werden soll. Er erbittet sich Zeit, um das Angebot mit Marli zu besprechen und für Klarheit zu beten.

Marli steht hinter ihrem Mann, und somit erklärt er sich bereit, die Leitung für das Sozialprogramm der neuen Organisation zu übernehmen. Marli ist klar, dass jetzt noch mehr Arbeit auf Edmund zukommt als bisher. Er muss zwischen Nord- und Südbrasilien zu den jeweiligen Gebietskoordinatoren reisen, um sie über das neue Konzept für die Güterverteilung zu informieren und sie zu schulen. Pastoren und Gemeindeleiter müssen für das neue Konzept der Hilfe zur Selbsthilfe gewonnen werden. Er wird ständig unterwegs sein. Edmund hat Marli schon mitgeteilt, dass er in ganz Brasilien in über 13 Büros die entsprechenden Vertreter beraten wird. Und was noch viel mehr Veränderung bedeutet: Sie werden in die über 800 Kilometer entfernte Großstadt Rio de Janeiro ziehen müssen, damit Edmund von dort aus die Arbeit leiten kann.

Nach elf langen Monaten des Wartens ist endlich der Moment gekommen, den Marli und Edmund sehnsüchtig erwartet haben: Die Hilfslieferungen auf den vollbeladenen Schiffen aus Nordamerika werden an den zehn brasilianischen Häfen freigegeben. Die neu gegründete Organisation *Diaconia* mit Edmund als Direktor für das Sozialprogramm übernimmt die Verteilung. Insgesamt werden 260 000 Menschen mit Tausenden von Tonnen an Lebensmitteln versorgt. Es erfordert eine gewaltige Logistik, die auch die brasilianischen Regierungsstellen miteinbezieht. Die Regierung übernimmt beispielsweise die Kosten für den Gütertransport per Bahn und LKW. Edmund führt Verhandlungen mit den entsprechenden Stellen, aber sein Hauptinteresse bleibt die Entwicklung des Selbsthilfeprogramms.

Nachdem die Nahrungsmittel endlich freigegeben wurden und der Schritt von der Theorie zur Praxis bevorsteht, bekommt Edmund eine große Summe Geld. Es ist sein Gehalt, das sich innerhalb der letzten elf Monate angesammelt hat und ihm erst jetzt schließlich ausbezahlt wird. Er kauft Marli einen Kühlschrank, eine Nähmaschine und einen neuen Ofen. Auch sich selbst erfüllt er einen Wunsch mit einem Harmonium. Es ist wie Weihnachten! Marli kann ihr Glück kaum fassen. Sie hat jetzt auch Geld, um endlich mit den Vorbereitungen für die Ankunft des Babys zu beginnen. Marli kann einige Kinderkleider und andere Dinge kaufen. Ihre Vorfreude auf das Baby wird jetzt noch größer. Gleichzeitig wird deutlich, dass sich ihre Arbeit gelohnt hat. Das von Edmund, Marli und Ulla entwickelte Programm läuft! Im Rückblick sehen sie, dass Gott ihnen durch diese unsichere Zeit wertvolle Lektionen erteilt hat. Gott hat Marli und Edmund gelehrt, komplett im Glauben und im vollen Vertrauen zu leben. Das gibt ihnen ein festes Fundament für die Zukunft.

*

Im Verlauf der Schwangerschaft leidet Marli weiterhin unter Übelkeit, Blutarmut, niedrigem Blutdruck und Gewichtsverlust. Ihr Zustand wird auch nach den ersten Monaten nicht besser, sondern verschlechtert sich noch. Inzwischen ist sie spindeldürr, weil sie kaum Nahrung bei sich behält. Der Geburtstermin rückt näher, und Marli fühlt sich sterbenskrank. Edmund ist viel unterwegs und versucht unermüdlich, das neue Konzept für das *Food-for-Peace*-Programm in ganz Brasilien einzuführen. Marli empfindet es als einen großen Segen, dass Mama Antonieta bei ihr ist. So fühlt sie sich als Hochschwangere sicherer. Natürlich hätte sie am allerliebsten

Edmund bei der Geburt dabei, doch im Notfall wird ihre Mama in der Nähe sein – auch in der ersten Zeit mit dem Neugeborenen. Das ist ein tröstlicher Gedanke.

Am 18. April 1967, kurz vor Marlis 22. Geburtstag im Mai, ist Edmund unterwegs vom äußersten Norden Brasiliens bis in den Süden. Auf der langen Reise will er einen Tag in Curitiba bei Marli Halt machen. Nur einen einzigen Tag hat er Zeit dafür. Genau an diesem einen Tag beginnt die Geburt ihres ersten Kindes. Doch der Weg ans Tageslicht ist nicht leicht. Nach über 20 Stunden, die für Marli ein harter Kampf waren, kommt Sohn Marcio zur Welt. „Jetzt sind wir eine richtige kleine Familie", denkt Edmund stolz.

Auch Tage nach der Geburt ist Marli noch sehr schwach auf den Beinen. Ihr Körper hat jede Widerstandskraft verloren. So ist es kein Wunder, dass Marli zusätzlich noch mit einer schmerzhaften Brustentzündung zu kämpfen hat. Nur langsam erholt sie sich von der Schwangerschaft und der schweren Geburt. Sie ist weiterhin dankbar für ihre Mama Antonieta, die ihr unter die Arme greift, während Edmund wieder dienstlich viel unterwegs ist.

10

Heiße Tage in Rio de Janeiro

Es ist ein schwülheißer Tag in Rio de Janeiro. Marli blickt aus ihrem Küchenfenster auf das Wahrzeichen der Stadt, die riesige Christusstatue, welche von den Einheimischen *Cristo Redentor* genannt wird – Christus, der Erlöser. Marli freut sich über die Aussicht aus dem vierten Stock des Hochhauses, in welchem sie wohnen. Auch aus dem Schlafzimmerfenster hat sie einen besonderen Ausblick, nämlich auf den berühmten Zuckerhut, den knapp 400 Meter hohen Felsen an der Guanabara-Bucht.

Marli ist allerdings nicht glücklich mit der Umgebung, in der ihr Kind aufwächst. Rio ist eine lasterhafte, unmoralische Stadt, findet sie. Eine Großstadt, die an Lärm, Verkehr, Schmutz und zweifelhaften Vergnügungsangeboten in Bars und Rotlichtvierteln zu ersticken droht. Auf die Dauer möchte sie nicht hierbleiben. Zudem macht ihr das Klima in diesem Teil des Landes schwer zu schaffen. Marli macht sich Sorgen um ihren eigenen Gesundheitszustand, aber auch um Edmund wegen seines stressigen Jobs. Als Leiter der *Diaconia* trägt er große Verantwortung. Er pflegt unendlich viele Kontakte im ganzen Land, und sein Terminkalender ist randvoll gefüllt. Abends ist er hundemüde, wenn er ins Bett fällt. Trotzdem kann er nicht immer sofort einschlafen, sondern grübelt über anstehende Herausforderungen. Außerdem vermisst Marli Edmund sehr, wenn er manchmal tagelang auf Reisen ist. Wenn wenigstens das Telefonieren nicht so teuer wäre! Jedes Mal überlegt sich Marli vorher genau, was sie sagen will und was es Wichtiges zu klären und zu fragen gibt. Aber wenn sie dann Edmund am anderen Ende der Leitung hört, kann sie sich vor lauter Freude über seine Stimme an nichts mehr erinnern. Es ist dann einfach nur noch schön, ihn zu hören. An Edmunds Worten merkt Marli, dass es auch ihm schwerfällt, sie so lange allein zu lassen. Er vermisst außerdem seinen kleinen Sohn Marcio.

Auch Edmund denkt über seinen Job nach, doch wesentlich mehr Sorgen macht er sich um den Gesundheitszustand seiner Frau. Der mindert ihre Energie erheblich. An dem brütend heißen Sommertag wird Marli nach der Chorprobe des

Männerchors, den sie in ihrer Gemeinde leitet, plötzlich ohnmächtig. Ihr Kreislauf hält der Hitze nicht stand. Edmund kann sie gerade noch auffangen und trägt sie zu einem Ventilator, wo Marli minutenlang bewusstlos liegen bleibt.

Edmund kann sich Marlis Zustand nicht länger mit ansehen und überlegt sich, ob sie nicht doch lieber zurück nach Curitiba ziehen sollten oder nach Paraná. Auf jeden Fall irgendwohin, wo das Klima für Marli günstiger ist. Edmund weiß, dass er bald eine schwerwiegende Entscheidung treffen muss.

11

Neue Aufgaben

Marli und Edmund warten darauf, dass Gott ihnen zeigt, was er als Nächstes mit ihnen vorhat. Sein Leben lang wurde Edmund beigebracht, der Arbeit für Gott die oberste Priorität einzuräumen. Aber diesmal sieht er die Sache differenzierter. Er weiß von vielen Missionaren, die einen hohen Preis dafür bezahlt haben, dass sie den Dienst für den Herrn ohne Rücksicht auf ihre Familie getan haben. Das will Edmund anders machen. Die Gesundheit von Marli geht vor; Gott wird das genauso sehen und eine Lösung parat haben – da ist sich Edmund sicher. Vielleicht will Gott ihnen dadurch sogar einen Weg weisen, den sie sonst nie gehen würden ...

*

Während Marli und Edmund beten und ein neues passendes Tätigkeitsfeld suchen, reist ein Mann namens Horst Marquardt von Deutschland nach Brasilien. Der Deutsche ist ein Pionier des christlichen Rundfunks. Seit 1960 ist er maßgeblich am Aufbau des *Evangeliums-Rundfunks (ERF)* in Wetzlar beteiligt, den er leitet. Horst Marquardt und seine Mitstreiter engagieren sich weltweit für die Radiomission – in Zusammenarbeit mit der internationalen christlichen Organisation *Trans World Radio (TWR)* mit Sitz in den USA. In einigen Regionen Brasiliens leben viele deutschstämmige Einwanderer, die sich über die deutschen Programme freuen, welche im hessischen Wetzlar produziert werden. Nach Brasilien ausgestrahlt werden die Radiosendungen von einem leistungsstarken Sender auf Bonaire, einer Insel der niederländischen Antillen. Horst Marquardt ist auf einer Reise durch Lateinamerika, um herauszufinden, wie die Empfangsqualität der *ERF*-Radiosendungen dort ist. Er will außerdem wissen, wie die geistliche Situation der Menschen in Brasilien aussieht und ob die Sendungen auch wirklich gehört werden.

Auf seiner mehrwöchigen Reise ist Horst Marquardt bei verschiedenen Gemeinden und Privatpersonen in Brasilien zu Gast – unter anderem in einem Bibelkreis in Rio de Janeiro, zu dem auch Edmund eingeladen ist. Horst Marquardt erzählt den Anwesenden von der Arbeit des *ERF* in Deutschland. Edmund erfährt dabei, dass der Leitungskreis und die Unterstützer des *ERF* sich nicht nur für die Verbreitung des Evangeliums in Deutschland einsetzen. Trotz äußerst knapper Finanzen für die Arbeit im eigenen Land ist es ihnen ein dringendes Herzensanliegen, auch andere Teile der Welt zu erreichen.

Horst Marquardt, der Edmunds höfliches Interesse bemerkt, fragt ihn: „Hast du schon mal von einem Werkzeug gehört, mit dem du in einer halben Stunde mehr Menschen mit dem Evangelium erreichen kannst als all die Menschen zusammen, zu denen Paulus auf seinen Missionsreisen gesprochen hat?"

„Nein. Davon habe ich noch nichts gehört", antwortet Edmund ehrlich. Doch kurz darauf wird ihm klar, dass Horst Marquardt mit dem genialen Werkzeug das Radio meint. Edmund ist fasziniert von Horst Marquardts feuriger Begeisterung für das Radio und erfährt einige Fakten, die ihm neu sind: Adolf Hitler ließ einen großen Sender in Monte Carlo bauen, um Europa mit seiner nationalsozialistischen Propaganda zu erreichen. Aber es kam nie dazu, weil Hitler die Macht verlor, bevor der Sender in Betrieb genommen werden konnte. Rund 600 Millionen Zuhörer können damit erreicht werden – auch mit der christlichen Botschaft!

In derselben Woche steht für Edmund eine Konferenz mit den regionalen Leitern der *Diaconia* in Rio de Janeiro auf dem Terminplan, zu der er Horst Marquardt einlädt. Es ist die optimale Möglichkeit für den Radiopionier, seine Vision wichtigen christlichen Multiplikatoren zu vermitteln. Horst Marquardt nutzt außerdem die Gelegenheit, um den Konferenzteilnehmern zu berichten, dass er auf der Suche nach einem geeigneten Mitarbeiter in Brasilien ist. Er braucht jemanden, der die verschiedenen Denominationen und Gemeinden in einigen Regionen des riesigen Landes besucht und die Radioarbeit bekannt macht. Am Ende seines Vortrags äußert er allerdings Zweifel am Erfolg seiner Mitarbeitersuche: „Es scheint mir fraglich, ob eine geeignete Person für diese Aufgabe überhaupt schon geboren ist!"

Kurz nach dem Vortrag von Horst Marquardt wird Edmund von seinem Team angesprochen: „Stell dir vor, Edmund, wir kennen genau den Mann, den Horst Marquardt sucht!"

Edmund schaut die Mitarbeiter ungläubig und neugierig an: „Wirklich? Kann ich mir nicht vorstellen."

Da lachen sie nur: „Du bist es!"

Edmund ist überrascht. Auf diese Idee wäre er nicht gekommen. „Da irren sie sich", denkt er im Stillen.

Kurze Zeit später findet in São Paulo in einer deutschen Baptistengemeinde ein Treffen von Leitern deutscher Missionswerke und Gemeinden statt, zu der Horst Marquardt zum Ende seines Brasilien-Aufenthaltes eingeladen ist. Auch Edmund nimmt daran teil. Horst Marquardt wird in São Paulo genauso herzlich empfangen wie überall auf seiner Reise. Seine Stimme ist nämlich vielen deutschsprachigen Christen in Brasilien bekannt durch die *ERF*-Radiosendungen. Nach diesem letzten Treffen wird ein Plan gemacht, wie die *ERF*-Radioprogramme durch die Pastoren als Multiplikatoren noch weiter in Brasilien verbreitet werden können. Dazu wird eine Art Mitteilungsblatt zum Verteilen benötigt. Zur Durchführung der Werbemaßnahmen wird Edmund einstimmig zum ehrenamtlichen Vorsitzenden einer Arbeitsgruppe gewählt – sehr zu seiner eigenen Überraschung. Seine Aufgaben bestehen anfänglich in der Koordination aller Aktivitäten zur Bekanntmachung der deutschen *ERF*-Radiosendungen in Brasilien. Dazu gehört die Verteilung eines Rundbriefs mit aktuellem Sendeplan für die deutschen Programme. Die Liste mit den Empfängern dieses Newsletters wird mit der Zeit immer länger. Edmund ist weiterhin viel im ganzen Land unterwegs – jetzt gleichzeitig für die *Diaconia* und für den *ERF*.

*

Nach der Rückkehr von seiner Südamerikareise verkündet Horst Marquardt seinem Mitstreiter Hermann Schulte mit einem triumphierenden Unterton in der Stimme: „Ich habe den richtigen Mann für die Gründung einer eigenständigen brasilianischen Radioarbeit gefunden!" Hermann Schulte fragt erstaunt, wie das sein könne. Es hätten doch gar keine Bewerbungsgespräche stattgefunden. Doch Horst Marquardt ist sich sicher, dass Edmund Spieker genau der passende Mitarbeiter für dieses Projekt ist, obwohl er ihn noch gar nicht konkret darauf angesprochen hat.

Etwa zur gleichen Zeit kommen Marli und Edmund zu dem Entschluss, dass es wohl das Beste sei, zu einer ihnen gut bekannten Missionsgesellschaft zu gehen, die in Paraná ihren Sitz hat. Beide sind beeindruckt von der wertvollen Arbeit, welche diese Organisation für Indios leistet. Eine Mitarbeit in diesem Bereich könnten sie sich gut vorstellen. Daher nutzt Edmund einen Besuch des Leiters der Missionsgesellschaft, um mit ihm darüber zu sprechen. Marli erhofft sich viel von dem Gespräch und ist gespannt darauf. Das Treffen läuft jedoch ganz anders, als Marli sich das gedacht hat.

Der Leiter des Missionswerks merkt schnell, dass Edmund und Marli in anderen Dimensionen denken, beten, glauben und arbeiten als viele andere. Sein Eindruck ist, dass Gott für das Ehepaar noch anspruchsvollere Aufgaben bereithält. Deshalb sagt er zu ihnen: „Euer Pflug ist zu groß für uns." Seine Worte sind prophetisch, doch für Marli und Edmund bricht eine Welt zusammen. Sie fühlen sich alleingelassen. Eine andere Tätigkeit als in der Mission kann sich Edmund nicht vorstellen. Beide denken nicht im Traum daran, in die Wirtschaft zu gehen, um dort ihr Geld zu verdienen. Sie verbringen stattdessen weiterhin viel Zeit im Gebet, um Gottes Willen zu ergründen.

Da sich auch in der folgenden Zeit noch keine Änderung ihrer Situation abzeichnet, schlägt Edmund Marli irgendwann vor: „Wie wäre es, wenn du übergangsweise mit Marcio und Antonieta nach São Paulo zu deinem Bruder Paulo und seiner Frau Janet ziehst? Bald haben wir Februar. Da wird es viel zu heiß in Rio." São Paulo liegt fast 800 Meter über dem Meeresspiegel, also wesentlich höher als die Stadt Rio de Janeiro, die nur 30 Meter über dem Meer liegt. Das Klima ist daher in São Paulo nicht so schwülheiß wie in Rio. Marli ist einverstanden und fragt ihren Bruder Paulo, ob er sie aufnehmen kann. Paulo hilft seiner Schwester gerne und organisiert einen Platz zum Wohnen für sie, Marcio und Antonieta.

Bald darauf erreicht Edmund eine Nachricht von Hermann Schulte aus Deutschland, dem Leiter des *Evangeliums-Rundfunks,* der sich gerade bei einem Internationalen Vorstandstreffen von *Trans World Radio* in New Jersey in den USA befindet. Hermann Schulte will nach Südamerika reisen, um den Mann zu treffen, von dem sein Kollege Horst Marquardt überzeugt ist, dass er der richtige Mitarbeiter für die Gründung einer Radiomission in Brasilien sei, nämlich Edmund. Hermann Schulte will Edmund kennenlernen und macht mit ihm einen Termin für ein Treffen in São Paulo aus. Edmund, der über diesen Anruf sehr überrascht ist, fährt mit dem Nachtbus von Rio nach São Paulo, wo er noch vor der Begegnung mit Hermann Schulte frühmorgens Marli aufsucht. Es geht ihr in der neuen Umgebung mit dem milderen Klima gesundheitlich wesentlich besser. Marli genießt es, ihren Mann bei sich zu haben, auch wenn sie nur wenig Zeit miteinander verbringen können. Sie beten gemeinsam für ihre Zukunft. Marli hat keine Ahnung, was Hermann Schulte von ihnen will, aber sie spürt, dass Gott seine Hände im Spiel hat. Vielleicht zeigt sich jetzt, wie es mit ihnen weitergehen soll.

*

Bei ihrem ersten gemeinsamen Treffen möchte Hermann Schulte Edmund selbstverständlich zunächst überhaupt einmal kennenlernen und etwas über seine Biografie erfahren.

„Gut", sagt Edmund. „Ich beginne mit meinem Großvater: Das war Wilhelm Spieker-Doehmann aus dem Ruhrgebiet. Er war ein Evangelist der sogenannten Versammlung, der freikirchlichen Brüderbewegung. Am meisten war er evangelistisch im Lahn-Dill-Kreis in der Gegend von Dillenburg und Haiger tätig."

Hermann Schulte schaut den nichtsahnenden Edmund mit großen Augen an. „Erzählen Sie mir mehr", fordert er ihn auf.

Edmund erzählt weiter, bis Hermann Schulte meint: „Ich fühle mich wie Elieser, von dem in der Bibel berichtet wird, dass er weit in die Ferne ausgesandt wurde, um eine Frau für Isaak zu finden, und dabei auf die Verwandte Rebekka stieß. Auch zwischen uns beiden gibt es ungeahnte Verbindungen: Ihr Großvater war oft im Haus meines Schwiegervaters. Er wohnte immer bei Georg und Anna Margaretha Loh, wenn er für Evangelisationen unterwegs war. Die beiden Familien waren gut befreundet. Ihr Großvater Wilhelm wollte einmal bei Georg Loh für einen seiner acht Söhne um die Hand von dessen Tochter Anna anhalten. Daraus ist jedoch nichts geworden. Anna Loh wurde stattdessen *meine* Frau. Ich kenne deinen Großvater", meint Hermann Schulte zufrieden. „Ich weiß also, aus welchen Kreisen du kommst. Möchtest du mit uns arbeiten?"

Edmund ist überrascht, antwortet aber: „Ja. Allerdings habe ich weder Ahnung von der Radioarbeit noch allzu große Begeisterung dafür. Trotzdem spüre ich, dass dies Gottes Weg für uns ist. Ich bin bereit, etwas Neues zu lernen."

Sofort planen die beiden Männer alles Weitere. Vier Jahre lang werden *ERF Deutschland* und *TWR International* finanzielle Starthilfe leisten. Schon nach zwei Jahren soll aber nur noch die Hälfte der Personalkosten für Edmund bezahlt werden – ohne die anderen anfallenden Kosten für die Radioarbeit. Die Pioniere der Radiomission in Deutschland setzen sich zum Ziel, dass in Brasilien ein sich finanziell selbst tragender Radiopartner entsteht. Edmund soll deshalb vor Ort Spenden sammeln, um langfristig die Arbeit eigenständig zu finanzieren. Zunächst einmal aber soll Edmund für eine Zeit nach Deutschland kommen, um beim *Evangeliums-Rundfunk* in Wetzlar alles Nötige für die Radiomission zu lernen.

Edmund erklärt sich einverstanden – unter einer Bedingung: „Meine Frau muss mit nach Deutschland kommen. Wir können wunderbar zusammenarbeiten, und ich möchte nicht auf diesen guten Synergieeffekt verzichten." Darauf lässt sich Hermann Schulte nach einigem Zögern ein.

Marli ist von den Neuigkeiten ihres Mannes zunächst genauso überrascht, wie Edmund selbst es am Anfang war, aber sie freut sich, dass Gott so eine klare Wegweisung für sie hat. Wenn Marli sich sicher ist, dass Gott voraus- und mitgeht, dann will sie jeden Weg bereitwillig und freudig einschlagen. Und Marli ist sich ganz sicher: Schon die einstimmige Einladung von Horst Marquardt und Hermann Schulte ist ein deutliches Zeichen.

Edmund spricht daraufhin mit seinem Chef, dem Leiter des *Lutheran World Relief* in Amerika. Obwohl es ihm schwerfällt, kündigt er seine Stelle. Man bietet ihm sogar eine Verdopplung des Gehalts an, um ihn zum Dableiben zu bewegen, doch der Entschluss steht fest.

Marli ist aufgeregt, wenn sie an Deutschland denkt. In der nächsten Zeit fallen ihr immer wieder Dinge ein, die sie schon für die bevorstehende Reise bereitlegt. Sie freut sich, dass Edmund sie nach Deutschland, in sein Herkunftsland, mitnehmen will. Endlich wird sie es auch einmal kennenlernen! Drei Monate soll die Schulungszeit in Deutschland dauern, und währenddessen muss Marli ihren zweijährigen Marcio bei ihrer Mutter zurücklassen. Es fällt Marli unendlich schwer, sich für so lange Zeit von ihrem kleinen Sohn zu trennen.

Als erste Station ist für Marli und Edmund Monte Carlo geplant, wo sie zwei Wochen verbringen sollen. Diese erste Reisestrecke wollen sie mit dem Schiff hinter sich bringen. Das wird ihnen etwas Zeit zum Ausruhen und Entspannen geben. Gleichzeitig ermöglicht ihnen die Schiffsreise auch ein langsames Hineinkommen in einen neuen Lebensabschnitt mit einer neuen Aufgabe.

*

Das Schiff bringt sie bis zur italienischen Stadt Genua. Von dort aus fahren sie mit dem Zug knapp 200 Kilometer über die italienische Grenze, an der französischen Côte d'Azur entlang, bis ins Fürstentum Monaco. Es ist ein sonniger Tag, und Marli schaut fasziniert aus dem Zugfenster. Sie genießt den Blick auf die wunderschöne Küste Italiens, vorbei an den idyllisch gelegenen Touristenstädten. Noch nie zuvor ist sie außerhalb von Südamerika gereist, und jetzt hat sie die Gelegenheit, so viel Neues auf einmal zu sehen!

Die Bremsen schrillen, als der Zug in Monte Carlo hält. Hier also hat *TWR* seine Radiostudios und das Zentralbüro für Europa und den Nahen Osten. „Kein schlechter Standort", denkt Marli. Sie beeilt sich, hinter Edmund herzukommen, der die Wagentür öffnet, um mit ihren zwei Koffern in der Hand vom Zug auf den Bahnsteig zu gelangen. Marli reicht ihm schnell das restliche Gepäck. Kaum ist sie ausgestiegen, fährt der Zug auch schon weiter nach Nizza.

Nur wenige Leute befinden sich auf dem Bahnsteig. Marli schaut sich um und fragt Edmund unsicher: „Holt uns niemand ab?" Edmund lässt sich nicht aus der Ruhe bringen und antwortet: „Anscheinend nicht. Vielleicht ist meine Nachricht mit unseren Ankunftsdaten nicht angekommen. Wir nehmen einfach ein Taxi!"

Gesagt, getan. Ein Taxi bringt die beiden in die Rue de la Poste, wo sich neben der einzigen protestantischen Kirche im Fürstentum das Gebäude mit den Büros von *TWR* befindet. Es ist um die Mittagszeit, als Marli und Edmund vor der Tür stehen und klingeln. Als sich nach einer Weile tatsächlich die Tür öffnet, steht Dave Carlson vor ihnen, ein *TWR*-Mitarbeiter, der von ihrer Ankunft ganz und gar überrascht ist: „Wie kommt ihr denn so schnell aus Brasilien hierher?" *Dass* die beiden kommen würden, wusste er schon, aber wann genau wusste er nicht. Dave Carlson ruft sofort Dr. Ralph Freed an, den Generalsekretär der Radiomission, um ihm hocherfreut mitzuteilen: „Die Brasilianer sind angekommen! Sie stehen bei uns im Büro."

*

Marli war noch nicht oft in ihrem Leben in einem Hotel. Umso vornehmer kommt sie sich in der hübsch gelegenen Unterkunft mit Panoramablick auf Monte Carlo vor. Die Aussicht ist herrlich! Jeden Morgen geht Marli mit Edmund nach dem Frühstück die schönen Gassen entlang und 180 Stufen hinauf zu den *TWR*-Büros und -Studios. Das Mitarbeiter-Team von *TWR* besteht aus 25 Missionarsfamilien aus mehreren europäischen Ländern, dem Nahen Osten und Amerika. Sie bringen Edmund und Marli sehr viel Neues über die Möglichkeiten des Radios bei. Sie alle arbeiten mit Feuereifer daran, die gute Nachricht von Jesus Christus in der Welt zu verbreiten. Marli merkt ihnen an, dass diese Menschen eine klare Berufung von Gott spüren. Besonders der Evangelist Dr. Ralph Freed, der Vater des *TWR*-Gründers Paul Freed, beeindruckt Marli und Edmund durch die Würde, Weisheit und Entschlossenheit, die er ausstrahlt. Sein Herz schmerzt aus Trauer über eine Welt ohne Jesus. Eine typische Frage von ihm, die er anderen Christen gerne stellt, lautet: „Hast du jemals wegen der geistlichen Situation der Menschen Tränen vergossen?" Er selbst hat es sicherlich oft.

In der Radio-Evangelisation sehen Ralph und Paul Freed eine von Gott geschenkte Methode, um Jesus in aller Welt bekannt zu machen. Beide lieben ihre Mitmenschen von ganzem Herzen und richten ihr Leben bewusst nach der Perspektive auf die Ewigkeit aus.

Die Entwicklung von *TWR* ist eine Geschichte voller Wunder. Nach den bescheidenen Anfängen in Marokko im Jahr 1954 war *TWR* die erste Organisation, die das übliche staatliche Radiomonopol in Europa mit einem denkwürdigen Vertrag mit *Radio Monte Carlo* im Jahr 1960 durchbrach. Marli ist fasziniert vom Anblick des ausgeklügelten Antennenfelds auf dem Gipfel des *Mont Agel,* dem über 1 000 Meter hohen Berg an der Grenze zwischen Frankreich und Monaco. Die Besichtigung der Anlage ist ein unvergessliches Erlebnis, weil hier offensichtlich wird, wie Gott Geschichte schreibt.

Während der Zeit in Monte Carlo lernen Marli und Edmund die Entstehung und die Ziele von *TWR* kennen. In den verschiedenen Abteilungen des Missionswerks bekommen sie einen Einblick in die Grundlagen der Sendetechnik und -organisation. Jeden Abend sind sie zu Gast bei einer der Missionarsfamilien. Edmund spricht etwas Englisch, und Marli erinnert sich noch an ihr Schulfranzösisch. So können sie sich irgendwie verständigen.

Dann endlich geht es für etwa zwei Monate nach Wetzlar in Deutschland – wieder mit der Bahn.

Horst Marquardt, der Mann, der Edmund in Brasilien „entdeckt" hat, kann Marli und Edmund schließlich am Wetzlarer Bahnhof abholen. Die weite Reise von Brasilien über Portugal, Spanien, Italien, Frankreich, Monaco und die Schweiz ist geschafft. Sie sind in Edmunds alter Heimat angekommen.

Die hessische Stadt Wetzlar an der Lahn mit ihrem imposanten Dom und den Fachwerkhäusern in der Innenstadt gefällt Marli gut. Genau so hat sie sich Deutschland vorgestellt: gepflegt, hübsch, beschaulich und voller Geschichte. Marli freut sich, hier zu sein. Nur wenn sie auf den Gehwegen eine Mutter mit Kinderwagen sieht, muss sie schlucken und die Tränen unterdrücken, weil sie an Marcio denkt. Sie vermisst ihn. Und auch der zweijährige Marcio hat Sehnsucht nach seinen Eltern. Antonieta erzählt Marli später, wie Marcio Mama und Papa gesucht hat. Einmal ist er mit seinen winzigen Füßchen in die großen Schuhe von Edmund geschlüpft und hat dabei verzweifelt nach seinem Papa gerufen. Rückblickend würde Marli ihr Kind nie wieder für so eine lange Zeit zurücklassen!

Hermann Schulte und ein Personal von etwa 35 Mitarbeitern begrüßen Marli und Edmund ganz herzlich in den Räumen des *Evangeliums-Rundfunks*. Marli beneidet Edmund, der natürlich keinerlei Kommunikationsprobleme hat. Sie versucht, sich hier und da neue Worte zu merken, um ihren deutschen Wortschatz ein klein wenig zu erweitern.

In den kommenden Wochen schauen Marli und Edmund in die verschiedenen Bereiche des *ERF* hinein – zum Beispiel in die Kundenbetreuung, die sich beim *ERF* Hörerservice nennt. Sie lernen etwas über die Rundfunkhomiletik, also darüber, wie man radiogerechte Andachten vorbereitet, und ihnen wird technisches Wissen über die Sendungsproduktion vermittelt.

Richard Straube, alias Onkel Richard, der evangelistische Kindersendungen produziert, bringt Marli das Handwerkszeug für die Produktion von Kinderhörspielen und anderen Radioaufnahmen bei. Das fordert von Marli volle Konzentration. Es ist eigentlich ein Wunder, dass die Kommunikation irgendwie klappt, und das, obwohl Onkel Richard kein Wort Portugiesisch spricht und Marli kaum Deutsch. Doch sie ist wissbegierig und lernbereit; irgendwie können sie sich verständigen, und Edmund steht ja auch noch als Übersetzer zur Verfügung.

Bald entdecken die *ERF*-Mitarbeiter Marlis musikalisches Talent. Sie beginnt, Kinderlieder in portugiesischer Sprache aufzunehmen. Begleitet werden Marlis Lieder auf der Orgel von Peter van Woerden, dem Neffen der bekannten Autorin Corrie ten Boom, die gemeinsam mit ihrer Familie im Dritten Reich Juden versteckt hielt.

Als angenehme Überraschung bietet der *ERF* den Spiekers einen neuen VW-Käfer zur freien Nutzung an. Mit dem Auto besuchen die beiden an den Wochenenden Freunde und Verwandte von Edmund im näheren und weiteren Umkreis.

Gegen Ende der Zeit in Wetzlar wird Edmund gebeten, einen Strategieplan für die zukünftige Zweigstelle in Brasilien vorzulegen. Hermann Schulte ermutigt ihn dazu, eine finanzielle und administrative Selbstständigkeit der brasilianischen Radiomission anzustreben. In den ersten beiden Jahren würden *TWR* und *ERF* die Arbeit finanziell noch voll unterstützen. Nach zwei Jahren soll Edmunds Gehalt nur noch zur Hälfte bezahlt werden, der Rest muss über Spenden finanziert werden. Nach vier Jahren soll die Radiomission in Brasilien komplett autonom sein.

„Wie hoch schätzt du die Ausgaben ein?", will Marli von Edmund wissen, der in ihrem Zimmer in einer Wetzlarer

Pension vor dem Bett kniet, das er als Schreibtisch nutzt. „Die geplanten Ausgaben für das erste Jahr schätze ich auf 30.000 DM. Ich habe 23 Punkte mit Ausgaben aufgelistet", antwortet Edmund. „Es wird eine Herausforderung sein, dieses Geld zusammenzubekommen."

Hermann Schulte lädt die beiden ein, seinen Schwager, den Unternehmer Rudolf Loh, und dessen Frau Irene in Haiger persönlich zu besuchen. Das Ehepaar Loh erinnert sich gerne an Wilhelm Spieker, Edmunds Großvater, und freut sich, dessen Enkel Edmund kennenzulernen. Sie sind generell weltoffen und engagieren sich für den *ERF*. Rudolf und Irene Loh wollen gerne mehr über Edmunds und Marlis zukünftige Radioarbeit erfahren. Edmund hat seinen ausgearbeiteten Zehn-Jahres-Plan parat, den er dem Ehepaar Loh vorstellt. Am nächsten Morgen erzählt ihm Hermann Schulte, dass die Lohs sich entschieden haben, schon einmal 10.000 DM zum Budget beizusteuern. Das ist bereits ein Großteil der benötigten Spenden! Marli und Edmund empfinden das als große Motivation und Ermutigung. Vielleicht könnte man es sogar den Startschuss für ihre zukünftige Arbeit nennen!

*

Die intensive Zeit in Wetzlar, die mit der Radioschulung und mit Besuchen von Edmunds Familie und Freunden gut gefüllt ist, geht schnell vorbei. Als Nächstes steht für Marli und Edmund auf dem Plan, die Insel Bonaire zu besuchen, von wo aus internationale Radioprogramme vom *ERF* und seinem Partner *TWR* ausgestrahlt werden. Einige Tage vor der geplanten Weiterreise überrascht sie Hermann Schulte mit einem neuen Plan: „Dr. Paul Freed, der Präsident und Gründer von *TWR*, möchte euch gerne persönlich kennenlernen. Um ihn zu treffen, müsstet ihr nach Amerika fliegen – genauer gesagt nach Chatham in New Jersey, wo *TWR* seinen Sitz hat."

Drei Tage sind für den Besuch in den USA vorgesehen. Nachdem Marli und Edmund in Monte Carlo bereits Dr. Ralph Freed, Pauls Vater, kennengelernt haben, freuen sie sich umso mehr, nun auch den Sohn Paul zu treffen. Die gemeinsame Zeit im *TWR*-Hauptquartier in Chatham dauert nur ein paar Stunden, ist aber sehr intensiv. Marli und Edmund sind fasziniert von Paul Freeds globaler Vision zur Verbreitung des Evangeliums. Er ist als Missionarskind im Nahen Osten aufgewachsen und weiß um die Herausforderungen für Christen in muslimischen Ländern. Doch das Radio kennt keine politischen, geografischen oder religiösen Grenzen. Für Paul Freed ist diese Technik eindeutig die beste Möglichkeit, um unerreichten Völkern die Hoffnungsbotschaft der Bibel zu bringen.

Nach dem kurzen Besuch bei *TWR* in Chatham, New Jersey, geht es für zwei Wochen nach Bonaire, einer Insel der Kleinen Antillen in der östlichen Karibik. Marli kommt sich während des Flugs vor wie auf einer Weltreise! Es scheint ihr, als würde *TWR* überallhin seine Fühler ausstrecken. Über die Grenzen von Brasilien hinaus hat sich Marli bisher wenig damit befasst, wie man das frei machende Evangelium von Gottes Liebe in andere Länder bringen kann. Edmund hatte eine unglaublich große Verantwortung bei seinen sozialen Projekten, die das gesamte Land betrafen. Jetzt sieht Marli eine noch viel größere Reichweite ihrer Arbeit: In der ganzen Welt hat Gott seine Mitarbeiter, die miteinander verbunden sind und am gleichen Ziel arbeiten!

Die Insel Bonaire ist ein Paradies für Taucher, bekannt durch seine Unterwasserwelt mit Korallenriffen, bunten Fischen und versunkenen Schiffen. Welche Mitarbeiter aus

Gottes großem Bodenpersonal werden dort unten auf sie warten? Bisher kennt Marli nur ein paar Namen von den vielen Missionaren, die mit ihren Familien im heißen Klima in Äquatornähe ihre Arbeit verrichten. Etwa 100 Personen leben im Auftrag von *TWR* auf Bonaire. Die Mitarbeiter sind verantwortlich für die Sendemasten, für die Übermittlung von Radioprogrammen und für andere technische Dinge, für Redaktionelles, Musik und Übersetzungen. Am Flughafen werden Marli und Edmund von dem Ehepaar Udo und Bernie Lüsse willkommen geheißen. Die beiden bringen die Spiekers zu den neuen, modern eingerichteten Büros und Studios, die etwa fünf Kilometer vom Flughafen entfernt liegen.

Auf der idyllischen Insel, die von unzähligen pinkfarbenen Flamingos besiedelt wird, hat die internationale Radiomission *TWR* hohe Sendemasten aufgebaut. Hier befindet sich der leistungsstärkste Mittelwellensender des amerikanischen Kontinents. Im Jahr 1964 hat *TWR* die Sendestation auf Bonaire eingeweiht. Der Grund für die Wahl dieses Standorts ist sendetechnisch bedingt: Man kann von dort aus Millionen von Menschen in Lateinamerika erreichen – ob im brasilianischen Dschungel, in Kuba oder auf den umliegenden karibischen Inseln. Marli und Edmund lernen diese beeindruckende Radiomissionsarbeit kennen und erfahren, wie Menschen fernab von Kirchengemeinden oder Missionaren durch das Radio Jesus Christus kennenlernen. Marli und Edmund sind begeistert von der Aussicht, ihre Landsleute durch moderne Technik erreichen zu können. Das Antennenfeld auf Bonaire ist gigantisch – mit vier über 250 Meter hohen Mittelwelle-Sendemasten und großen Netz-Antennen für die Kurzwelle. Zwei riesige Generatoren von der Größe einer Lokomotive erzeugen den nötigen Strom für den Betrieb. Edmund meint: „Die Antennen sind wie riesige Lichter, die der Welt mit Superkraft die Erlösung durch Jesus Christus bringen!"

Udo und Bernie sind dafür verantwortlich, das jeweilige Intro und den Abschluss für die Radioprogramme aufzunehmen, die sie vom *ERF* in Deutschland bekommen und die täglich morgens und abends für ganz Lateinamerika ausgestrahlt werden. Portugiesische Programme werden auf Bonaire auch aufgenommen. Sogar Musik wird dafür selbst komponiert und von einer sehr engagierten Gruppe von Missionaren aufgenommen.

Gegen Ende des 14-tägigen Aufenthalts nehmen Udo und Bernie mit Marli und Edmund einige Interviews auf. Dabei nutzen die Spiekers die Gelegenheit, über die Pläne für die zukünftige Arbeit in Brasilien zu sprechen und um Gebetsunterstützung für dieses große Vorhaben zu bitten. Außerdem wird ihr baldiger Besuch in einigen großen brasilianischen Städten angekündigt. Die brasilianischen Zuhörer haben also die Gelegenheit, Marli und Edmund demnächst nicht nur über die Radiowellen, sondern auch persönlich kennenzulernen.

Mit Bill Mial, dem Direktor der Sendestation auf Bonaire, besprechen Marli und Edmund weitere Details für den Start der Gründung von *Radio Trans Mundial (RTM)* in Brasilien, welches die erste offizielle Vertretung von *TWR* in Südamerika sein wird. Die Sendestation auf Bonaire verfügt bereits über Programme auf Portugiesisch und Deutsch, die auch schon ausgestrahlt werden. Es ist also keine echte Pionierarbeit mehr. Die Arbeit ist schon in vollem Gange. Der große Wunsch, der zur Einstellung von Edmund und Marli geführt hat, besteht darin, dass eine neue Organisation im Land selbst entstehen soll – unabhängig und selbsttragend als nationaler Partner; das ist die Idee, um die es geht. Gleichzeitig ist es eine Art Modellprojekt von *TWR International* nach dem Vorbild des *Evangeliums-Rundfunks*. So wie der *ERF* eine Art

Zweigstelle von *TWR* in Deutschland betreibt, soll in Brasilien *Radio Trans Mundial* entstehen. Keine bekannten Sendereihen mit berühmten Predigern sind dafür vorgesehen, sondern ein eigenes Programm mit eigenen Predigern. *TWR International* sieht sich als eine Serviceorganisation, nicht als Radiosender. Den Partnern soll nur die Plattform angeboten werden, also die Sendemöglichkeiten, der Austausch untereinander und die vielfältige Unterstützung in ganz unterschiedlichen Bereichen, je nachdem, wo Hilfe nötig ist – zum Beispiel technischer oder finanzieller Art. So wie der *Evangeliums-Rundfunk* das Radioprogramm selbst gestaltet und einen Freundes- und Spenderkreis aufbaut, soll auch *RTM* Brasilien selbst tätig werden.

Marlis und Edmunds Strategie ist es, in den großen Städten für die neu zu gründende Organisation *RTM* Brasilien Kontakte zu knüpfen. Dazu gehören Missionswerke und bestehende Organisationen. Der Vorteil ist, dass Edmund schon überall Leute kennt. Schließlich hat er zweieinhalb Jahre lang in großen Städten im ganzen Land 13 Büros der Hilfsorganisation *Diaconia* betreut. Die Türen vieler Kirchen, Gemeinden und Missionswerke sind für Edmund und seine Frau weit offen.

*

Über Caracas in Venezuela fliegen Marli und Edmund zurück nach Brasilien. Als Erstes soll es nach Manaus gehen, die Hauptstadt des Bundesstaats Amazonas, dem größten der 26 Bundesstaaten Brasiliens. Nach ihrer Weltreise in völlig unbekannte Länder ist jetzt das Reisen im eigenen Land angesagt, wo sich Marli wieder heimisch fühlt. Von Manaus ist eine Fahrt zu den Städten Belém und Natal geplant. Dort sollen Treffen stattfinden, bei denen Edmund und Marli den Einheimischen ihren Traum von *RTM* Brasilien vorstellen wollen.

Es ist inzwischen tatsächlich ihr eigener Traum geworden. Das anfänglich so unbekannte Medium „Radio" ist für Marli und Edmund zum Leben erwacht. Jetzt teilen sie die Vision von Hermann Schulte und Horst Marquardt und den Gründern von *TWR International*: Sie wollen dazu beitragen, dass Radiosendungen Millionen von Menschen das frei machende Evangelium von Jesus Christus bringen.

Tatsächlich scheint es, als hätten die Leute dort, wo Marli und Edmund hinkommen, schon davon erfahren, dass sie eine christliche Rundfunk-Organisation im Land aufbauen möchten. Edmund will unbedingt genau wissen, ob wirklich das Radio die Informationen darüber weitergetragen hat: „Marli, meinst du, dass viele Leute hier die Sendungen von *TWR* hören? Glaubst du, dass die Leute die Nachricht über unseren Besuch im Radio gehört haben?"

Marli kann sich auch nicht so richtig vorstellen, dass die Sendungen, die von Bonaire ausgestrahlt werden, in Brasilien Gehör finden. Edmund will es aber unbedingt wissen. Darum nimmt er sich vor, dies bei der nächsten Gelegenheit nach ihrer Ankunft in Manaus, einer großen Stadt am Ufer des Rio Negro, herauszufinden.

Nach der Landung in Manaus und nachdem sie das Gepäck in ihrer Unterkunft im Haus von Missionaren abgeladen haben werden, wollen Marli und Edmund in die Stadt gehen. „Ich werde heute noch mit meiner Recherche beginnen", sagt Edmund entschlossen zu Marli. Sie selbst lehnt sich entspannt zurück, während Edmund dem Taxifahrer sagt, wohin es gehen soll. Wie es Edmunds Art ist, will er ein Gespräch mit dem Fahrer beginnen. Doch schon nach wenigen Worten unterbricht ihn der Mann am Steuer: „Sie sind doch nicht etwa Edmund Spieker? Ich erkenne Sie an Ihrer Stimme. Ich höre regelmäßig *Radio Trans Mundial.* Heute habe ich auch eine Sendung gehört, und da wurde Ihr Besuch angekündigt!" Marli kann kaum glauben, was sie da hört. „Mal sehen, ob das ein Zufallstreffer war, oder ob es tatsächlich noch viel mehr Leute gibt, die die Sendungen von *TWR* hören!"

Nachdem Marli und Edmund ihr Gepäck im Haus der Missionare abgeladen haben, wollen sie in die Stadt gehen. Am Ufer des Rio Negro im Nordwesten Brasiliens gelegen, befindet sich Manaus nicht weit vom tropischen Regenwald mit gigantischen Bäumen, üppigen Blumen und feuchtheißem Klima. Touristen nehmen Manaus gerne als Ausgangspunkt für einen abenteuerlichen Besuch im größten Regenwald der Welt.

Doch Edmund hat andere Dinge im Kopf: „Ich werde jetzt mit meiner Umfrage fortfahren", sagt er zu Marli, die ihm halb belustigt und halb anerkennend zunickt. Der erste geeignete Passant, der Edmund über den Weg läuft, ist ein Maler mit fleckiger Arbeitskleidung. In einer Hand trägt er eine Dose mit Farbe und in der anderen ein Radio. Das Radio qualifiziert ihn für die Umfrage. Edmund spricht den Maler an: „Guten Morgen! Ich sehe, dass Sie gerne Radio hören. Kennen Sie *Radio Trans Mundial?*"

Der Handwerker sieht Edmund überrascht an: „Aus Bonaire? Aber sicher! Heute Morgen habe ich gehört, dass ein paar Missionare heute hier in Manaus ankommen werden."

Marli staunt. Ob das ein weiterer Zufall ist? Der Mann hat ebenfalls das Interview mit ihnen beiden gehört, das an diesem Vormittag ausgestrahlt worden war. Unglaublich!

Edmund befragt noch mehr Menschen auf der Straße, außerdem Taxifahrer und Gottesdienstbesucher. Viele kennen *Radio Trans Mundial.* In einem Laden wird Edmund sogar erneut gefragt: „Sind Sie nicht Pastor Spieker? Ich habe gehört, dass Sie nach Manaus kommen. *RTM* ist mein Lieblingssender!"

Später hört Edmund bei verschiedenen Pastorentreffen, nicht nur in Manaus, sondern auch in anderen Orten, einige interessante Geschichten über die Auswirkungen der Radioprogramme, über Begegnungen mit Hörern und über ganze Familien, die durch die Sendungen Jesus Christus in ihr Herz aufgenommen haben. Sie erfahren auch noch, dass der leistungsstarke Mittelwellensender von Bonaire die komplette Amazonas-Region erreicht und dass die Qualität meist so gut ist wie die eines Lokalsenders. Gebietsweise ist *Radio Trans Mundial* sogar der einzige Radiosender, den die Menschen empfangen können.

*

Der Bundesstaat Amazonas ist nach dem gleichnamigen Fluss benannt, welcher fast den gesamten südamerikanischen Kontinent durchquert.

Entlang des Amazonas liegen einige Leprakolonien. Marli und Edmund werden dazu eingeladen, eines dieser Gebiete zu besuchen, in denen Leprakranke wegen der Ansteckungsgefahr völlig isoliert von gesunden Menschen leben. Rund 5 000 Infizierte wohnen dort. Katholische Nonnen kümmern sich um die Kolonie.

Marli hat in ihrem Leben schon viele Menschen in sehr unterschiedlichen Lebens- und Wohnsituationen angetroffen: im Kinderheim, im Internat, im Krankenhaus, auf den Straßen großer Städte, in Slums und in Bordellen. In einer Leprakolonie war sie bisher noch nie. Wenn sie meinte, nichts könnte sie mehr erschrecken, weil sie schon alles gesehen habe, muss sie hier feststellen, dass sie sich getäuscht hat. Die Leprakolonien sind entsetzlicher als alles, was Marli vorher erlebt hat. Genau deshalb schrecken viele Menschen vor einem Besuch bei den Leprakranken zurück. Sie haben Angst vor einer Ansteckung, vor unhygienischen Bedingungen, unangenehmen Gerüchen und vor dem Anblick entstellter Gesichter oder Gliedmaßen.

Auch Marli hat sich vorher Gedanken gemacht, wie sie den Besuch verkraften würde. Im Gegensatz zur weitverbreiteten Ansicht ist Lepra keine hochansteckende Erkrankung. Die meisten Bewohner der Kolonie müssten gar nicht zwangsläufig isoliert leben. Trotzdem hat Marli ein mulmiges Gefühl, das aber gleich verschwindet, als sie den Aussätzigen persönlich begegnet. Vielen Leprakranken blickt Marli direkt in die Augen, und sie nimmt Einzelschicksale wahr. Manchmal reicht ein Lächeln oder ein von Außenstehenden kaum wahrnehmbares Zusammentreffen von Blicken, das nur Sekunden dauert, um eine Verbindung zwischen zwei Menschen herzustellen. Genau diese Gabe besitzt Marli. Sie taucht völlig ein in die Welt der Leprakranken am Amazonas. Ihr Herz weint vor Mitgefühl und Liebe zu diesen Menschen und vor dem drängenden Wunsch, so vielen wie möglich etwas Gutes zu tun.

Eine Begegnung rührt Marlis Herz ganz besonders an. Edmund hat gerade seine Predigt beendet. Dabei hat er den Plan und den Wunsch nicht unerwähnt gelassen, dass die Radiomission für Brasilien in Zukunft von Brasilianern getragen wird. Die meisten Leute haben den Versammlungsort nach der Veranstaltung verlassen, aber eine Frau bittet Edmund noch um ein Gespräch. Sie erzählt ihm, wie Gott sie durch die Radiosendungen, die von Bonaire ausgestrahlt werden, gesegnet hat. Dann sagt sie: „Ich möchte beim Start der Radiomission in Brasilien helfen." Sie kramt umständlich in ihrer Tasche. Bald darauf hält sie zwei Cruzeiros[2] in der Hand. Es ist ihr kleiner Beitrag für die Radiomission, den sie Edmund wie eine wertvolle Gabe mit feierlicher Miene hinhält. „Nein,

---

[2] Cruzeiros: 1942 bis 1994 die Währung in Brasilien

nein! Behalten Sie das Geld! Gott wird sich schon um *Radio Trans Mundial* kümmern", wehrt Edmund ab. Erst als er den Blick der Leprakranken sieht, merkt Edmund, dass er anders hätte reagieren sollen. Im Gesichtsausdruck der Frau leuchtet der Stolz einer Königstochter auf, als sie sanft entgegnet: „Mein lieber Bruder, dieses Geld ist für meinen Herrn. Ich habe so viel Segen durch *Radio Trans Mundial* erfahren, dass ich mich daran beteiligen möchte."

Edmund ist beschämt. Diese arme Frau erinnert ihn an die Witwe in Jerusalem, von der Jesus sagte, sie hätte mehr gegeben als alle Reichen. Ein weiterer Gedanke schießt Edmund durch den Kopf: Dies ist die erste Spende aus brasilianischer Hand für die neue Arbeit von *Radio Trans Mundial*. Edmund wird plötzlich die Bedeutung dieser Gabe bewusst, als er dankbar das Geld annimmt. Gott steht zu seinen Verheißungen und wird seine Rechnungen bezahlen. Die Radiomission ist Gottes Auftrag, und er wird aus diesem kleinen Anfang eine Organisation entstehen lassen, die durch Spenden aus Brasilien getragen wird. Da ist sich Edmund sicher.

12

Radioarbeit in Brasilien

Es ist Ende September 1969. Marli und Edmund landen auf dem Flughafen in São Paulo. Vor etwa dreieinhalb Monaten haben sie dort Mama Antonieta und den erst zweijährigen Marcio verlassen. Trotz ihres Marathons mit Stopps in

Europa, den USA, auf Bonaire und zuletzt durch den Norden und den Nordosten Brasiliens haben sie ihren kleinen Sohn natürlich nicht vergessen. Immer wieder hat Marli mit Edmund über ihren lieben Marcio gesprochen, den sie manchmal so sehr vermisst hat, dass ihr Herz schmerzte. Sie hat ihm viele Briefe und Postkarten geschrieben. Jetzt wird es Zeit, dass sie ihren Schatz endlich wieder in die Arme schließen kann! Er hat schon sehnsüchtig mit seiner Oma Antonieta auf Mama und Papa gewartet. Was für eine Wiedersehensfreude!

*

Marli kommt es vor, als sei sie noch viel länger von Hause weg gewesen als nur ein gutes Vierteljahr. Die Zeit war so randvoll mit Erlebnissen und Begegnungen, dass Marli sich wundert, wie diese Menge an Eindrücken überhaupt in dreieinhalb Monate gepasst hat. Es bleibt jedoch keine Zeit zum Ausruhen im Hause Spieker. Die Radioarbeit ruft!

São Paulo ist eine laute und schmutzige Metropole. Zwar verträgt Marli das Klima hier ganz gut, aber die Begleitumstände, die eine so große Stadt mit sich bringt, scheinen ihr weniger erträglich. São Paulo ist nun mal ein Dreh- und Angelpunkt der internationalen Kommunikation, außerdem ein zentraler Ort mit vielen evangelischen Christen. Die deutsche Baptistengemeinde stellt ihnen zwei Sonntagsschulräume als Büro zur Verfügung. Zwei weitere Räume werden in ein kleines Aufnahmestudio verwandelt. Marli und Edmund stellen erfreut fest, dass einige Mitglieder der Baptisten den Aufbau von *Radio Trans Mundial* mit vollem Einsatz unterstützen. Edmund, der sich weiterhin viele Gedanken um die Finanzen macht, ist motiviert durch die Freunde und Helfer. Begeistert erzählt er Marli eines Sonntags: „Pastor Helmut

Fürstenau unterstützt uns tatkräftig bei der Einrichtung des Aufnahmestudios. Bisher haben wir außer einer geliehenen Schreibmaschine noch nicht viele Einrichtungsgegenstände für unser Büro, aber ein junger Mann hat mir heute nach dem Gottesdienst eine Spende für einen Schreibtisch gegeben. Das ist doch ein guter Anfang!"

Und tatsächlich können Marli und Edmund am 8. Dezember 1969, gerade einmal gut zwei Monate nach ihrer Ankunft in São Paulo, mit einer kleinen Gruppe von Freunden die Einweihung der neuen Büros und Studios feiern!

Marli freut sich, dass sie in der Rua Manoel da Nóbrega im Bezirk Jardim Paulista ein kleines Stadthaus beziehen können. Nach so vielen Veränderungen und dem Reisen tut es gut, sich häuslich einzurichten. Marli bereitet ihrer Familie ein gemütliches Zuhause, wo sie zwischendurch ganz für sich allein sein können, um auszuruhen und die Zeit mit dem kleinen Marcio zu genießen.

Edmunds neue Aufgaben sind vielfältig. Er ist froh, dass er Hilfe durch die Missionarin Hildegard Metzger bekommt, die ihnen von der Allianzmission zur Unterstützung der Arbeit geschickt wird. Sie spricht neben ihrer Muttersprache Deutsch fließend Portugiesisch und Englisch. Damit bringt sie die idealen Gaben mit, um die Korrespondenzabteilung zu übernehmen und Edmund als Assistentin auch in anderen Bereichen Arbeit abzunehmen. Die Hörerpost wird zukünftig an die neue *RTM*-Anschrift in São Paulo adressiert, und es treffen bald bewegende Briefe ein, die Hildegard bei Bedarf übersetzt. Bereits nach einigen Monaten, im Juli 1970, zählt sie den 1000. Hörerbrief!

Edmund beginnt bald damit, Pastoren zu interviewen, ihre Predigten aufzuzeichnen und über wichtige Ereignisse in der evangelikalen Welt zu berichten. Er wird oft zu

Gottesdiensten, Veranstaltungen und Konferenzen eingeladen, um zu predigen und die Radioarbeit vorzustellen. Wie gut, dass der *ERF* ein Auto spendet! Das hilft Edmund bei seinen vielen Terminen sehr, wenn auch der Verkehr in São Paulo völlig überlastet und chaotisch ist. Täglich fährt er durchschnittlich 100 Kilometer.

*

Seit Marli sich in Wetzlar mit der Produktion von Kindersendungen beschäftigt hat, wächst in ihr der Wunsch, den Kindern in Brasilien durch das Radio Jesus nahezubringen. Sie fragt Edmund nach seiner Meinung dazu: „Du erinnerst dich doch an Onkel Richard im *ERF* in Wetzlar und an seine Kinderprogramme?! Könnten wir nicht auch so etwas für die brasilianischen Kinder anbieten? Jesus ist der beste Freund der Kinder! Er kann ihnen Licht und Hoffnung schenken, egal, wie ihre Lebenssituation aussieht. Es kann so viel bewirken in den Familien und letztendlich in der ganzen Gesellschaft, wenn die Kleinsten glücklich aufwachsen und dadurch eine stabile Lebensgrundlage haben. Ich würde gerne so eine Sendereihe ins Leben rufen. Was meinst du dazu?"

Edmund hat keinen Zweifel daran, dass seine Frau die geeignete Person für dieses Projekt ist: „Das ist genau das Richtige für dich. Ich weiß, dass du in diesem Bereich begabt bist. Schreib ein Konzept, und wir tauschen uns noch mal darüber aus!" Edmund weiß, dass Marli schon mit neun Jahren begonnen hat, ihren Eltern bei der Heilsarmee mit der Kinderbetreuung zu helfen. Er kennt auch Marlis Begeisterung für Musik. Wenn sie Akkordeon spielt, sprüht sie vor Freude und Energie. Sie ahnt nicht, wie gerne Edmund sie dabei beobachtet! Er kennt das Potenzial seiner geliebten Marli und fördert sie, wenn sich die Gelegenheit bietet – so wie auf der Reise zum *ERF* und zu *TWR*, wohin er sie unbedingt mitnehmen wollte. Das hatte sich auch als richtiger Entschluss erwiesen. Wie gut sich Marli in Deutschland trotz der Sprachschwierigkeiten zurechtgefunden hatte! Sie hatte sogar portugiesische Kinderlieder aufgenommen. Edmund ist noch ganz in seine Gedanken versunken, als Marli von ihm wissen will: „Hast du vielleicht eine Idee für einen Titel der Kindersendereihe?" Er antwortet nur: „Lass uns demnächst darüber nachdenken!"

Es dauert einige Zeit, bis sie endlich einen Namen für die Kinderprogramme gefunden haben. Dann steht er fest: *Criança feliz* (Glückliches Kind). Marli arbeitet eifrig an den Skripten und sucht sich Helfer, die an den Aufnahmen mitwirken sollen. Sie will nicht als „Erzähltante" im Mittelpunkt stehen. Glücklicherweise findet sie noch viele weitere Sprecher, die sich an der Produktion beteiligen. Das Besondere daran sind die Kinderstimmen. Marli holt sich kleine motivierte Sprecher ins Studio. Der allerkleinste von ihnen ist ihr eigener Sohn Marcio, der mit drei Jahren das erste Mal vor dem Mikrofon stehen darf. Er macht seine Sache gut, und Marli und Edmund sind stolz auf ihn.

Für Marcio wäre es sicher schön, ein Geschwisterchen zu haben. Sehr gerne hätte auch Marli noch einmal Nachwuchs. In der brasilianischen Kultur gilt es als perfekt, wenn das Erstgeborene ein Junge ist. Gut. Das wäre ja dann schon mal erledigt. Aber jetzt will Marli ein Mädchen. Allerdings macht sie sich Sorgen wegen der vielen Komplikationen während der ersten Schwangerschaft und Geburt. Sie fragt ihren bewährten Arzt aus Curitiba, zu dem sie Vertrauen hat, um Rat. Der meint: „Sie sind jetzt in einer viel besseren gesundheitlichen Verfassung als damals. In São Paulo vertragen Sie das Klima. Diese Voraussetzung wird sich wahrscheinlich positiv auf die gesamte Schwangerschaft auswirken. Außerdem ist nicht gesagt, dass wir das Kind bei der Geburt wieder mit einer Zange holen müssen. Das kann diesmal alles ganz anders sein." Marli ist überglücklich, als sie Edmund die Einschätzung des Arztes mitteilt.

Noch viel glücklicher und sehr aufgeregt ist Marli, als sie kurze Zeit später feststellt, dass sie tatsächlich wieder schwanger ist. Auch Edmund freut sich riesig. Marlis Arzt hatte mit seiner Vermutung recht: Diesmal ist tatsächlich alles anders. Sämtliche befürchtete Beschwerden bleiben aus. Marli wacht morgens fröhlich auf und geht abends mit einem Lächeln auf dem Gesicht wieder ins Bett. Es ist im Rückblick eine der glücklichsten Zeiten ihres Lebens. Als werdende Mutter fühlt sie sich wohl in ihrer Haut, einfach rundum zufrieden mit sich und der Welt. Wahrscheinlich hat Gott sie täglich mit einer extra Ration Glückshormonen beschenkt.

Am 1. Dezember 1970 wird die kleine Prinzessin Simone geboren. Marli selbst war von ihren eigenen Eltern sehnsüchtig herbeigewünscht worden. Es ist, als würde sich die Geschichte wiederholen, als Marli und Edmund ihre neugeborene Tochter in Empfang nehmen. Antonieta, die stolze Großmutter, erinnert sich daran, wie sie mit Julio vor 24 Jahren die zierliche Marli im Arm gehalten hat. Jetzt darf sie ihre Enkelin an sich drücken. Was für ein Gefühlsdurcheinander – Dankbarkeit, Glück, Stolz, Wehmut über vergangene Zeiten und ein schmerzendes Gefühl im Herzen an der Stelle, wo die Liebe zu ihrem verstorbenen Ehemann Julio immer noch einen Platz hat.

Drei Jahre später schenkt Gott Marli und Edmund noch ein drittes Kind: Fabio, der am 7. März 1974 geboren wird. Mit drei Kindern und zahlreichen Projekten bei *Radio Trans Mundial* wird es Marli nie langweilig!

Die Zeit vergeht wie im Flug, bis es etwa zehn Jahre her ist, seit Marli und Edmund zu Beginn ihrer Zeit bei *RTM* Brasilien auf ihrer Tour durch brasilianische Städte und in einer Leprakolonie am Amazonas waren. Marli erinnert sie sich wieder an ihre ersten Begegnungen mit den Kranken, die sich tief in ihr Gedächtnis gegraben haben. Nach langer Zeit haben Marli und Edmund erneut eine Reise zu diesen Menschen geplant, die von der Gesellschaft ausgeschlossen in abgelegenen Gebieten leben. Diesmal wollen sie eine schwimmende Kirche im Amazonas-Fluss besuchen. Marli kann kaum glauben, dass es schon so lange her ist, seit sie die Leprakolonie besucht hat. Sie kann sich lebhaft an viele Einzelheiten erinnern und ist gespannt, welche Begegnungen sie diesmal erwarten. Viele Gedanken gehen ihr durch den Kopf, als sie an einem Parkplatz eintreffen, der als Treffpunkt dient, von welchem aus Kanus die Gottesdienstbesucher zur Kirche bringen. Bei ihrer Ankunft an der Insel-Kirche steht der Pastor schon bereit und empfängt die Besucher. Marli fällt auf, dass er eine dunkle Sonnenbrille trägt, auf deren Gläsern ein kleiner Aufkleber haftet – so als sei die Brille gerade erst gekauft und das Schildchen noch nicht entfernt worden. „Schau mal! Der Pastor hat auf seiner Brille noch ein Zettelchen kleben", wendet sich Marli unauffällig an Edmund. Doch dann werden sie von dem Pastor herzlich begrüßt: „Wir sind so froh, dass ihr hier seid. Danke für euren Besuch, der uns sehr viel bedeutet. Seht nur, wie es uns geht. Schaut euch unsere Körper an. Als ihr das letzte Mal hier wart, konnte ich euch noch erkennen. Heute können meine Augen euch nicht mehr sehen."

Marli begreift plötzlich, warum der Aufkleber auf der Brille den Pastor nicht stört. Beschämt hört sie, wie Edmund gebeten wird, einen Abschnitt aus 1. Korinther 15 zu lesen. Darin geht es um unseren unansehnlichen und schwachen

Körper, der einmal herrlich und unvergänglich sein wird, wenn wir auferstehen, weil Jesus Christus den Tod besiegt hat. Während Marli hört, wie Edmund die Bibelstelle vorliest, gleitet ihr Blick über die Gottesdienstbesucher. Die Kirche ist mit leprakranken Männern, Frauen und Kindern gefüllt. Alle sind an irgendeiner Körperstelle entstellt und verstümmelt oder leiden an sichtbaren Hautveränderungen. Die Kranken folgen der Predigt des Pastors aufmerksam. Für diese Menschen ist es ein großer Trost zu wissen, dass nur ihr irdischer Leib vergänglich ist. Sie klammern sich an das Versprechen im Korintherbrief, dass Gott für seine Kinder im Himmel einen neuen Leib bereithält, der ewig bleiben wird. Voller Verlangen warten viele der Leprakranken darauf. Für sie gilt der Vers aus 2. Korinther 5,4: „Solange wir in diesem Körper leben, liegt eine schwere Last auf uns. Am liebsten wäre es uns, wenn wir nicht erst sterben müssten, um unseren neuen Körper anziehen zu können. Wir möchten den neuen Körper einfach über den alten ziehen, damit alles Vergängliche vom Leben überwunden wird" (Hfa). In den Gesichtern vieler Gottesdienstbesucher ist eine Zuversicht zu sehen, mit der sie in die Worte aus 2. Korinther 5,6–8 einstimmen können: „Deshalb sind wir jederzeit zuversichtlich, auch wenn wir in unserem irdischen Leib noch nicht bei Gott zu Hause sind. Unser Leben auf dieser Erde ist dadurch bestimmt, dass wir an ihn glauben, und nicht, dass wir ihn sehen. Aber wir rechnen fest damit und würden am liebsten diesen Leib verlassen, um endlich zu Hause beim Herrn zu sein" (Hfa). Diese Bibelstellen könnten genau für diese Menschen geschrieben worden sein. Marli hat Tränen in den Augen. Jahrelang hat sie selbst den Ärmsten gepredigt. Sie hat unzählige Gottesdienste gefeiert und wirklich viel erlebt. Doch diese Versammlung scheint ihr etwas

Besonderes, etwas nahezu Heiliges, zu sein. Marli ist gerührt von der Hingabe dieser Menschen. Da steht einer der Gottesdienstbesucher auf und zitiert einen Bibelvers. Jemand singt ein Lied. Ein anderer sagt einen weiteren Bibelvers auf. Sie sprechen über Petrus und Thomas, als ob sie selbst zu den Jüngern dazugehören würden. Sie können die Bibelstellen auswendig. Niemand liest etwas. „So muss es in der ersten Gemeinde gewesen sein", kommt es Marli in den Sinn. Aber dann fällt ihr ein, warum die gläubigen Leprakranken so bibelfest sind. Alle befürchten, dass sie eines Tages blind werden und nicht mehr lesen können. Deshalb versuchen sie, so viele Bibelstellen wie möglich auswendig zu lernen. All das beeindruckt und beschäftigt Marli sehr.

Während des Gottesdienstes sitzt Marli direkt neben einer Frau, von deren Fingern nur noch kurze Stümpfe übrig geblieben sind. Sie hat eine Bibel auf dem Schoß, die sie umständlich versucht zu öffnen. Die Leprakranke bittet Marli um Hilfe. Marli soll die Bibel öffnen und einen Umschlag zwischen den Buchseiten herausholen. Es ist ein Umschlag, der eine beträchtliche Geldsumme enthält. „Das ist mein Beitrag für *RTM* Brasilien", sagt die Frau zu Marli. „Ich habe davon gehört, dass ihr kommt, und da habe ich Gott darum gebeten, mir Geld zu geben, das ich an euch weitergeben kann. Es ist nämlich so: Mein Bruder war ein Trunkenbold und ein schlimmer Kerl. Doch er ist durch das Hören eurer Radioprogramme Christ geworden und hat mit dem Alkoholtrinken aufgehört. Nur das Rauchen konnte er nicht lassen. Deshalb durfte er sich nicht taufen lassen." Marli weiß, dass in vielen brasilianischen Gemeinden zu dieser Zeit Rauchen und Trinken gleichermaßen als schlimme Sünden angesehen werden, die für Christen nicht akzeptabel sind. Marli selbst hat zum Thema „Sucht" Radiosendungen produziert. Eigentlich war es Edmund, der für Suchtkranke Radioprogramme anbieten wollte. Aber weil er einfach keine Zeit gefunden hat, um regelmäßig solche Sendungen selbst zu produzieren, hat Marli ihm bei der Produktion geholfen. Es wurde sogar eine richtige Hörspielreihe daraus.

Im Gespräch mit der Leprakranken stellt sich heraus, dass ihr Bruder genau diese von Marli entwickelten Radiosendungen gehört hat. Am Schluss der Sendungen wird immer zum Gebet aufgerufen. Dieses Gebet hat der Mann mitgesprochen und ist augenblicklich frei von seiner Nikotinsucht geworden. „Mein Bruder durfte sich vor Kurzem taufen lassen", berichtet die Frau neben Marli, während sie den Geldumschlag noch in ihren verstümmelten Händen hält. Später behält Marli den Umschlag, der das Geld enthalten hat, noch viele Jahre lang als wertvolle Erinnerung. Sie ist gerührt vom Glauben und der tiefen Dankbarkeit dieser kranken Frau. Gleichzeitig ist diese Begegnung für Marli auch eine Bestätigung für den Segen, der von der Radiomission ausgeht. Es fühlt sich wunderbar an, dass Gott ihr die Früchte ihrer Arbeit zeigt und sie damit ermutigt, treu und im Vertrauen weiter diesen Dienst zu tun. Für Edmund, dessen Gedanken sich ständig um die Finanzierung der brasilianischen Arbeit drehen, sind solche kleinen Spenden ein Zeichen dafür, dass die Radiomission in Brasilien in Gottes Sinn ist und Gott selbst seine Arbeit auch voranbringen wird.

Immer wieder beschämt es Marli, Spenden für die Radioarbeit von bettelarmen Brasilianern überreicht zu bekommen – so wie an einem unglaublich heißen Tag, als sie im Amazonasgebiet unterwegs sind, um einen schwerkranken Leprapatienten zu besuchen. Die tropisch-feuchte Hitze nahe am Äquator macht Marli zu schaffen. Sie leidet furchtbar unter diesem Klima, das sie schon immer schlecht vertragen hat.

Noch dazu steht ein Fußmarsch an. Marli fühlt sich elend, reißt sich aber zusammen. Endlich erreichen sie die kleine Hütte, die sie gesucht haben.

Marli sieht, wie sich unter einem Mangobaum eine kleine Hängematte bewegt. Sie erkennt darin einen Mann, dessen Augen ausdruckslos an ihnen vorbeiblicken. Er scheint blind zu sein. Als Marli nahe an die Hängematte herangeht, stellt sie erschrocken fest, dass der Mann keine Beine mehr und nur noch Armstümpfe anstelle von Armen hat. Liebevoll legt sie ihre Arme auf seine Schultern und sagt: „Wie geht es dir, mein Bruder? Wie schön, dich zu sehen!" Er bewegt seine kurzen Armstümpfe, als wolle er gestikulieren, und beginnt zu weinen. Er hat Marli an ihrer Stimme erkannt, denn schluchzend ruft er: „Da ist ja *tia Marli*[3]! Jetzt kann ich sterben."

„Aber warum?", fragt Marli erstaunt.

„Weil ich Sie jetzt getroffen habe", bekommt Marli von dem Blinden zur Antwort. „Ich höre Ihre Radioprogramme, seit ich ein kleiner Junge war. Ich habe auch die Kindersendungen gehört, die Sie produziert haben, und die ganzen Jahre habe ich Gott gesagt, dass ich Sie unbedingt einmal treffen möchte. Jetzt kommen Sie zu meinem Haus; Gott hat Sie zu mir geschickt."

Marli muss mit den Tränen kämpfen. Es ist so ein tragischer und doch heiliger Moment. Der junge Mann ist blind. Er wird Marli nie sehen können. Doch die persönliche Begegnung mit ihr ist ihm unendlich wertvoll, und er strahlt so eine bescheidene Dankbarkeit aus, dass alle Anwesenden tief durchatmen müssen, um nicht gemeinsam mit dem jungen Mann laut loszuschluchzen.

---

[3] Vielen brasilianischen Radiohörern war Marli durch die Kinderprogramme zu der Zeit als „*Tia Marli*" (Tante Marli) bekannt.

„Bitte beten Sie für mich!", bittet er. Und so betet Marli mit ihren Begleitern für den leprakranken jungen Mann, der so viele Jahre lang auf diesen Moment gehofft hat. Nach dem Gebet ruft der Leprakranke jemanden aus dem Haus zu sich und sagt: „Hol bitte den Umschlag, den wir vorbereitet haben!" Marli findet darin einige unglaublich schmutzige, zerfledderte Geldscheine. Der leprakranke Mann hat im Radio die Ankündigung von Marlis Besuch in seiner Gegend gehört, und in der Hoffnung, dass er sie wirklich treffen würde, den Umschlag vorbereitet. Es ist ein unglaublich beschämendes Erlebnis, das sich fest in Marlis Gedächtnis einbrennt und ihr die Wirkung und die große Bedeutung der Radiomission erneut deutlich vor Augen führt.

*

Marli hat viel mit Kindern und Müttern zu tun, während sie immer noch die Kindersendungen betreut, die sie regelrecht berühmt machen. Das Radio spielt eine große Rolle in einer Zeit, in der noch wenige Haushalte einen Fernseher haben. Musik ist in Brasilien generell eine der beliebtesten Formen der Unterhaltung. Kein Wunder also, dass Marlis eingängige und fröhliche Kinderlieder im Radio gut ankommen. Aber auch die professionelle Hörspiel-Gestaltung, die sympathischen Kinderstimmen und allem voran natürlich der gute biblische Inhalt tragen zur Beliebtheit und Bekanntheit der Kindersendungen bei. Marli fühlt sich besonders geehrt, als der Verleger und *ERF*-Gründer Hermann Schulte aus Wetzlar zu Besuch kommt und sich unter anderem die Kindersendungen anhört. Auch wenn er kein Portugiesisch versteht, ist Hermann Schulte hochbegeistert von den Stimmen, den Soundeffekten und der Dramatik des Hörspiels. Marli freut sich riesig über seine Beurteilung des Endprodukts.

*

Die Knappheit an finanziellen Ressourcen sowohl im privaten Bereich als auch in der Radioarbeit machen Marli und Edmund gelegentlich zu schaffen. Doch es gibt auch noch Frustpotenzial, das insbesondere Edmund wesentlich mehr Sorgen macht. Das sind die Unstimmigkeiten zwischen *RTM* Brasilien auf der einen Seite und den internationalen Kooperationspartnern *RTM* Bonaire und *ERF* Deutschland auf der anderen. Nicht immer sind alle gleicher Meinung, wenn es um Methoden und Strategien der Arbeit vor Ort in São Paulo geht. Edmund ist ein idealistischer, eifriger junger Mann, der Verständnis und Unterstützung für die Pläne und Ziele von *RTM* Brasilien erwartet. Er sieht es als großes Geschenk, dass die Zusammenarbeit unter den Vorstandsmitgliedern von *RTM* Brasilien reibungslos funktioniert. Sie ziehen alle an einem Strang. Im Gegensatz dazu lehrt ihn die Zusammenarbeit mit anderen Missionswerken und Einzelpersonen Geduld und zeigt ihm, wie gewinnbringend offene und ehrliche Kommunikation ist. Wichtig ist Edmund letztendlich, dass Gottes Pläne in die Tat umgesetzt werden und nicht seine eigenen. Das Gebet während seiner Stillen Zeit am Morgen bedeutet für ihn Kommunikation mit dem obersten Chef, auf dessen Meinung er am meisten Wert legt.

Marli ist gut ausgelastet mit ihren eigenen Projekten in der Radioarbeit. Zusätzlich zur Koordination der Sendereihe *Criança feliz* betreut Marli nach einiger Zeit auch ein Programm mit Lob- und Anbetungsliedern, und etwa fünf Jahre lang kümmert sie sich um Sendungen für Suchtkranke.

Auf alle ausgestrahlten Programme kommen zahlreiche Rückmeldungen. Bei dem Angebot für Kinder stammen die Briefe vor allem von begeisterten Müttern und Großmüttern, die sich bedanken wollen oder Fragen haben. Die Post junger Mütter bringt Marli auf die Idee, auch für diese Zielgruppe etwas anzubieten. Allerdings zweifelt sie daran, schon genug Erfahrung in diesem Bereich zu haben. Sie hat zwar inzwischen drei Kinder, ist aber selbst noch eine relativ junge Mutter. Sie betet und wartet ab, bis Edmund eines Tages völlig überraschend vom *Radio-Trans-Mundial*-Vorstand gefragt wird, ob seine Frau ein Frauenprogramm machen könne. Das sieht Marli ganz deutlich als eine Aufforderung von Gott, wieder einmal ein neues Projekt für eine neue Zielgruppe zu starten. Im Jahr 1981 beginnt Marli mit der Produktion eines Programms, das „*De mulher para mulher*" (Von Frau zu Frau) genannt wird. Ein Traum von Marli wird damit wahr! Es ist ein großer Wunsch von ihr, den brasilianischen Frauen Hoffnung zu bringen. Sie möchte von der Freiheit erzählen, die Jesus uns schenken will, indem er uns die bedrückende Last unserer Schuld abnimmt.

Außerhalb der Radioarbeit engagieren sich Marli und Edmund in einer deutsch-brasilianischen Freikirche. Sie bauen dort eine Jugendarbeit auf, und Edmund übernimmt ehrenamtlich Pastorentätigkeiten. Marli trifft sich jeden Mittwoch mit Frauen aus ganz verschiedenen sozialen Schichten und mit unterschiedlich hohen Bildungsniveaus. Themen, die diesen Frauen wichtig sind, verarbeitet Marli in der Frauensendereihe, die sie betreut. Eine Besonderheit der Radiosendungen ist der ganzheitliche Ansatz: Es geht nicht nur um theologisches Wissen, sondern um praktische, alltagsrelevante Fragen, die mithilfe der Bibel beantwortet werden. Fünf Jahre lang produziert Marli die Frauensendungen in diesem Stil.

Gleich nach den Kinderprogrammen hat *RTM* Brasilien 1970 mit Jugendsendungen begonnen. Die Frauensendereihe ist jetzt das nächste Zielgruppenangebot. Zur gleichen Zeit wird zusätzlich der Bibelfernkurs „Leben als Christ" per Briefpost gestartet. Dazu melden sich schon bald die ersten 500 Teilnehmer an. Jetzt gibt es Angebote für Erwachsene, Kinder und Jugendliche. *RTM* Brasilien schickt die fertigen Aufnahmen nach Bonaire zur Ausstrahlung über den großen Sender auf der Insel. Zusätzlich werden Tonbänder an fünf lokale Radiosender in Santa Catarina und Paraná geliefert, die das Material innerhalb ihres eigenen Programms senden.

25 Mitarbeiter sind mittlerweile bei *RTM* angestellt. Der Vorstand hat vorsorglich ein Grundstück gekauft und sich 1973 für den Bau eines eigenen Gebäudes entschieden. Partnerschaftlich ist *Radio Trans Mundial* mit *Trans World Radio* in den USA und mit dem *ERF* in Deutschland verbunden. Von diesen Partnerorganisationen kommen lediglich 15% der benötigten Kosten für das Bauprojekt. Der Rest muss durch Spenden aus dem eigenen Land gedeckt werden. Aus kleinen Anfängen hat sich ein großes Werk mit ungeheurer Reichweite entwickelt. Die Arbeit wird für Edmund dadurch nicht weniger, nur anders.

Trotz finanzieller Engpässe und manch anderer Herausforderungen sind Marli und Edmund immer wieder neu motiviert, bei *RTM* Brasilien zu arbeiten. Es ist vor allem die große Anzahl der Hörer und ihrer Briefe, die ganz klar zeigen, welche Bedeutung die Radiosendungen für das Leben unzähliger Brasilianer haben. Marli erinnert sich gut an die Geschichte eines jungen afrikanischen Soldaten, der Christ geworden war, nachdem er in seinem Militärzelt eine Sendung von *RTM* Brasilien gehört hatte. Noch in der gleichen Nacht schrieb er an seine Eltern und bat sie um Vergebung, weil er ein sehr rebellischer junger Mann gewesen war. Diese Geschichte hat *RTM* Brasilien später im Radio erzählt. Davon war ein anderer junger Radiohörer so berührt, dass er kurz nach dem Ende der Sendung ebenfalls sein Leben verändern und Jesus nachfolgen wollte. Er schickte sofort ein Telegramm an *RTM* Brasilien. Dort erreichte es einen Radiomitarbeiter, der es gleich begeistert einigen Teamkollegen im Büro vorlas.

Auch ein Hörerbrief aus Maranhão, einem zu der Zeit sehr ärmlichen Bundesstaat im Nordosten Brasiliens, bleibt für Marli und Edmund unvergesslich, weil er die Reichweite und Wirkung der Sendungen von *RTM* verdeutlicht. Der Hörer schreibt Folgendes:

„Seit zehn Jahren bin ich als Prediger unterwegs, um Gemeinden zu besuchen und zu predigen. Stets war mein geliebter Sender RTM *Brasilien die beste Hilfe und Unterstützung für meine Arbeit. Eines Nachts musste ich um zwei Uhr aufstehen, um rechtzeitig in einem 40 Kilometer entfernten Dorf zu sein, wo ich morgens früh den Gottesdienst halten sollte. Meine Frau und unsere zwei Kinder setzte ich auf den Rücken eines Esels, um die Wegstrecke besser zu bewältigen. Während unseres Marsches begann* Radio Trans Mundial *mit der Ausstrahlung seiner täglichen Sendungen. Ab diesem Zeitpunkt konnten wir rechts und links des Wegs beobachten, wie Bauern überall in ihren ärmlichen Häusern um eine Öllampe herum saßen, um gemeinsam das Radioprogramm zu hören. Wir hielten vor einigen Hütten an und erfuhren, dass viele Familien Gottes Wort über diesen Sender hören. Was für ein Segen für diese Region, die über kein Telefonnetz, keine Post und keine befestigten Straßen verfügt!"*

Nicht nur Briefe, sondern auch Spenden von Unterstützern treffen ein, die Marli und Edmund beschämen. Darunter sind nämlich auch die großzügigen Gaben vieler Hörer mit kleinem Einkommen, die kreative Ideen haben, um eine

Spende möglich zu machen. Ein Landwirt aus São Miguel do Guamá aus Paraná in Südbrasilien schreibt an RTM: *„Vor einigen Monaten warf unser altes Mutterschwein Junge. Ich nahm eins der kleinen Ferkel beiseite und beschloss, dass es für* RTM *Brasilien sein soll. Als es groß genug war, verkaufte ich das junge Schwein an einen Seemann, der mit seinem Boot hier vorbeikam. Den Erlös sende ich Ihnen hiermit.* RTM *ist für mich so wichtig wie ein Pastor!"*

Trotz solcher aufopferungsbereiten Hörer schaut Edmund immer wieder besorgt auf die Finanzen. Mit dem Wachstum der Radioarbeit steigen auch die Ausgaben. RTM Brasilien hat in seiner Satzung festgehalten, dass sie keine Schulden machen wollen. Es soll nur das ausgegeben werden, was auch vorher eingenommen wurde bzw. aus eigenen Mitteln bereits vorhanden ist.

Eines Abends kann Edmund seine Sorgen wieder einmal nicht so einfach beiseiteschieben. Seufzend bekennt er Marli: „Ich weiß genau, dass ich die finanziellen Probleme bei Gott abgeben darf. RTM ist Gottes Arbeit und er wird seine Rechnungen bezahlen. Trotzdem schaffe ich es einfach nicht, die Geldsorgen völlig Gott zu überlassen."

Marli versteht ihren Edmund gut und tröstet ihn: „Gerade darum liebe ich dich: Weil du zuverlässig und sorgfältig arbeitest und Verantwortung übernimmst. Aber vielleicht gibt es doch irgendetwas, das dir helfen könnte, dich bei finanziellen Engpässen besser zu fühlen."

Kurze Zeit später hat Edmund tatsächlich einen Einfall. Er wendet sich zögernd an Marli: „Hör zu, meine Liebe; ich habe eine Idee. Wir haben doch unser kleines Haus abbezahlt. Wie wäre es, wenn wir Gott unser Haus schenken – natürlich nur, falls es gebraucht wird. Wenn wir zukünftig die Rechnungen von *RTM* einmal nicht bezahlen können, dann können wir ganz beruhigt die Schulden bis auf den Verkaufswert unseres Hauses ansteigen lassen. Im Notfall können wir dann das Haus verkaufen und die Schulden bezahlen." Marli ist einverstanden. Sie merkt, wie von Edmund eine große Last abfällt.

So weit kommt es – Gott sei Dank – nicht, dass Edmund ihr Häuschen verkaufen muss. Aber Edmund weiß stets, dass es diese Möglichkeit gibt, und das erleichtert ihn. Immer wieder versorgt Gott sie in der letzten Minute mit dem Nötigsten. An einem Vormittag zum Beispiel brauchte *RTM* dringend 5 000 Cruzeiros, um keine Schulden machen zu müssen. In der Morgenandacht teilt Edmund diese Not seinen Kollegen mit, und gemeinsam schütten sie im Gebet ihr Herz vor Gott aus. Wenige Stunden später trifft per Post ein Scheck in Höhe von 5 000 Cruzeiros ein. Die Spende stammt vom Besitzer eines großen Schlachthofs, von dem keiner im Team jemals vorher etwas gehört hat. Wieder einmal hat der himmlische Vater die Not gesehen, noch ehe seine Kinder ihn darum bitten konnten.

13

Burnout

„Mama, wo ist Papa? Kommt er nicht zum Abendessen?" Verwundert schaut der zwölfjährige Marcio auf den leeren Stuhl neben sich. Das Essen steht auf dem Tisch – Kartoffeln und Fleisch. Alle sind versammelt: Marcio, seine neunjährige Schwester Simone und der sechsjährige Fabio. Auch die

Großmutter Antonieta, die als Familienmitglied dazugehört, sitzt am Tisch. Nur Edmund fehlt. „Er muss wahrscheinlich noch etwas Dringendes erledigen", meint Marli seufzend. Das ist gar nicht so unwahrscheinlich. Schließlich denkt Edmund ununterbrochen an die Arbeit. Er ist nicht der Typ, der jederzeit abschalten kann, um gemütlich den Feierabend zu genießen. Und wenn es etwas Wichtiges zu tun gibt, schiebt er das nie lange vor sich her. Aber heute will Marli lieber gar nicht wissen, warum Edmund nicht zum Essen erschienen ist. In letzter Zeit hat er sowieso wenig Appetit. Er muss sich häufig hinlegen und sich ausruhen – was gar nicht zu ihm passt. Es geht Edmund überhaupt nicht gut. Ständig klagt er über Kopfschmerzen und nachts kann er kaum schlafen. Außerdem ist er schnell gereizt und ungeduldig, wenn in der Familie irgendetwas nicht so läuft, wie es sollte – obwohl Marli versucht, jeglichen Familienstress von ihm fernzuhalten. Die Kinder merken das auch schon. Die Stimmung ist in den letzten Monaten längst nicht mehr so fröhlich und unbeschwert wie früher. Deshalb will Marli jetzt nicht die Vermutung äußern, dass sich Edmund vielleicht wegen Kopfschmerzen und Erschöpfung ins Bett gelegt hat. Die Kinder sollen sich keine Sorgen machen. Es reicht schon, wenn Marli ständig grübelt, wie sie Edmund helfen könnte.

Obwohl die Arbeit von *Radio Trans Mundial* gut läuft, will Edmund noch mehr erreichen. Er ist mit seiner eigenen Produktivität unzufrieden. Der Grund ist nicht, dass seine Mühe keine Früchte tragen würde. Vieles gelingt Edmund gut. Aber er sieht all die unerledigten Dinge und Projekte, für die seine Zeit einfach nicht reicht. Ihm fehlt jemand, der ihm bei Verwaltungsangelegenheiten Arbeit abnehmen würde. Edmund ist außerdem ständig auf Reisen und hat schon seit Jahren keinen richtigen Urlaub gemacht. Marli fühlt, wie ausgebrannt Edmund ist. Sie leidet mit ihm, kann aber nur hilflos zuschauen.

Abends im Bett, als es im Haus ruhig ist, sagt sie sanft, aber entschlossen zu Edmund: „Wir müssen uns dringend eine Auszeit nehmen. So geht das nicht weiter. Wir müssen raus aus São Paulo. Diese Megastadt mit ihren Millionen von Einwohnern laugt uns aus – auch unsere Kinder. Auch wenn wir es gewohnt sind, es tut uns nicht gut. Denk nur an die Strecke morgens zur Schule durch den dichten Verkehr. Eine Stunde dauert die Fahrt, der Rückweg genauso lang. Edmund, das macht uns auf die Dauer kaputt. Wir müssen hier mal raus. Das würde dir guttun." Marli braucht ihre Gedanken eigentlich gar nicht laut auszusprechen. Sie haben schon öfter nach Lösungen gesucht, und Edmund stimmt ihr völlig zu: „Ich weiß es, Marli. Ich habe schon mit Bruder Rempel, dem Vorsitzenden von *Radio Trans Mundial,* gesprochen. Du weißt doch, was ein ‚Sabbatical' ist?"

Marli kennt den Begriff. Es ist die englische Bezeichnung für ein Sabbatjahr. Immer mehr amerikanische Missionsgesellschaften bieten es Mitarbeitern an, die jahrelang rund um die Uhr im Einsatz waren und bei denen irgendwann ein kurzer Erholungsurlaub nicht mehr ausreicht, um alle Kraftreserven zu mobilisieren und neu aufzutanken. Ein Sabbatjahr bietet Mitarbeitern die Möglichkeit, Zwölf Monate lang kürzer zu treten, ganz anderen Aufgaben nachzugehen oder zur Ruhe zu kommen und geistliche Beratung in Anspruch zu nehmen.

Edmund fährt fort, Marli seine Gedanken mitzuteilen: „Ein Sabbatjahr würde mir wirklich helfen, zur Ruhe zu kommen. Wenn wir allerdings in Brasilien versuchen, eine Pause einzulegen, wird uns das wahrscheinlich kaum gelingen. Wir sind überall bekannt und können uns nicht verstecken. Deshalb dachte ich an einen Aufenthalt auf der Insel Bonaire. Ich habe bei Glenn Sink, dem Leiter der Sendestation von *Trans World Radio*, nachgefragt, ob wir einige Zeit bei ihnen verbringen könnten. Der Kontakt und der Austausch mit den anderen Missionaren von *Trans World Radio* auf der Sendestation würde mir guttun. Der Ortswechsel, die ruhige Umgebung und die herrliche Natur würden auch dir und den Kindern gefallen. Aber am allerliebsten würde ich in meine alte Heimat gehen." Marli nickt verständnisvoll und legt dann ihren Arm auf Edmunds Schulter. Sie weiß, dass in Deutschland liebe Freunde und natürlich der *Evangeliums-Rundfunk* sind. Schließlich meint Edmund müde: „Lass uns beten und Gott um Hilfe bitten." Das will Marli gerne tun. Gott wird einen guten Plan für sie haben. Daran zweifelt Marli keine Sekunde. Aber den Zeitplan würde sie gerne ändern. Sie kann nicht mehr länger mit ansehen, wie ihr Mann leidet. Diese Ungewissheit, wie es weitergehen soll, ist schwer zu ertragen. Die Tage scheinen sich ohne Aussicht auf eine Veränderung endlos hinzuziehen. Doch dann kommen kurz hintereinander mehrere Angebote. Die eine Nachricht erreicht die Spiekers aus Bonaire. Dort ist für drei Monate ein Haus frei geworden, weil eine Missionarsfamilie zum Heimataufenthalt in die USA fliegt. Auch in Wetzlar tut sich eine Tür auf, obwohl es anfangs gar nicht danach aussah.

Marli gehen tausend Gedanken durch den Kopf, die sie in der nächsten Zeit mit Edmund bespricht. Es gibt so vieles zu planen! Marcio, Simone und der Jüngste, Fabio, sind letztendlich nicht abgeneigt, was die Idee angeht, für einige Zeit ins Ausland zu gehen. Sie sind abenteuerlustig. Die beiden Ältesten, Marcio und Simone, sprechen sogar Deutsch, da sie in Brasilien auf eine deutsche Humboldtschule gehen. Nur Fabio ist mit seinen sechs Jahren zu klein für die Schule und lernt noch keine Fremdsprache. Zu Hause spricht Edmund mit den Kindern kein Deutsch. Ein Grund dafür ist Marlis Mutter Antonieta, die nur Portugiesisch spricht und bei ihnen wohnt.

Zur Umsetzung des Plans muss noch viel vorbereitet werden. Freunde und Bekannte werden informiert und Formalitäten erledigt. Aber nicht nur die Zeit im Ausland muss geplant werden, sondern auch die Verteilung der Arbeit während Edmunds Abwesenheit in Brasilien. Er will nach seiner Auszeit wieder zurückkehren. In der Zwischenzeit soll Edmunds Assistent Werner Matschulat die Leitung von *Radio Trans Mundial* übernehmen. Es gibt viel zu tun, aber die Aussicht auf einen Ortswechsel beflügelt die Familie.

*

Nach einem dreimonatigen Aufenthalt in Bonaire, den die Familie sehr genießt, reisen die Spiekers zunächst in die USA zu *TWR International*, um zu besprechen, wie es nach dem Sabbatical weitergehen soll. In dem Gespräch fragt Paul Freed Edmund, ob er sich eventuell vorstellen könne, Teil des Leitungsteams von *TWR International* zu werden, worauf Edmund verhalten reagiert, da er der Überzeugung ist, er werde noch bei *RTM* Brasilien gebraucht. Doch zunächst geht es in Edmunds Heimat. Die Zeit dort wird er auch dazu nutzen, um über Paul Freeds Anfrage nachzudenken.

Die Zeit in Deutschland ist keinesfalls eine reine Ruhezeit. Edmund übernimmt die Leitung der Übersetzungsarbeit für einen Spielfilm über die bekannte Amerikanerin Joni Eareckson Tada, die durch einen Schwimmunfall eine Querschnittlähmung erlitten hat. Außerdem übernimmt er Predigtdienste in verschiedenen Gemeinden und engagiert sich in der örtlichen Kirchengemeinde. Dennoch: Insgesamt verläuft das

Leben in Deutschland wesentlich ruhiger als in Brasilien, und die Familie hat mehr Zeit füreinander, was vor allem Marli sehr genießt. So oft hatten Marli und Edmund während ihrer intensiven Missionsarbeit kaum Zeit für die Kinder. Oma Antonieta hat jedes Mal auf ihre Enkel aufgepasst, wenn Marli und Edmund unterwegs oder wieder einmal bis spät in die Nacht am Arbeiten waren. Antonieta hat es stets gerne und mit viel Liebe getan. Marli ist ihr sehr dankbar dafür. Aber sie freut sich über das Geschenk, endlich einmal als Familie viel Zeit zusammen verbringen zu können. Marli hat den Eindruck, dass der Aufenthalt in Deutschland der ganzen Familie guttut. Es ist für sie alle ein Schatz, von dem sie zehren können, wenn neue Aufgaben auf Edmund zukommen. Das wird sicher bald der Fall sein. Marli weiß, dass die Zeit in Deutschland in wenigen Monaten zu Ende sein wird und sie dann wieder zurück nach Brasilien gehen wollen. Es soll ja nur eine vorübergehende Auszeit sein.

Als sie und Edmund eines Abends auf der Couch sitzen, fragt sie in die Stille hinein: „Wie stehst du inzwischen zu der Anfrage von Paul Freed, Teil des Leitungsteams von *TWR International* zu werden?"

„Ich bleibe bei dem, was ich gesagt habe", meint Edmund gelassen, aber ernst. „Irgendwann werde ich sein Angebot annehmen und mich an der Leitung der internationalen *TWR*-Arbeit beteiligen. Ich fühle mich durch das Angebot wirklich geehrt, aber ich habe Paul Freed gesagt, dass ich zuerst zu *RTM* Brasilien zurückkehren muss. Meine Aufgabe dort ist noch nicht beendet. Ich möchte zu hundert Prozent sicher sein, dass die Arbeit selbsttragend ist und optimal läuft, bevor ich sie komplett in andere Hände abgebe."

„Ich sehe das auch so", meint Marli nachdenklich. „Trotzdem ist es schön zu wissen, dass Paul Freed deine Arbeit für

RTM Brasilien zu schätzen weiß und dir vertraut." Mit einem tiefen, zufriedenen Seufzer umarmt Marli ihren Edmund, auf den sie sehr stolz ist, und gibt ihm einen liebevollen Kuss.

14
Zurück in Brasilien

Marli kann kaum glauben, dass sie mit ihrer Familie nach fast einem Jahr wieder zurück in São Paulo ist. Es war herrlich, endlich wieder ihre Mama Antonieta in die Arme schließen zu können. Auch Marlis Schwiegermutter in Curitiba ist glücklich, dass alle gesund und munter nach Brasilien zurückgekommen sind. Marli wundert sich, wie schnell die Eingewöhnung in die alte Umgebung verlaufen ist. „Edmund arbeitet schon wieder bei *Radio Trans Mundial,* als sei er nie weg gewesen", denkt sie. Aber da ist etwas, das ihr Sorgen macht. Etwas, das sie bei ihrer Rückkehr anders erwartet hat. Marli atmet tief durch, als sie ihre Gedanken ordnet: „Edmund ist immer noch nicht glücklich. Das merke ich genau." Sie spürt, dass zwar die alte Routine eingekehrt ist, Edmund aber wieder – oder immer noch – in der gleichen Krise steckt wie zu dem Zeitpunkt, als sie Brasilien verlassen haben, damit Edmund sich würde erholen können. Die körperlichen Symptome sind vorläufig geheilt, aber die Ursache dafür scheint nach wie vor unsichtbar in Edmunds Verstand und Seele zu schlummern. Als Marli Edmund danach fragt, weiß er selbst keine konkrete Antwort. „Ich weiß auch nicht, was mit mir los ist. Die Arbeit bei *RTM* läuft super, aber mir fehlen die Begeisterung und die absolute Sicherheit, dass ich hier am richtigen Platz bin. An dem Platz, an dem Gott mich haben will. Weißt du, Schatz, nur da geht es einem Menschen richtig gut, wo er Gottes Einsatzplan folgt. Aber wo will Gott mich haben?" Edmund macht eine Denkpause, bevor er fortfährt und Marli dabei in die Augen schaut: „Ich war mir ganz sicher, dass ich hier noch gebraucht werde. Das habe ich auch Paul Freed bei *TWR* gesagt. Aber vielleicht täusche ich mich ... Was denkst du, Marli?"

„Ich denke, das kannst nur du selbst spüren. Ich kann es dir nicht sagen, Edmund", meint Marli ruhig, auch wenn sie innerlich aufgewühlt ist. Wie soll es jetzt weitergehen? Sie beide haben nie gewollt, dass *Radio Trans Mundial* Brasilien ihr geliebtes Baby werden würde, das sie nicht abgeben können. Ist es jetzt doch so weit gekommen? Hat Gott einen neuen Auftrag für sie, und sie halten trotzdem daran fest, bei *RTM* in Brasilien zu bleiben? Kommt daher die Unzufriedenheit?

Demnächst wollen Marli und Edmund an einem Seminar teilnehmen. Sie sind dazu eingeladen worden und haben sich angemeldet. Marli hofft, dass sie dort Zeit haben werden, um über ihre Zukunft nachzudenken. Vielleicht wird auch Dr. Buerki, der Leiter des christlichen Seminars, bei dem es um die eigene Persönlichkeitsentwicklung gehen soll, Edmund einen Rat für dessen berufliche Laufbahn geben können.

Als Marli und Edmund dann tatsächlich mit 15 weiteren Teilnehmern bei dem Seminar sitzen, erfahren sie in Gruppen- und Einzelgesprächen Interessantes über sich selbst. Edmund wird die Aufgabe gestellt, sich über seine Prioritäten klar zu werden. Er muss darüber nachdenken, was er tun würde, wenn er nur noch sechs Monate zu leben hätte. Dann soll er überlegen, was wäre, wenn er stattdessen noch sechs Wochen, noch eine Woche oder nur noch sechs Tage zu leben hätte. Edmund ist gezwungen, Antworten zu suchen. Er beginnt, gewisse Blockaden in seinem Denken zu entdecken, die ihn von seiner eigenen Weiterentwicklung abhalten. Später fasst er seine Erkenntnis so zusammen: „Man wird ganz leicht unbewusst gelenkt – von selbst erstellten Regeln und Gesetzen oder Meinungen anderer, aber auch von Selbstmitleid und eigenen Interessen. Jetzt will ich stattdessen objektiv und im emotionalen Gleichgewicht Entscheidungen treffen!" Er sagt zu Marli: „Ich glaube, meine innere Unruhe ist Gottes Art, mit mir zu reden. Das war schon damals in Ewersbach so, als ich nach Brasilien gereist bin. Hätte ich nicht auf Gott gehört, wäre ich dir nie begegnet." Er lächelt Marli liebevoll an, bevor er fortfährt: „Gottes Pläne bringen inneren Frieden, weil er unsere Zukunft kennt und uns leitet. Ich glaube, jetzt spüre ich die Freiheit und Bereitschaft, *Radio Trans Mundial* Brasilien zu verlassen, wenn Gott es will."

Marli ist glücklich, dass Edmund so befreit wirkt und bei dem Seminar so viel für sich entdeckt. Doch der Seminarleiter Dr. Buerki hat jeden einzelnen Teilnehmer im Blick – nicht nur Edmund. Er fordert auch Marli auf, sich eingefahrenen Verhaltensmustern zu stellen. Marli nimmt ein paar Fragen mit in eine Stille Zeit, die sie zum Nachdenken nutzt. Auf welcher Grundlage trifft sie Entscheidungen in ihrem Leben? Sie will nichts lieber als einen glücklichen Ehemann, der sich für Gottes Reich einsetzt. Natürlich wünscht sie sich auch zufriedene Kinder und gibt ihr Bestes, um eine gute Hausfrau und Mutter zu sein. Eine weitere wichtige Person, die Marli beeinflusst, ist ihre Mama Antonieta, die immer noch bei ihnen wohnt. Antonieta ist eine starke Persönlichkeit und ein großes Vorbild. Ihre Anerkennung ist Marli wichtig, und ihre Ratschläge befolgt sie meistens. Marli will es aber auch sonst allen recht machen. Streit vermeidet sie, wo es nur geht.

Autoritäten zu achten hat sie schon als Kind gelernt. Marli respektiert sowohl Edmund als auch ihre Mutter in hohem Maß. Ihre eigene Meinung geht dabei manchmal unter, ohne dass sie es je gemerkt hätte. Eine persönliche Entwicklung und Entfaltung haben in Marlis Leben bisher nur wenig Platz gehabt, aber das hat sie nie gestört.

Auch Edmund ist nicht aufgefallen, dass er Marli in diesem Bereich mehr Raum lassen müsste oder sie sogar dabei fördern sollte. Marli nimmt viele neue Gedanken aus dem Seminar mit. Sie weiß, dass Edmund über seine eigene Lebensplanung nachdenkt, aber auch über mehr Freiraum für Marli. In all den Jahren zuvor haben sie sich noch nie so intensiv mit ihrer individuellen Lebensplanung beschäftigt. Jetzt erkennen beide, dass jeder Mensch ein Puzzlestück in Gottes großem Plan ist, einzigartig gefertigt und für einen individuellen Platz vorgesehen. Kein Mensch auf dieser Erde geht in der Masse unter. Gott sieht alle seine Puzzleteile. Sie sind nicht beliebig austauschbar. Es fällt auf, wenn ein Teil im Bild fehlt.

Gegen Ende des Seminars, das ihm für so vieles die Augen geöffnet hat, bespricht Edmund seine neuen Pläne mit Marli. Er nimmt sich vor, sich mit den Vorstandsmitgliedern von *RTM* zu treffen, um jedem von ihnen persönlich mitzuteilen, dass seine Zeit in der Leitung von *RTM* Brasilien zu Ende geht. Er will seinen Posten nicht verlassen, bis Gott einen Nachfolger bestimmt hat. Wie genau es für ihn danach weitergeht, ist Edmund und Marli zu diesem Zeitpunkt jedoch nicht klar. Sie vertrauen darauf, dass Gott ihnen die richtige Aufgabe zeigen wird.

Die nächste Zeit ist gefüllt mit Gesprächen – besonders zwischen Marli und Edmund. Die beiden reden viel miteinander – und mit Gott. In ihrem Umfeld treffen sie auf viel Verständnis für Edmunds Entscheidung. Außerdem erreichen

Edmund mehrere Einladungen evangelikaler Organisationen. Auch Paul Freed von *TWR* erneuert seine Einladung, als Edmund ihm von seinem Wunsch nach Neuorientierung erzählt. Er bietet ihm sogar mehrere internationale Bereiche innerhalb von *TWR* an, in denen eine Führungsperson gebraucht wird. Edmund ist sich nicht sicher, ob das sein Weg ist. „Ich fühle mich nicht vorbereitet für eine internationale Aufgabe solchen Ausmaßes. Meine Englischkenntnisse sind begrenzt", zweifelt er.

Marli überlegt, wie die Kinder wohl reagieren würden. Sie alle müssten sich wieder mit kulturellen Unterschieden, einer neuen Sprache und der Trennung von Freunden und Familie auseinandersetzen.

Es vergehen Monate, in denen Marli mit ihrer Familie in ihrem geliebten Brasilien lebt und arbeitet. Es ist eine Zeit voller Ungewissheit und unterschiedlicher Zukunftspläne. Edmund hat die Idee, für seine Schwiegermutter Antonieta ein kleines Haus zu bauen. Er fühlt sich für sie verantwortlich und will sichergehen, dass sie einen Platz zum Wohnen hat, egal, wohin es ihn und Marli mit ihren Kindern irgendwann verschlagen wird. Marli ist froh, dass Edmund die Sache in die Hand nimmt und mit der Heilsarmee alle nötigen Details zur Versorgung von Antonieta bespricht.

*

Die endgültige Entscheidung über die zukünftige Arbeitsstelle von Edmund fällt, als Bill Mial, der Assistent von *TWR*-Präsident Paul Freed in den USA, zu einem persönlichen Besuch bei den Spiekers in Brasilien vorbeikommt. Mit dabei ist Stephen, Pauls Freeds jüngster Sohn. Edmund und Marli sind sich nun sicher, dass Gott sie bei *TWR* gebrauchen will. Bill

Mial und Stephen Freed beschließen zusammen mit Edmund, dass er mit seiner Familie ein einjähriges Praktikum in Amerika absolvieren soll, um danach die *RTM*-Arbeit nicht nur in Brasilien, sondern als Koordinator für ganz Lateinamerika zu übernehmen.

Marli und Edmund sprechen zuerst mit ihrem ältesten Sohn Marcio über diesen geplanten Schritt. Eineinhalb Jahre sind inzwischen vergangen, seit Edmund bei *RTM* Brasilien bekannt gegeben hat, dass er die Leitung abgeben möchte. Das haben auch die Kinder mitbekommen. Sie haben auch gemerkt, wie gelassen und voller Freude ihr Vater danach seine Arbeit getan hat – voller Zuversicht, dass Gott etwas Neues für ihn vorbereitet hat und ihm diesen neuen Platz bald zeigen wird. Der 16-jährige Marcio war also in gewisser Weise schon vorgewarnt, aber er bittet um einen Tag Bedenkzeit. Danach teilt er Marli und Edmund mit: „Wenn dies Gottes Weg für euch ist, dann wird es so richtig sein. Und wenn es gut für euch ist, dann wird es auch für mich gut sein." Marli hat nach Marcios Worten das Gefühl, dass der Weg in die USA für die Familie offen ist. Zumal auch noch das vielleicht wichtigste Problem gelöst werden konnte, nämlich Edmunds Nachfolge. Eine neue kompetente Führungskraft ist inzwischen gefunden worden. Es ist Alan Bachmann, ein Missionar mit einer tiefen Liebe zum brasilianischen Volk. Er hat internationale Erfahrung und wird vom *RTM*-Vorstand herzlich aufgenommen.

Marli weiß, dass sie Englisch lernen müssen, wenn Edmund eine Leitungsfunktion bei *Trans World Radio* wahrnehmen möchte. *TWR* bietet der Familie die Möglichkeit, zunächst ein Jahr in Westkanada zu leben, um dort Englisch zu lernen, einen Freundes- und Unterstützerkreis zu finden und gleichzeitig die internationale Arbeit von *TWR* bekannt zu machen, bevor sie in die USA kommen, um dort zu arbeiten. Marli freut sich über die beruflichen Möglichkeiten für Edmund und die persönlichen Herausforderungen für die ganze Familie. Gleichzeitig fällt es ihnen allen unheimlich schwer, sich wieder einmal von ihren Freunden und der Gemeinde in São Paulo trennen zu müssen.

Am 12. August 1983 ist es dann so weit: Der Abschied ist gekommen. Marli ist voller Emotionen. In ihrem Herzen macht sich unendliche Dankbarkeit breit, wenn sie an die Erlebnisse der letzten Jahre in Brasilien und an die Früchte ihrer Arbeit zurückdenkt. Marli durfte in der Radioarbeit mit ihren eigenen Sendungen einen Beitrag für die Ewigkeit leisten. So viele Hörer wurden geprägt und verändert durch Gottes Geist, der durch die Radiosendungen zu ihnen gesprochen hat. Viele Begegnungen mit Hörern werden Marli für immer in Erinnerung bleiben. Doch im letzten Moment des Abschieds spürt Marli vor allem eine große Liebe zu ihrer Mama, zu Verwandten, Freunden und Arbeitskollegen von *RTM*. Sie alle sind gekommen, um die Spiekers am *Congonhas*-Flughafen in São Paulo zu verabschieden.

Während Marli mit ihrer Familie die Stufen der Gangway zum Flugzeug hochsteigt, ruft eine Gruppe junger Leute im Chor Marcios Namen. Erst als Marli schon fast in der Maschine angekommen ist, verebben die Stimmen von Marcios Freunden. Armer Marcio! Er hatte den Umzugsplänen zugestimmt, aber jetzt kann er die Tränen nur schwer zurückhalten.

Als alle ihre Plätze im Flieger eingenommen haben, verkündet Edmund eine Überraschung: „Auf unserer Reise nach Kanada werden wir einen Zwischenstopp im Disneyland in Orlando machen!" Simone und Fabio jubeln! Auch Marcio freut sich, und Marli atmet tief durch, während sie aus dem kleinen Flugzeugfenster schaut. Eine wichtige Phase in ihrem Leben geht zu Ende. Marli spürt Wehmut, aber auch freudige

Erwartung und eine feste Zuversicht, dass ihre Zukunft in Gottes guten Händen liegt.

15

Kanada

Freunde von *TWR International,* Clive und Alma Brown, haben der Familie Spieker ein Haus in Chochrane bei Calgary, im Bundesstaat Alberta, angeboten. Marli ist den Browns dankbar für das großzügige Angebot. Das Ehepaar hat bereits im östlichen Teil Kanadas die Arbeit von *TWR* bekannt gemacht und freut sich, dass Edmund dasselbe in Westkanada vorhat. Clive und Alma sind es auch, die am Flughafen in Calgary auf die Spiekers warten, um sie zu dem Haus in Cochrane zu bringen.

Marli ist über die Ausstattung des Hauses informiert – sie weiß, dass das Haus möbliert sein wird, einen Kühlschrank, einen Herd, eine Waschmaschine und einen Trockner hat. Die Umgebung kennt Marli nicht. Sie weiß nur, dass es sich um einen kleinen Ort mit rund 4 000 Einwohnern handelt, der in der Nähe der Rocky Mountains liegt. Als sie dort ankommen, fehlen nicht nur Marli die Worte. Vor lauter Staunen schweigen auch die Kinder und Edmund andächtig, als sie der Hauptstraße folgend in den Ort hineinfahren. Vor ihnen eröffnet sich das schönste Panorama, das sie sich jemals hätten vorstellen können. Es ist ein sonniger Tag mit wenigen Wolken am tiefblauen Himmel. Ein Fluss durchzieht die Hügel, welche die Ausläufer der Rocky Mountains bilden, der majestätischen Gebirgskette, deren Umrisse am Horizont deutlich zu erkennen sind. So weit das Auge reicht, liegen grüne Felder mit grasenden Rindern und Pferden. Bald tauchen links und rechts Wohnhäuser auf.

Marli findet, mit ihren bunten, blühenden Gärten und den bemalten Zäunen sehen sie aus wie Puppenhäuser inmitten eines riesigen Naturparks. „Ich werde bestimmt niemals an einem schöneren Ort als diesem leben", kommt es Marli in den Sinn.

Das Haus, in dem sie ab sofort wohnen dürfen, liegt auf einem Hügel. Die Aussicht ist fantastisch – von den sanft ansteigenden Hügeln bis zu den berühmten Rocky Mountains! Fasziniert laufen Marli, Edmund und die Kinder von einem Zimmer zum anderen, um die ganze Wohnung in Augenschein zu nehmen. Der Blick aus dem Esszimmer und sogar aus Marlis und Edmunds künftigem Schlafzimmerfenster erinnert an Postkartenmotive. Ganz in der Nähe befinden sich drei Schulen, welche Marcio, Simone und Fabio besuchen sollen. „So nah zur Schule hatte ich es noch nie!", ruft Simone begeistert, als sie davon erfährt. Marli ist beeindruckt von der Vorbereitung des lieben Ehepaars, das ihnen sogar schon die Betten bezogen und auch sonst wirklich an alles gedacht hat. Dankbar und zu Tränen gerührt umarmt sie die Browns. In der gemütlichen Unterkunft dürfen Marli und Edmund mit ihren Kindern kostenlos wohnen. Von den Hausbesitzern werden sie weiterhin mit viel Liebe umsorgt. Auch einen Dienstwagen bekommen sie von *TWR* gestellt. Die Hilfsbereitschaft ist überwältigend für Marli. Sie fühlt sich mit ihrer Familie gut aufgehoben.

*

Edmund findet bald in der Gegend Gemeinden, in denen es deutschsprachige Gottesdienste gibt. Dort wird er freundlich aufgenommen und kann die Arbeit von *TWR* vorstellen.

Marlis Alltag sieht zunächst ganz anders aus als in Brasilien. Sie hat keinerlei berufliche oder kirchliche Verpflichtungen, sondern kümmert sich ausschließlich um Haushalt und Familie in einem idyllischen Umfeld. Marli ermutigt die Kinder dazu, ihre neuen Freunde zum Mittagessen mitzubringen. Ihr Haus ist immer offen für große und kleine Besucher. Doch der plötzliche Wechsel vom tropischen Klima zu gefühlten acht Monaten Winter, von einem stressigen Leben in der Großstadt São Paulo an einen Ort mit nur 4 000 Einwohnern, die ihr alle fremd sind und eine andere Sprache sprechen, bleibt zunächst eine große Herausforderung. Marli gleicht einem Ferrari, der nicht in die Gänge kommt, weil er einen schweren Anhänger hinter sich herziehen muss. Ihr Leben lang hat sie Vollgas gegeben. An Ideen hat es ihr noch nie gemangelt und an Begeisterung auch nicht. Sie ist es gewohnt, ihre Energie und ihre Gaben in Gottes Reich einzubringen. Aber momentan kann sie wegen der Sprachschwierigkeiten ihr brasilianisches Temperament nicht richtig ausleben. Marli wird neu bewusst, dass der Wert ihres Lebens nicht daran gemessen werden kann, was sie hat, was sie tut oder was sie kann. Edmund packt es einmal in diese Worte: „Der Wert eines Lebens kann nicht daran gemessen werden, was wir haben, was wir können oder was wir wissen. Der wahre Wert eines Lebens liegt tief verborgen in einem demütigen Herzen." Das will sich Marli immer wieder vor Augen führen. Weil sie – wie so oft in ihrem Leben – ganz von vorne beginnen muss, verlässt sie sich auf Gott statt auf ihre Fähigkeiten. Die Situation an sich und Marlis Umgang damit lassen Demut in ihrem Innern wachsen. Diese Erkenntnis der Kraft Gottes und der eigenen Schwäche führt sowohl Marli als auch

Edmund regelmäßig in die wohltuende Stille vor Gott. Aus dieser Stille und dem Gebet heraus schöpfen sie die Kraft, die sie brauchen. Und davon brauchen sie viel, denn immer wieder erlebt die Familie die Hilflosigkeit als Ausländer in einem neuen Land. Einmal kauft Marli versehentlich Hundekekse, als sie die passenden Zutaten für selbst gebackene Kekse nicht finden kann. Ein anderes Mal hat Marli ein schreckliches Erlebnis beim Friseur, weil sie durch ein sprachliches Missverständnis eine Kurzhaarfrisur verpasst bekommt, obwohl sie nur eine leichte Kürzung gewünscht hatte.

Aber mit der Zeit verbessern sich Marlis englische Sprachkenntnisse, sodass ihr keine Kommunikationsprobleme mehr im Wege stehen. Zusammen mit Edmund besucht sie regelmäßig eine Abendschule für Ausländer. Später besteht Marli den standardisierten TOEFL-Test[4] sogar mit der Bestnote!

*

Die Spiekers finden eine kleine Freikirche am Ort, in der sie sehr freundlich aufgenommen werden. Der Pastor ist ein Schotte, ein älterer Herr, der auch Deutsch versteht – was für Edmund eine Hilfe ist.

Die Gemeindemitglieder setzen sich aus etwa 25 Familien zusammen, unter denen Marli gute Freunde findet.

Nichts kann sie jetzt noch davon abhalten, wieder voll in die kreative missionarische Arbeit einzusteigen. Sie beginnt, sich für Frauen zu engagieren, und gründet mit einer Freundin zusammen einen Bibelkreis. Als Grundlage holen sich die beiden Bibelstudienmaterial aus einer Buchhandlung. Die

---

[4] TOEFL-Test: Test of English as a Foreign Language (Englisch-Test für Personen, die Englisch als Fremdsprache lernen)

Frauenarbeit in der Gemeinde ist so erfolgreich, dass es nicht bei der einen Gruppe bleibt. Es entstehen immer weitere Bibelkreise. Nachdem schon fünf Gruppen entstanden sind, wird der Pastor misstrauisch und sieht die Arbeit als Konkurrenz zu seinen eigenen Angeboten. Marli meint, sie sollten den Pastor respektieren und deshalb die Gründung weiterer Bibelkreise stoppen. Die bereits bestehenden Gruppen sind jedoch sehr aktiv. Einige Ehefrauen beten bei den gemeinsamen Treffen für ihre ungläubigen Ehemänner. Veränderungen in Familien und Gebetserhörungen werden sichtbar. Die Gemeinde wächst; ein Grundstück wird gekauft; es entstehen Pläne für den Bau eines Gemeindehauses. Marli erinnert sich später: „Acht Jahre nachdem wir in die USA gezogen waren, habe ich bei einem Besuch in dieser Gemeinde in Kanada unter den Gemeindeleitern Männer erkannt, für die wir damals in den Bibelkreisen gebetet hatten. Ihre Frauen hatten Gott inständig darum gebeten, dass ihre Ehemänner Jesus Christus nachfolgen und sich an den Leitlinien der Bibel orientieren. Es war ein großartiges Erlebnis, die Antwort auf diese Gebete mit eigenen Augen zu sehen!"

*

Edmund ist viel in Kanada unterwegs, um über *TWR* zu berichten und die Arbeit so bekannt zu machen. Für den Sommer 1984 bietet sich der deutsche Wir-singen-für-Jesus-Chor an, um Edmund bei seiner Arbeit zu helfen. Noch in ihrer letzten Zeit in São Paulo war der Chor auf Einladung von Edmund zu einer Konzerttournee nach Brasilien gekommen. Musikalische Veranstaltungen waren Edmund schon damals eine große Hilfe gewesen, um viele Leute zu erreichen und in diesem Rahmen die Radioarbeit von *TWR* bekannt zu machen.

Eindrücklich hat er erlebt, wie Musik und das gesungene Wort Sprachgrenzen überwinden und Menschen zum Segen werden. Edmund weiß, dass dieses Projekt viel Zeit und weite Reisen durch Kanada erfordern würde. Doch trotz seines bereits sehr vollen Terminkalenders zieht er dieses Projekt in Erwägung und spricht mit Marli darüber: „Ich habe nicht den Eindruck, dass ich die Organisation dieser Konzert-Tournee irgendwie delegieren könnte. Die Verantwortung läge voll bei mir. Trotzdem würde ich es gerne machen, weil schon beim letzten Mal so ein großer Segen auf der Chorkonzert-Tour lag."

Marli versteht Edmunds Anliegen. „Gib dem Chor eine Zusage! Ich stehe voll hinter dir und bete für dich; das weißt du. Die Kinder und ich werden schon zurechtkommen."

Sogleich beginnt Edmund, Veranstaltungsorte für den etwa 40-köpfigen Chor zu organisieren. Dabei ist es ihm ein Anliegen, überkonfessionell zu arbeiten, was aber nicht jeder versteht. Manchmal ist es mühsam, doch es gelingt Edmund, auch solche Gemeinden zu mobilisieren, die sonst anderen Kirchen und Gemeindeformen gegenüber eher verschlossen sind. Am exotischsten ist dabei ein Besuch bei den Hutterern[5].

Zwölf Konzerte in den kanadischen Staaten Alberta, Saskatchewan und Manitoba sind vorbereitet, als die Musikgruppe aus Deutschland an einem heißen Sommertag in Calgary landet. Marli begleitet mit Edmund und den Kindern die rund 40 Sänger auf einer Konzertreise von über 3 000 Kilometern. Tausende Menschen erfreuen sich an den Liedern und hören von der weltweiten Radioarbeit. Es wird für alle Beteiligten

---

[5] Die Hutterer wurden im 16. Jahrhundert wegen ihres Glaubens in Deutschland verfolgt. Einige emigrierten im Laufe der Zeit über Umwege auch nach Kanada. Sie gelten als extrem konservative Gruppe von Wiedertäufern, die isoliert ohne Radio oder Fernsehen in sogenannten Kolonien leben.

ein unvergessliches und gesegnetes Erlebnis. Marli und Edmund freuen sich besonders darüber, dass die deutschen Sänger dazu beitragen, eine neue Vision von Gottes großer Familie zu verbreiten – über Ländergrenzen und Sprachbarrieren hinweg. Genau passend zur internationalen Ausrichtung von *TWR*.

Der Direktor von *TWR* Kanada, Dr. Carl Seyffert, ist begeistert von der Konzert-Tour und von Edmunds Arbeit. Er bittet daher die Missionsleitung in den USA, den Spiekers noch ein zweites Jahr in Kanada zu geben. Es wird sogar eine Wiederholung der Konzertreise für das nächste Jahr angedacht; dann allerdings nicht in der Provinz Alberta, sondern noch weiter westlich, in British Colombia. Alle sind einverstanden.

*

Marli ist stolz auf ihre Kinder, die ihre Zeit in Kanada schulisch und mit allen kulturellen und sprachlichen Herausforderungen gut meistern. Nur um Marcio macht sie sich etwas Sorgen. Der Siebzehnjährige ist in Kanada nicht glücklich. Er will am liebsten zurück nach Brasilien, weil er seine Freunde vermisst.

„Zum Glück", denkt Marli, „ist Kanada nur als Zwischenstation gedacht." Es soll bald in die USA gehen, wo Edmunds Arbeitgeber *Trans World Radio* seinen Hauptsitz hat. Darauf freuen sich die Kinder schon, denn ihre Erinnerung an Amerika ist vor allem an ihren traumhaften Besuch im Disneyland in Orlando geknüpft, wo sie auf der Reise von Brasilien nach Kanada vor etwa zwei Jahren Zwischenstation gemacht haben.

Irgendwie hat Marli das Gefühl, dass die Zeit für die USA reif ist. Edmund ist mit seinen Kräften an seinem Limit angekommen. Marli weiß nicht, wie sie ihm vermitteln soll, dass er mehr Ruhepausen braucht. Schließlich ist sie selbst auch kein gutes Beispiel dafür, dass man sich regelmäßig Auszeiten nehmen und achtsam mit seinen Kräften haushalten sollte. So fällt es ihr schwer, Edmund zu bremsen, wenn er voller Freude und Hingabe seine Arbeit tut.

Eines Morgens hört Marli in der Küche ein beunruhigendes Geräusch. Es klingt, als sei jemand gestürzt. Als sie in die Küche eilt, findet sie Edmund dort auf dem Boden liegend. Er ist ohnmächtig. An seiner rechten Hand ragen Knochen aus der Haut. Marli wird kreidebleich vor Schreck. Auch die Kinder sind herbeigeeilt. Sie rufen einen Krankenwagen und kümmern sich um Edmund. Als er wieder zu sich kommt, erzählt er seiner Familie, dass er auf der Treppe zur Küche plötzlich ohnmächtig geworden und gestürzt sei. Dabei hat er sich dabei wohl zwei Finger der rechten Hand gebrochen. Als er sich anschließend aufgerafft und den Weg zur Küche unter Schmerzen doch noch geschafft hat, ist er dort erneut in Ohnmacht gefallen.

Gott sei Dank stellen die Ärzte nichts Gravierendes an Edmunds Gesundheitszustand fest, obwohl sie ihn gründlich durchchecken, aber er muss jetzt erst einmal mit der linken Hand schreiben und alles langsamer angehen lassen. Vielleicht waren Edmunds Ohnmachtsanfälle ein Warnsignal für ihn, um zur Ruhe zu finden und sich Gottes gewaltiger Macht anzuvertrauen, statt die eigenen Kräfte übermäßig zu strapazieren.

Ein Jahr war für die Spiekers in Kanada vorgesehen. Zwei Jahre sind es geworden. Als auch das Verlängerungsjahr fast vorbei ist, bekommt Edmund unerwartet eine Einladung von *TWR:* Statt sofort in die USA zu reisen, wird er gebeten, zunächst nach Holland zu kommen. Dort soll er eine große

Marlis Großmutter Adelina Banús. Durch sie kam die Familie Valente zur Heilsarmee.

Die Familie Valente: links Vater Julio, neben ihm Bruder Paulo, Bruder Darby und Mutter Antonieta, vorne das Nesthäkchen Marli

Marli um 1979 mit Sprechern für das Kinderprogramm „Criança Feliz"

Marli im Alter von 17 in ihrer Heilsarmee-Uniform

Marli heiratet ihren Edmund am 12.2.1966.

Marli und Edmund arbeiten Hand in Hand zusammen.

Marli mit ihren Kindern, 1975

Die Großfamilie Spieker im Jahr 2011; von links nach rechts:
Hinten: Katelyn, Michelle, Steffan, Bob, Katrina, Simone
Mitte: Logan, Marcio, Edmund, Stacey, Lisa
Vorne: Maleachi, Marli, Amanda, Isaac

Mit Joachim und Ruth Loh in Haiger

Die Spiekers im Jahr 1983, als sie endgültig Brasilien verließen

Marli mit ihrer Mutter Antonieta Valente

Fabio, Simone und Marcio (von links nach rechts)

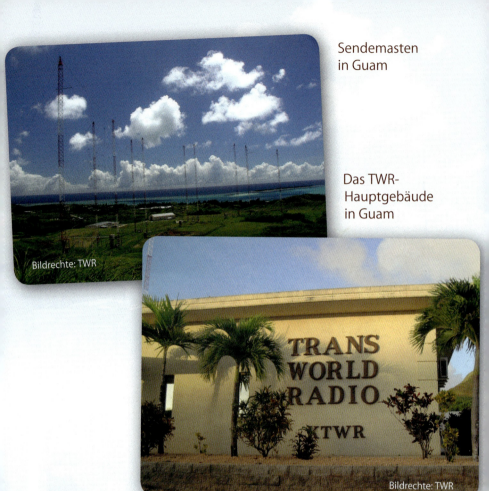

Sendemasten in Guam

Das TWR-Hauptgebäude in Guam

Bildrechte: TWR

Bildrechte: TWR

Marli vor dem ERF-Gebäude in Wetzlar anlässlich einer internationalen Konferenz im Jahr 2013

Marli bei einem Vortrag in Helsinki, Finnland,

... in Zentralasien

und in ihrer Heimat Brasilien

Marli mit Frauen aus aller Welt ...

... aus Kasachstan,

... von der Dominikanischen Republik,

... aus Äthiopien,

... aus Indien,

... aus Asien,

... auf einer internationalen Konferenz im Jahr 2013

Marlis letztes Treffen mit dem Projekt-Hannah-Team mit ihrer Nachfolgerin Dr. Peggy Banks (rechts neben ihr)

Konferenz organisieren, die in einem Jahr geplant ist. Edmund sagt zu, fliegt in die Niederlande und bereitet innerhalb von drei Wochen alles für die Ankunft seiner Familie vor. Die Kinder sind von der Aussicht, wieder in ein neues Land umziehen zu müssen, alles andere als begeistert – zumal in den Niederlanden weder Englisch noch Deutsch und schon gar nicht Portugiesisch gesprochen wird.

16

USA

Marli macht sich Gedanken um den bevorstehenden Umzug nach Holland. Die ganze Familie steht bald vor der Herausforderung, schon wieder eine neue Sprache zu lernen und sich in einer anderen Kultur zurechtzufinden. Das ist aber nicht einmal das Schlimmste. Es ist vor allem der Gedanke, dass Marcio und Simone ihre Schulbildung wahrscheinlich in einem Internat für Missionarskinder fortsetzen müssen. Soweit Marli informiert ist, gibt es an dem Ort, an den sie ziehen sollen, keine andere Möglichkeit für Marcio und Simone, eine englische Schule zu besuchen. In einer normalen niederländischen Schule würden sie niemals nahtlos Anschluss finden. Die Sprachbarriere ist zu hoch. Marli denkt zurück an ihre eigene Internatszeit als kleines Mädchen. Das möchte sie ihren Kindern eigentlich nicht antun.

Wie so oft kommt dann plötzlich alles ganz anders als gedacht. Die Sorgen um ihre Familie wegen des bevorstehenden

Umzugs in die Niederlande verpuffen schlagartig, als Edmund eines Tages unerwartete Neuigkeiten für Marli hat: „Schatz, ich muss dir etwas Wichtiges mitteilen. Wir werden doch nicht nach Holland ziehen. Die Konferenz in Den Haag wurde erst einmal auf Eis gelegt – wegen unüberwindbarer Differenzen im Organisationskomitee. Ausgerechnet jetzt, nachdem ich schon so viel Energie in die Wohnungssuche gesteckt habe. Jetzt, wo ich alles vorbereitet habe. Ich werde momentan nicht in Holland gebraucht."

Marli ist überrascht. Sie muss die Information erst einmal verarbeiten. Wahrscheinlich gehen sie dann doch – wie ursprünglich geplant – in die USA. Die beiden jüngeren Spieker-Kinder, Fabio und Simone, sind begeistert: „Super! Wir müssen nicht schon wieder eine neue Sprache lernen!", jubeln sie. Zur Feier der neuen Pläne geht die ganze Familie Eis essen. Alle sind glücklich – außer dem Erstgeborenen der Familie, dem schweigsamen Marcio. Er will weder nach Holland noch in die USA. In Kanada fühlt er sich zwar langsam wohl, aber am liebsten würde er zurück in seine alte Heimat nach Brasilien. Deshalb denkt sich Marcio einen Plan aus. Mit einem Freund zusammen putzt er Fenster und nimmt allerlei andere Jobs an, um Geld zu verdienen. So will er den teuren Flug nach Brasilien bezahlen, damit er in den Sommerferien zu seiner Großmutter, zu Marlis Mutter Antonieta, reisen kann. Vielleicht würde er sogar langfristig dortbleiben – nicht nur für die Ferien.

In der nächsten Zeit überlegen Marli und Edmund, wie ihre Zukunft nun aussehen soll. Es gibt neue Mitarbeiter in der Leitung von *TWR* in den USA. Der Plan, Edmund als Koordinator für Lateinamerika einzusetzen, wurde mittlerweile verworfen. Dabei war Edmund genau deswegen nach Kanada gezogen. Er sollte dort Englisch lernen, internationale

Erfahrungen sammeln und einen Freundeskreis für seine zukünftige Leitungstätigkeit bei *TWR* aufbauen.

Nach einigen Gesprächen wird Edmund angeboten, in Kanada zu bleiben. Aber tief im Inneren weiß Edmund: Seine derzeitige Tätigkeit könnte auch ein gebürtiger Kanadier machen – vielleicht sogar besser. Vielleicht werden sie wieder in Brasilien gebraucht? Oder in den USA – so wie es ursprünglich vorgesehen war.

Doch von *TWR* kommt zunächst einmal gar kein Job-Angebot mehr für Edmund. Die ganze Familie Spieker wartet darauf, dass Gott ihnen den Weg zeigt, den sie jetzt einschlagen sollen. Jeden Tag, wenn Fabio, das Nesthäkchen der Familie, von der Schule nach Hause kommt, fragt er: „Und? Hat heute jemand angerufen?" Fabio würde zu gerne wissen, wohin auf der Welt es die Familie als Nächstes verschlägt. Es muss doch bald jemand vom internationalen *TWR*-Büro anrufen und seinem Vater sagen, wo sie ihn einsetzen wollen. Marli und Edmund wären auch offen für ganz neue Wege – auch außerhalb von *TWR* –, wenn es Gottes Plan entspricht. Sie beschließen, das erste konkrete Stellenangebot anzunehmen, das Edmund in der nächsten Zeit bekommt. Im Gebet bringen sie diesen Plan vor Gott.

Nach ungeduldigem Warten kommt irgendwann die ersehnte Einladung: Die amerikanische Leitung von *TWR* fragt Edmund, ob er sich vorstellen kann, ein neues Programm namens *National's Program* in den Kirchen Nordamerikas zu starten. Edmund soll in den USA Kirchengemeinden dazu motivieren, *TWR*-Missionare zu unterstützen. Er würde als Ausländer und ehemaliger brasilianischer Radiomissionar die internationale Kompetenz mitbringen, die dafür nötig sei.

Eine Woche nachdem Edmund und Marli die Entscheidung getroffen haben, das neue Angebot von *TWR* anzunehmen, meldet sich die Freie Evangelische Gemeinde aus São Paulo bei ihnen. Sie hätten Edmund gerne als ihren Pastor angestellt. Doch Edmunds und Marlis Entschluss steht fest. Sie hatten Gott gesagt, dass sie das erste Angebot annehmen würden, und das war die Anfrage von *TWR International*.

Marcio hat sich inzwischen mit seinen kleinen Jobs einige Wochen Urlaub in Südamerika verdient. Er durfte seine Freunde in der alten Heimat besuchen und hat darüber nachgedacht, ob es eine Option für ihn wäre, ganz in Brasilien zu bleiben. Letztendlich hat er sich dann aber doch entschlossen, bei seinen Eltern und Geschwistern zu leben. Sie sollen ihn später in New York vom Flughafen abholen und in sein neues Zuhause in Amerika bringen.

Marli und Edmund haben in der Zwischenzeit alle Hände voll zu tun, um den Umzug von Cochrane im kanadischen Bundesstaat Alberta nach Chatham im amerikanischen Bundesstaat New Jersey zu organisieren. Mit einem PKW geht die weite Fahrt los. Der wichtigste Besitz der Familie wurde vorher in einen Anhänger gepackt. Zweieinhalb Wochen lang fahren Marli und Edmund mit Simone und Fabio in die neue Heimat, während sie auf Zwischenstopps Freunde besuchen.

Nach über 14 Tagen „Zigeunerleben" und einer gefühlten Weltreise von rund 4 500 Kilometern liegt endlich das neue Heim in Amerika vor ihnen, das sie voller Spannung erwartet haben: Es ist ein altes Herrenhaus, das lange leer gestanden hat. Efeu umrankt das Gemäuer und verleiht dem Haus ein märchenhaftes Aussehen. Die Kinder sehen darin ein Abenteuer; die Eltern sehen auf den ersten Blick eine Unmenge an Arbeit auf sie zukommen. Bald beginnt das nicht enden wollende Putzen und Entstauben, das Schneiden des Efeus und das Entfernen von Unkraut. Möbel und andere Haushaltsgegenstände müssen beschafft werden. In der nächsten Zeit stöbert Marli mit Edmund nach alten Möbeln vom Sperrmüll oder Flohmärkten, um sie aufzupolieren und neu herzurichten. Es ist eine langwierige Angelegenheit, auf privaten Flohmärkten, den sogenannten „garage sales", das Passende zu finden; doch langsam, aber sicher gelingt es den beiden, die nötigen Dinge aufzutreiben. Die Wohnung füllt sich mit Leben und wird gemütlicher.

Bald beherbergt und bewirtet sie regelmäßig internationale Gäste ihres Arbeitgebers *Trans World Radio*. Die Radiomission hat bereits 1983 mit dem Bau einer neuen Zentrale begonnen. Die ersten Räumlichkeiten an der Hauptstraße des Ortes waren zu klein geworden, und so hat die Organisation ein neues Grundstück samt dem alten Herrenhaus gekauft, in welches dann 1985 Edmund und Marli eingezogen sind. Marli ist verantwortlich für die Bewirtung der Besucher. Als Gästehaus dient eine umgebaute Pferdescheune.

Die Spiekers besuchen zusammen mit vielen ihrer Kollegen eine Gemeinde ganz in der Nähe. „Hier erwartet niemand eure Hilfe", wird ihnen gesagt. Tatsächlich ist in dieser großen, lebendigen Gemeinde mit ihren 1 200 Mitgliedern alles gut durchorganisiert. Marli nimmt an den Frauenstunden teil. Sie hilft, wo sie kann, und wird bald dazu eingeladen, sich sozial-diakonisch zu engagieren. Auch im Chor singt sie mit. Einmal wird sie gefragt, ob sie vor den Frauen einen Vortrag halten könne. Marli sagt zu, und als es so weit ist, sind alle erstaunt, wie diese schlichte Frau so eindrucksvoll etwas von ihrer tiefen und reichen Lebenserfahrung mit Gott weitergeben kann. Es dauert nicht lange, bis Marli gebeten wird, die Frauen-Missionsarbeit zu leiten. Edmund übernimmt die Verantwortung für eine Sonntagsschulklasse für Erwachsene. Ihre Hilfe wird also doch ganz gerne in Anspruch genommen …

Zu Edmunds Aufgaben bei *TWR* in den USA gehört zunächst das Reisen im Land. Er soll die Gemeinden besuchen, die sich bereits an Spenden für amerikanische *TWR*-Missionare im Ausland beteiligen. Die christlichen Gemeinden sollen nun auch vermehrt internationale Mitarbeiter, wie zum Beispiel Radioredakteure im Ausland, unterstützen.

Es sind Edmunds kreative und zuverlässige Arbeit und der Erfolg seiner derzeitigen Tätigkeit, die dazu führen, dass er nach zwei Jahren in der amerikanischen *TWR*-Zentrale zum Leiter der Öffentlichkeitsarbeit ernannt wird.

17

Die Vergangenheit

Marli ist morgens allein zu Hause. Die Kinder sind in der Schule und Edmund auf der Arbeit. Ihr Wohnhaus liegt in der Nachbarschaft von *TWR*. Edmund kann zu Fuß zur Arbeit gehen und um zwölf Uhr zum Mittagessen nach Hause kommen. Als eines Morgens gegen zehn Uhr das Telefon klingelt, wundert sich Marli: „Es wird doch den Kindern in der Schule nichts passiert sein? Oder Edmund auf der Arbeit?" Sie hebt den Hörer ab und hört eine vertraute Stimme. Allerdings spricht der Anrufer Englisch, was ungewohnt klingt. Er sagt: „Guten Tag. Könnte ich bitte Marli sprechen?" Marli erkennt die Stimme am Telefon sofort wieder, obwohl sie den Mann noch nie zuvor Englisch hat sprechen hören, sondern nur Portugiesisch. Als sie vor langer Zeit in Brasilien zusammen waren, sprach Marli noch gar kein Englisch. Tausend Gedanken rasen durch ihren Kopf. Sie antwortet: „Ich bin es."

„Hallo", sagt die Stimme. „Erinnerst du dich noch an mich?"

„Ja. Natürlich", antwortet Marli und klingt dabei so souverän, dass sie sich selbst wundert. „Ich erinnere mich sehr gut an dich." Wie könnte sie ihn je vergessen!

Der Mann fährt fort: „Vor vielen Jahren hatte ich einen folgenschweren Verkehrsunfall. Ich war sechs Monate lang ans Bett gefesselt. Ich konnte weder laufen noch sprechen. Ich fühlte mich mehr tot als lebendig. Oft konnte ich keinen klaren Gedanken fassen. Doch in einem hellen Moment betete ich zu Gott. Ich versprach ihm, zu meiner Ehefrau zurückzukehren, von der ich mich getrennt hatte, wenn er mich nur wieder gesund machen und mich aus dem Krankenhaus herausholen würde. Ich wollte außerdem wieder in den aktiven Missionsdienst gehen, und ich war entschlossen, dich, Marli, zu finden und dich um Vergebung zu bitten für das, was ich dir angetan habe. Und genauso kam es: Ich wurde wieder gesund, ging zurück zu meiner Frau, ich ging wieder in den Missionsdienst, und jetzt habe ich DICH gefunden."

„Wie hast du mich gefunden?" will Marli wissen.

In einer Zeitschrift für Pastorenkinder hatte Marli einen Artikel über den Wir-singen-für-Jesus-Chor geschrieben. Der brasilianische Missionar mit dänischen Wurzeln, der auch ein Pastorenkind ist, hatte das Heft gelesen. Inzwischen lebt er – wie Marli – in den USA Er hat dann bei *TWR* angerufen, weil er geahnt hat, wer diesen Artikel geschrieben hat. Als er sagte, er sei ein alter Freund, gab *TWR* ihm Marlis Nummer.

Nach einer kurzen Pause spricht er den Satz aus, den er schon so lange im Kopf hat: „Ich wünsche mir, dass du mir vergibst."

Marli antwortet, ohne zu zögern: „Ich habe dir schon vor 20 Jahren vergeben. Ich habe nie Groll gegen dich gehegt. Es ist dein Recht, zu lieben, wen du willst. Ich kann niemanden zwingen, mich zu lieben. Du hast dich falsch verhalten, ja. Aber ich wollte dich nicht heiraten, wenn du mich nicht liebst. Wie könnte ich Groll gegen dich hegen? Wo doch Gott mir so einen wunderbaren, einzigartigen Mann geschenkt hat: Edmund. Er nennt mich Königin und behandelt mich so. Er weckt mich morgens und fragt mich: Wie kann ich dir heute helfen?" Marli schwärmt in den höchsten Tönen von Edmund und kann gar nicht mehr aufhören. „Und ich habe drei wunderbare Kinder: zwei Söhne und eine Tochter", fährt sie fort. „Ich wäre Gott gegenüber sehr undankbar, wenn ich nachtragend wäre oder Bitterkeit in mir tragen würde", ergänzt Marli. Sie fügt noch hinzu: „Ich bin vor 20 Jahren befreit worden von dieser Last, die mit dir zu tun hat."

Er jedoch antwortet: „Und ich versuche schon seit 20 Jahren, dich ausfindig machen, um dich um Vergebung zu bitten."

Marli ist während des ganzen Gesprächs sehr aufgeregt. Doch der Mann am anderen Ende der Leitung kann Marli nicht sehen. Er hört nur ihre selbstsichere, feste Stimme – genauso wie er sie in Erinnerung hat: voller Energie.

Marlis früherer Verlobter konnte sich jahrelang auf das Gespräch vorbereiten. Er hat schließlich seit langer Zeit auf diese Gelegenheit gewartet. Doch Marli trifft der Anruf wie aus heiterem Himmel. Völlig unerwartet. Sie hat die ganzen letzten Jahre keinen einzigen Gedanken an die erste Verliebtheit ihres Lebens verschwendet. Zumindest nicht bewusst. Das Leben ist weitergegangen, und Gott hat sie reich gesegnet. Marli lebt in einer neuen Welt: in einem anderen Land als dem ihrer Jugend und mit ihrer eigenen Familie. Auch die Heilsarmee ist in weite Ferne gerückt. Ihr Leben ist neu und anders. Seit sie 15 Jahre alt und frisch verliebt war, haben sich ihre Lebensumstände komplett verändert. Und plötzlich holt dieses Telefonat Marli zurück in eine längst vergangene Zeit. Gegen Ende des Gesprächs beginnt Marli zu zittern. Sie geht ein paar Schritte. Sie setzt sich und steht wieder auf. Schließlich sitzt sie auf dem Fußboden, überwältigt von ihren Emotionen. So selbstsicher, wie sie zuerst schien, ist sie nicht mehr, als das Telefonat beendet ist. Ohne dass sie es will, kommen alle alten Gefühle und Erinnerungen in ihr hoch.

Normalerweise kommt Edmund um zwölf Uhr nach Hause. Heute ist er früher dran als sonst. Als hätte er etwas geahnt. Er öffnet die Haustür und sieht Marli in Tränen aufgelöst auf dem Fußboden sitzen.

„Was ist passiert?", fragt er vorsichtig, während er sie liebevoll ansieht. „Mich hat jemand angerufen", antwortet Marli unter leisen Schluchzern.

„War ER es?", fragt Edmund, als hätte er schon lange mit diesem Anruf gerechnet. Dabei hat Marli die ganzen Jahre nicht mehr mit ihm darüber gesprochen. Aber Edmund weiß besser als Marli selbst, was gerade in ihr vorgeht. Schließlich hat Marli zu Beginn ihrer Ehe immer wieder nachts den Namen ihres ehemals Verlobten gerufen. Sie konnte ihre Mädchenträume und ihren Schmerz nicht so schnell loslassen, wie sie es sich gewünscht hätte. Edmund hat sie dann nur umarmt und ihr versichert, dass er sie sehr liebe. Er hat es still hingenommen, dass Marli einem anderen Mann nachweinte. Wie gerne hätte Edmund seiner Marli die Last abgenommen, die unsichtbar tief in ihr schlummerte. Vielleicht war es jetzt so weit, endgültig die letzten Tränen in Marlis Seele zu trocknen.

Endlich beginnt Marli, ihrem Edmund alles zu erzählen. Wortlos hält Edmund sie einfach fest in seinen Armen. Irgendwann geht er wieder zur Arbeit. Doch Marli gelingt es nicht, zur Tagesordnung überzugehen. Sie schafft es einfach nicht, irgendetwas Vernünftiges zu tun. All das, was etwa 20 Jahre lang unter der Oberfläche geschlummert hat, ist wie ein Vulkan aufgebrochen. Plötzlich kommen in Marli Gefühle hoch, die sie nie zugelassen hat oder die längst vergangen waren: ein wildes Gemisch aus Verliebtheit, Sehnsucht, Verlangen nach dem Traumprinzen, maßloser Enttäuschung, Verletzung, innerer Leere, Demütigung, dem Gefühl der Verlassenheit, Ärger, Wut. Alles gleichzeitig. Wie mit einem Küchenmixer verrührt. Undefinierbar.

Die Emotionen kommen mit einer Macht über Marli, die sie nicht kontrollieren kann. Sie ist völlig willenlos, dem Gefühlschaos ausgeliefert. Und als ob das alles nicht schon genug wäre, verspürt Marli obendrein auch noch Schuldgefühle. Warum spürt sie nach all den Jahren und nach all dem, was der gut aussehende Däne ihr damals angetan hat, plötzlich wieder Liebe zu ihm und gleichzeitig Wut? Warum kommen Marli Gedanken und Bilder in den Sinn von dem jungen, charmanten Mann, in den sie verliebt war? Warum erinnert sie sich gerade jetzt an das Kribbeln im Bauch und an die Vorfreude auf eine Hochzeit, die niemals stattgefunden hat? Am Telefon hat sie behauptet, sie sei heute die glücklichste Ehefrau, die man sich vorstellen kann. Aber wie wäre ihr Leben verlaufen, wenn sie statt Edmund doch den Heilsarmee-Offizier geheiratet hätte? Warum stellt sie sich überhaupt solche Fragen? Marli fühlt sich sündig wegen ihrer Gedanken, schuldig und einfach nur elend.

Am nächsten Nachmittag klingelt es an der Tür. Der Postbote überreicht Marli ein großes Paket. Es ist ein Strauß roter Rosen. Edmund ist zu Hause, als das Blumengeschenk ankommt. Es ist keine Karte dabei, kein Absender an der Lieferung, aber Marli weiß natürlich, von wem sie ist. Sie wirft den Karton samt Inhalt sofort in den Müll. Trotzdem kann sie nicht verhindern, dass sie sich wieder an längst vergangene Tage erinnert: an den Gentleman, der einmal Marlis Verehrer war.

Etwa zehn Tage lang gehen Marli tausend Gedanken durch den Kopf, die sie mit niemandem teilen will. Auch nicht mit Edmund.

Sie sitzt am großen Fenster ihrer Wohnung und verbringt ihre Stille Zeit mit Gott. „Bitte, Gott, hilf mir!", betet sie. Marli hat das Gefühl, als würde sie in ein schwarzes Loch fallen. Immer tiefer. Als wäre da ein Magnet, der sie runterzieht. Immer wieder fleht sie Gott an, ihr zu helfen. Da fällt ihr Blick auf Psalm 91,7: „Wenn neben dir auch Tausende sterben, wenn um dich herum Zehntausende fallen, kann dir doch nichts geschehen." Auf dieses Versprechen stützt sich Marli von da an. Langsam wird sie ruhiger. Sie beschließt, mit Edmund über all das zu sprechen, was in ihr vorgeht. Sie ist es ihm schuldig. Schließlich waren Marli und Edmund bis jetzt immer absolut ehrlich miteinander. Marli hatte noch nie Gedanken, die sie vor Edmund hätte verheimlichen müssen. Die beiden haben es sich außerdem sogar einmal versprochen, immer alles miteinander zu teilen.

Marli vertraut sich Edmund also in einer ruhigen Minute an. Sie beichtet ihre gemischten Gefühle und wartet auf seine Reaktion.

„Das ist normal, Marli", tröstet sie Edmund. „Ich kann mir vorstellen, was du gerade durchmachst. Aber bleib jetzt dran und kämpfe dich da durch!"

Marli ist erleichtert, dass Edmund Verständnis dafür hat, dass sie so aufgewühlt ist. Aber wie soll sie sich da durchkämpfen — wo sie doch so vieles nicht weiß? Wie soll sie die Erlebnisse verarbeiten, wo ihr so viele Informationen fehlen?

Warum genau hat ihr Verlobter sie damals verlassen? Ein richtiges Gespräch darüber hat nie stattgefunden. Wie kann Marli die Ereignisse von damals abschließend verarbeiten und jetzt dranbleiben an der Sache, so wie Edmund es ihr empfohlen hat? Marli weiß es nicht. Sie wendet sich noch einmal vertrauensvoll an Edmund und erklärt ihm: „Da gibt es Dinge aus der Vergangenheit, die ich gerne wissen würde. Nur dann kann ich die Ereignisse wirklich verarbeiten und endgültig ablegen. Würdest du mir erlauben, dass ich mich noch einmal mit diesem Mann treffe, der mir so Schlimmes angetan hat?"

Edmund ist mit allem einverstanden, was seiner Frau hilft. Marli kann es kaum glauben, dass er so verständnisvoll ist. Er bietet ihr an, mitzukommen zu dem Gespräch, doch das will Marli nicht: „Nein, Edmund. Du warst damals noch nicht Teil meines Lebens, und ich will dich da auch weiterhin rauslassen. Das wäre für mich ein doppelter Schmerz, dich in die Sache reinzuziehen. Wenn du es mir erlaubst, werde ich das allein durchstehen." Edmund ist einverstanden.

In ihren Händen hält Marli schließlich einen Zettel mit der Telefonnummer ihres früheren Verlobten. Mit zitternden Fingern wählt sie die Nummer. Als sie am anderen Ende der Leitung die einst so vertraute Stimme hört, muss sie schlucken. „Können wir uns treffen? Ich würde gerne mit dir sprechen", fragt sie. Als er einwilligt, stellt Marli klar: „Ich möchte nicht, dass wir allein in einem ruhigen Restaurant sitzen. Lass uns lieber mitten in der Ladenpassage eines lebhaften Einkaufszentrums in einem Café miteinander reden. Ich will dir ein paar Fragen stellen, die mir auf der Seele brennen, nicht gemütlich plaudern."

Etwa eine Woche später kommt Edmund wie üblich um zwölf Uhr zur Mittagspause von der Arbeit nach Hause. Zwei

Stunden später, um 14 Uhr, soll Marli dem Mann wieder begegnen, der sich vor 20 Jahren mit einem einzigen Anruf von ihr getrennt hat. Nach dem Essen geht Marli ins Schlafzimmer, um sich für das Treffen umzuziehen. Wie jede Frau es tun würde, macht sie sich schick. Natürlich will sie hinreißend aussehen! Sie will diesem Mann, der sie einst abgelehnt hat, zeigen, was er verpasst hat. Es gelingt ihr ganz gut, mit ihren 45 Jahren einen attraktiven weiblichen Eindruck zu hinterlassen! Als sie in den Spiegel schaut, fällt ihr auf, dass Edmund auf dem Bett liegt, obwohl er nach der Mittagspause längst wieder zur Arbeit gehen müsste. Sie fragt ihn: „Was machst du da? Musst du nicht zur Arbeit?"

Seine Antwort überrascht und berührt Marli zutiefst: „Ich werde hierbleiben, während du dein Treffen hast, und werde die ganze Zeit für dich beten."

Schließlich fährt Marli zum vereinbarten Treffpunkt im Einkaufszentrum. Tausend Gedanken gehen ihr durch den Kopf: „Wie wird er aussehen? Was wird er sagen? Bekomme ich endlich die Antworten, auf die ich so lange gewartet habe? Ist heute der Tag, der den letzten Rest dieser ewig schlummernden Traurigkeit in mir für immer auslöschen wird?" Da sieht Marli einen alten Mann mit einer auffälligen Delle seitlich an der Stirn. Er zieht beim Laufen ein Bein nach sich. Sie erkennt ihn wieder, auch wenn scheinbar nichts mehr übrig ist von dem smarten blonden Prediger von damals. Er ist jetzt ein alter Mann mit körperlichen Behinderungen und seelischen Wunden. Der Verkehrsunfall und die Ereignisse in seinem Leben haben ihm zugesetzt. Mit seinen 55 Jahren ist er natürlich auch zehn Jahre älter als Marli, aber er sieht darüber hinaus noch wesentlich älter aus, als er ist.

Marli zögert nicht lange und fragt ihn: „Warum? Sag mir einfach nur, warum?"

Der gebrochene Mann schweigt erst lange, bevor er schließlich antwortet: „Weil ich ein Dummkopf war." Nach einer kurzen Pause, in der er tief Luft holt, fährt er fort: „Du weißt, dass ich mit deiner Freundin durchgebrannt bin. Ich habe sie so schnell geheiratet, weil ich musste. Es ging nicht mehr anders, weil ich ihr näher gekommen war als geplant. Ich hatte gegen dich, Marli, gesündigt. Danach konnte ich nicht so weitermachen, als wäre da nichts gewesen. Und ich konnte auch deine Freundin nicht sitzen lassen." Wieder macht er eine Pause, bevor er fortfährt: „Mein ganzes Leben war ein einziger Fehler. Die Heilsarmee hat mir gekündigt, als ich dich verlassen habe. Später bin ich wieder eingetreten. Aber jetzt bin ich nicht mehr dabei. Ich habe eine Scheidung hinter mir, und danach musste ich die Heilsarmee endgültig verlassen."

*

Als Marli nach dem Treffen nach Hause kommt, wirft sie sich Edmund in die Arme. Was für einen wertvollen Schatz hat ihr Gott mit Edmund geschenkt! Sie weiß ihren Ehemann noch mehr zu schätzen als je zuvor. Er hat die ganze Zeit für sie gebetet. Er hatte immer Verständnis für sie. Er hat das Wohl seiner Ehefrau im Blick. Und endlich ist auch dieses schwierige Kapitel aus ihrer Vergangenheit endgültig abgeschlossen. Marli fühlt sich erleichtert. Sie hat all die Jahre gar nicht gemerkt, dass noch eine Last auf ihr lag, die nicht vollständig verarbeitet war. Was für eine Gnade, dass Gott ihr diese dunkle Stelle in der Seele hell gemacht und ihr einen so wunderbaren Mann wie Edmund zur Seite gestellt hat!

*

Im Hause Spieker ist Marli diejenige, die mehr Redebedarf hat. Sie spricht gerne mit Edmund über alles, was ihr Sorgen macht, über ihre Gefühle und ihre Ideen. Edmund hat viel Verständnis für Marlis Emotionen. Er ist gerne ihr Tröster und Berater. Aber Edmund selbst ist eher schweigsam. Er grübelt lieber erst einmal lange alleine, bevor er anderen seine Überlegungen mitteilt.

Die ganze Geschichte mit Marlis Ex-Verlobtem hat Edmund zugesetzt, ohne dass er es sich eingestehen würde. Er hat mit Marli alles durchlitten, als beträfe es ihn selbst. Edmund hat außerdem bei dieser Gelegenheit hautnah miterlebt, dass schwere Verletzungen nicht einfach von selbst heilen. Innere Wunden hinterlassen unsichtbare Spuren. Trotzdem denkt er nicht daran, dass auch in seinem Leben noch unverheilte Narben zu finden sind.

Eines Abends liegen Marli und Edmund im Bett. Das Licht haben sie schon gelöscht, aber sie unterhalten sich noch. Sie sprechen unter anderem auch über Magdalenchen, Edmunds kleine Schwester, die schon im zarten Alter von fünf Jahren bei einem tragischen Unfall ums Leben kam. Mitten in der Nacht beginnt Edmund urplötzlich laut zu schluchzen. Er kann nicht mehr aufhören. Er weint stundenlang. Marli sieht hilflos zu und tröstet ihn einfach nur stumm. Wie lange kann ein Mensch etwas in sich tragen, ohne zu wissen, was das mit seiner Seele macht? Marli weiß es nicht, aber ihr wird schlagartig bewusst, dass Edmund nie um seine Schwester getrauert hat. Als erwachsener Mann hat er gelernt, niemals zu weinen.

Edmund schämt sich auch jetzt für seine Tränen, während Marli ihn tröstet, doch sie ermutigt ihn, seinen Emotionen freien Lauf zu lassen. Edmund fühlt sich plötzlich wie der kleine Junge, der er damals war, als der schreckliche Unfall passierte. Ein Leben war einfach ausgelöscht worden, und

Edmund hatte Sehnsucht nach diesem Menschen. Er hat Magdalenchen vermisst. Sie hat eine leere Stelle in seinem Herzen hinterlassen, aber darüber wurde nie gesprochen. Als Christ sollte man schließlich nicht verzweifeln, sondern stark sein. Außerdem war Edmund nicht der Einzige aus seiner Familie, der so viel zu verarbeiten und zu trauern hatte. Wer hätte sich da um ihn kümmern sollen? Deshalb musste Edmund stark bleiben. Er schien keine andere Wahl zu haben.

Irgendwann, nach all dem Weinen, fühlt sich Edmund besser. Es waren Tränen, die 40 Jahre darauf gewartet haben, nach draußen zu dürfen. Marli hat ihren Edmund nie zuvor so leiden sehen. Sie konnte nicht ahnen, was ihn belastet. Das wusste er ja nicht einmal selbst.

Später können sich Marli und Edmund nicht mehr entsinnen, warum Edmund plötzlich angefangen hat, so zu weinen, und worüber sie genau gesprochen hatten. Aber eins steht fest: Auch Edmund muss die Vergangenheit verarbeiten. Er hat seinen Vater durch den Krieg verloren, seinen kleinen Bruder Alfred, der mit drei Jahren an einer Hirnhautentzündung gestorben war, und seine Schwester Magdalena, die er über alles geliebt hat. Die beiden waren ein Herz und eine Seele gewesen. Damals passte die kleine Magdalena gerade mit Horst, dem Nachbarsjungen, auf ihre fast zweijährige Schwester Ursula auf. Ursula hatte Horsts Ball über die Straße gerollt, und der schickte Magdalena, um den Ball zu holen. Magdalena hatte die Straße bereits überquert und den Ball in der Hand, als plötzlich ein britischer Panzertransporter die Straße heruntergerast kam. Er hatte den Motor abgeschaltet. Magdalena hörte ihn nicht, bis es zu spät war auszuweichen. Das schwere Fahrzeug überfuhr das Mädchen. Edmund kam wenige Minuten später zu der Stelle und sah seine geliebte Schwester völlig zermalmt in einer Blutlache liegen. Der riesige Laster war erst viele Meter weiter zum Stehen gekommen. Man erzählte später, dass der junge Fahrer einen Nervenzusammenbruch erlitten habe und nicht mehr weiterfahren konnte. Das Geschehene war fest in Edmunds Erinnerungen eingebrannt, aber er hatte es sich selbst nie erlaubt, die Gedanken und Gefühle an die Oberfläche zu holen und seinen Gefühlen freien Lauf zu lassen.

*

In New Jersey findet bei Marli und Edmund nicht nur Vergangenheitsbewältigung statt. Es ist auch sonst keine leichte Zeit für die beiden. Alles ist neu. Noch dazu soll Edmund berufliche Aufgaben wahrnehmen, die ganz anders sind, als er sich das ursprünglich vorgestellt hat. Die neue Leitung bei TWR scheint nicht daran zu denken, dass Edmund und Marli nur deshalb die Einladung nach Amerika angenommen haben, um im internationalen Team eingesetzt zu werden. Edmunds berufliche Aufgaben im Bereich der Öffentlichkeitsarbeit sind auf die Dauer nicht die, zu denen er sich eigentlich berufen fühlt. Oder will Gott doch etwas ganz anderes von ihm? Die erste Zeit in New Jersey ist geprägt von Unsicherheit, und am liebsten würde Edmund wieder zurück nach Brasilien gehen.

Das passt sonst gar nicht zu ihm: Was er anfängt, zieht er durch. Normalerweise beißt er in den sauren Apfel, ohne eine Miene zu verziehen. Nur diesmal ist es anders. Gleichzeitig erreichen Marli und Edmund einige Einladungen, zum Beispiel von ihrer brasilianischen Heimatgemeinde, wieder nach Brasilien zu kommen, weil sie dort gebraucht würden.

Obwohl Edmund bei TWR anerkannt ist und eine sehr gute Arbeit macht, ist Marli um ihren Mann besorgt. Sie merkt, dass Edmund nicht ganz glücklich ist. Von außen betrachtet ist alles in Ordnung: Gesundheit, Familie und Job. Doch Edmund fühlt sich bei seiner momentanen Aufgabe wieder einmal nicht mehr am richtigen Platz. Seiner Meinung nach könnten gebürtige Amerikaner seinen Dienst besser erfüllen als er. Außerdem ist die Öffentlichkeitsarbeit nicht die Art von Missionsarbeit, zu der Edmund sich auf Dauer berufen fühlt. Er betet monatelang um eine klare Wegweisung von Gott. Marli leidet mit ihm unter dieser unbefriedigenden Situation. Sie weiß, dass Gott zu Edmund spricht. Jedes Mal, wenn Edmund nicht zufrieden mit seinen derzeitigen Aufgaben ist, gibt es einen neuen Plan für sein Leben. Marli wäre es am liebsten, wenn Gott ganz klar und ohne Umwege eine Wegweisung geben würde. Diese Unsicherheit und das Nachforschen, was Gottes Wille ist, scheinen ihr manchmal mühevoll. Aber Marli und Edmund beschließen: „Gott wird uns die Tür deutlich öffnen, wenn wir woanders hingehen sollen. Wir wollen auf ihn und seine klare, eindeutige Wegweisung warten."

Marli ist mit Edmund einer Meinung, als er sie wieder einmal daran erinnert: „Das Wichtigste im Leben ist nicht der äußere Erfolg. Der Wert eines Lebens kann nicht daran gemessen werden, was wir haben, was wir können oder was wir wissen. Der wahre Wert eines Lebens liegt tief verborgen in einem demütigen Herzen."

18

Große, weite Welt

Im August 1990 müssen Marli und Edmund nach Cary in North Carolina ziehen. Die alte *TWR*-Zentrale in Chatham ist nämlich geschlossen und nach Cary verlegt worden. Marlis ältester Sohn Marcio steht kurz vor der Hochzeit mit Michelle, die aus einer Mennoniten-Familie in Pennsylvania stammt und herzlich in die Familie Spieker aufgenommen wurde. Tochter Simone ist für ein Jahr auf der Bibelschule „Word of Life" im Norden von New York. Nur Fabio, der Teenager, lebt noch zu Hause. Marli wundert sich, wie schnell die Zeit vergeht und wie ihr Leben stets turbulent bleibt. Es kehrt kaum einmal Ruhe ein. Wie gut, dass Edmund jetzt endlich wieder die zu seinen Gaben passende Aufgabe gefunden hat. Zuletzt war er nicht mehr ganz glücklich in seiner Arbeit in New Jersey. Er wurde nicht dort eingesetzt, wofür er eigentlich dorthin gegangen war, und seine beruflichen Aufgaben im Bereich der Öffentlichkeitsarbeit waren auf die Dauer nicht die, zu denen er sich eigentlich berufen fühlte. Sein Gefühl, nicht hundertprozentig am richtigen Platz zu sein, hatte ihn nicht getäuscht. Wieder einmal hat Gott Edmund zwar einige Zeit warten lassen, aber vergessen hat er ihn nicht. Marli ist glücklich über den neuen Job, den Edmund bei *TWR* angeboten bekommen hat: Bill Mial, engster Mitarbeiter des *TWR*-Gründers Paul Freed und internationaler *TWR*-Direktor, hat Edmund gebeten, sein Assistent zu werden. Somit wird Edmund Mitglied der *TWR*-Missionsleitung. Sein Schwerpunkt ist zunächst die Betreuung der Arbeit im asiatisch-pazifischen Teil der Welt. Dadurch hat er wieder mit Menschen zu tun, deren Kultur ihm völlig fremd ist. „Trotz der kulturellen Unterschiede", erzählt er Marli nach einem Besuch im Hauptbüro in Hong Kong, „spüre ich, dass wir alle Kinder des gleichen Vaters sind. Jedes Treffen mit Christen unterschiedlicher Herkunft ist für mich ein Grund zu feiern!"

Zu seinem Verantwortungsbereich gehören Hong Kong, China, Japan, Korea, Indochina, Indonesien, die Philippinen, Australien, Neuseeland sowie Mikronesien. Leistungsstarke Radiosender von *TWR* auf der Pazifikinsel Guam strahlen in vielen Sprachen Sendungen in diese Regionen aus. Edmund plant mit den Teams in Hongkong und Guam, wie sie die Völker Asiens noch besser mit der guten Nachricht von Jesus Christus erreichen können. Beim Aufbau von etwas Neuem, beim Organisieren, Delegieren, strategischen Planen ... da ist Edmund in seinem Element!

Durch die langen Auslandsreisen ist Edmund jetzt noch mehr unterwegs als je zuvor. Weil er den Aufwand und die Kosten für die weiten Entfernungen optimal ausnutzen will, packt er möglichst viel in eine Reise. Er will verantwortungsbewusst mit den Geldern der Missionsgesellschaft umgehen, doch dadurch ist er manchmal wochenlang auf Dienstreise. Auch wenn Marli ihren Edmund oft sehr vermisst, beklagt sie sich nie. Sie hat mehr das Wohl ihrer Familienmitglieder im Sinn als ihr eigenes Befinden.

Trotzdem ist Marli weiterhin froh über Edmunds Job, der zu ihm passt. Als er von der Unternehmensleitung von *TWR* gefragt wird, ob er zusätzlich noch die gesamte Arbeit in Lateinamerika mitbegleiten könnte, sagt er zu.

Marli meint: „Wer außer dir kennt sich so gut in Lateinamerika aus? Zumindest in ganz Brasilien hast du Kontakte.

Und du kennst die Mentalität der Menschen auf diesem Kontinent!" Sie ahnt noch nichts von den Herausforderungen, die auf Edmund zukommen.

*

Auf Konferenzen treffen sich Vertreter aus unterschiedlichen Ländern sowie Mitarbeiter von *TWR* International und *ERF* Deutschland. Viele Entscheidungen sind im Laufe der Zeit zu treffen, und viele verschiedene Interessen prallen aufeinander. Ein sehr engagierter Kollege vom *ERF* in Wetzlar ist Hugo Danker, mit dem Edmund gut zusammenarbeiten kann. Die beiden sind sich einig: „Gott baut sein Reich mit Sündern." Diese Erkenntnis hilft manchmal, mit Konflikten und scheinbar schwierigen Menschen umzugehen und trotz allem gute gemeinsame Entscheidungen zu treffen.

Die Arbeit von *TWR* weitet sich immer mehr aus, und Edmund ist mittendrin. Von besonderer strategischer Bedeutung sind die Abschlüsse von Sendeverträgen, die viel Verhandlungsgeschick und gute Nerven erfordern. Bei Verhandlungen dieser Art hängt vieles vom Wohlwollen des jeweiligen Chefs ab, außerdem von allerlei Formalitäten und Gesetzen. Edmund ist zum Beispiel etwa drei Jahre lang damit beschäftigt, Sendemöglichkeiten auf Sri Lanka für eine Ausstrahlung von Radioprogrammen ins nördliche Indien zu bekommen. Als wie durch ein Wunder endlich alle seine Bemühungen von Erfolg gekrönt sind und er in Sri Lanka ist, um den ersehnten Vertrag zu unterschreiben, wird er in letzter Stunde gebeten, die Entscheidung zu vertagen. Der Grund: Es gibt neue Sendemöglichkeiten in Russland. Nach dem Fall der Berliner Mauer und dem Zusammenbruch des Kommunismus braucht *Radio Moskau,* die offizielle Stimme der kommunistischen Regierung, dringend Geld und bietet deshalb Ausstrahlungszeit in verschiedene Regionen der Welt an – auch in den Norden Indiens. Das Umschwenken auf diese neuen Möglichkeiten wird für Edmund zu einer echten Glaubensprüfung. Das Risiko, das Vertrauen von *Radio Sri Lanka* zu verlieren, nachdem so viel Zeit in diesen Vertrag mit Sri Lanka investiert wurde, scheint zu groß. Zusammen mit Nick Siemens vom *ERF* Wetzlar und mit Bill Mial von *TWR* reist Edmund schließlich trotzdem zu Verhandlungen mit Radio Moskau, dem größten Radionetzwerk der Welt. Die tatsächliche Vertragsunterzeichnung findet unter anderem mit Horst Marquardt im März 1994 in Wetzlar statt. Dieses Ereignis ist ein Meilenstein in der Geschichte der internationalen Radioarbeit von *TWR* und *ERF*. Marli und Edmund dürfen zusammen mit vielen *TWR*- und *ERF*-Mitarbeitern erleben, wie Gott Geschichte schreibt. Er nutzt ein atheistisches Netzwerk, um das Evangelium mit technischer „Mega-Power" in der Welt zu verbreiten.

19

Am Strand von Guam

Marli sitzt in ihrem gemütlich eingerichteten Wohnzimmer und blickt aus dem Fenster in den parkähnlichen Garten. Sie haben die Bäume auf ihrem Grundstück gezählt. 85 Stück sind es! Marlis Blick wandert von den Eichen und Pinien auf ihre Bibel, die sie auf den Knien liegen hat. Eine Tasse

Tee aus ihrem geliebten blauen Service steht vor ihr auf dem Tisch. Marli genießt die Stille. Heute fühlt sich die Ruhe noch ruhiger an als sonst. Innerhalb der letzten vier Monate haben ihre beiden Jüngsten, Simone und Fabio, geheiratet. Es war eine hektische Zeit, gefüllt mit vielen Vorbereitungen. Beide Hochzeiten waren wunderschön! Marli spürt an diesem sonnigen Vormittag Freude, aber auch Wehmut. Gerade noch hat sie Gott von ganzem Herzen dafür gedankt, dass ihre Kinder gute Ehepartner gefunden haben. Was für ein Geschenk, seine Kinder in guten Händen zu wissen – gleich in zweierlei Hinsicht. Sie sind in Gottes guter Hand geborgen und gehen jetzt Hand in Hand mit einem Ehepartner, der sie liebt. Wehmut verspürt Marli, weil jetzt ihre Kinder alle drei endgültig erwachsen und selbständig sind. Eigentlich sind sie das schon lange, aber jetzt wird es Marli so richtig bewusst. Der Älteste, Marcio, ist schon seit ein paar Jahren verheiratet und hat einen Sohn, Steffan. Marli ist stolz auf ihren ersten Enkel. Sie freut sich über ihre Familie und über das kleine Eigenheim, das sie sich mit Edmund hübsch eingerichtet hat.

Marli weiß, wofür Edmund schon seit zehn Jahren betet: Er würde gerne wieder mit Marli zusammen unterwegs sein und Gott dienen. Edmund vermisst die Arbeitsgemeinschaft mit ihr, die er so sehr zu schätzen weiß. Vielleicht hat er auch einfach das Gefühl, dass es für Marli endlich an der Zeit ist, wieder ihre Energie und Kreativität voll in der Mission einzusetzen. Sie ist natürlich in der örtlichen Gemeinde sehr aktiv: in der Hauskreisarbeit, bei regelmäßigen Frauentreffen mit Kaffee und Kuchen, im Kindergottesdienst, im Chor und in der Arbeit mit jungen Müttern. Trotzdem sieht Edmund noch ein kreatives Potenzial in Marli schlummern, das sie zurzeit nicht ausschöpfen kann. Als er ein paar Tage später dienstlich in der Weltstadt Hongkong ist, hat er das Gefühl: „Jetzt ist die Zeit gekommen. Marli soll von nun an wieder mit mir zusammen reisen." Er ruft Marli von der Südküste Chinas aus an, um ihr seine Gedanken mitzuteilen: „Marli, wir sehen uns kaum noch. Wie auch, wo ich etwa sechs Monate im Jahr unterwegs bin! Komm doch mit mir zusammen auf die Reisen!" Überrascht fragt Marli: „Was sagt *TWR* dazu? Wer soll die Reisen bezahlen? Allein die Flüge kosten eine Menge!"

„Schatz, ich habe das Gefühl, dass Gott eine wunderbare Aufgabe für dich bereithält. Wir sehen sie noch nicht, aber er wird sie dir zeigen. Wir könnten unser Haus verkaufen, statt es weiterhin monatlich abzubezahlen. Wenn wir viel unterwegs sind, brauchen wir das Haus doch gar nicht. Das Geld investieren wir in deine Reisen!"

Nachdenklich legt Marli auf. „Warum?", fragt sie Gott im Stillen, halb vorwurfsvoll. „Warum sollte ich mitreisen?" Marlis Leben läuft zurzeit in geordneten Bahnen. Sie hat alles unter Kontrolle und alles, was man sich nur wünschen kann: einen liebenden Ehemann, ein gemütliches Haus, drei Kinder und einen zuckersüßen kleinen Enkel. In der nächsten Zeit fragt sie Edmund immer wieder: „Was soll ich denn in Asien machen? Du arbeitest Tag und Nacht, während ich keine Aufgabe habe. Und was soll aus meiner Frauenarbeit in der Gemeinde werden? Zurzeit sind da über 80 junge Teilnehmerinnen in meiner Frauengruppe. Jemand anders müsste die Leitung übernehmen."

Doch Edmund bleibt beharrlich, und Marli versucht, sich auf die neuen Pläne einzulassen. Marli weiß intuitiv, dass sie Edmund jetzt einfach vertrauen muss, denn sie spürt, dass er wiederum Gott vertraut. So bereitet sie alles Nötige vor. Ihr hübsches Häuschen wird verkauft. Ihre Tochter Simone und deren Ehemann besitzen ein großes Haus, in dem sie ein freies Zimmer für Marli und Edmund einrichten. Dort können die beiden übergangsweise wohnen und haben später eine Unterkunft, wenn sie mal nicht auf Reisen sind.

Marli kämpft mit sich selbst, als sie schließlich ein Flugticket kauft. Es ist für einen 16-stündigen Flug nach Hongkong, wo Edmund gerade wieder einmal dienstlich zu tun hat. *TWR* hat in der asiatischen Metropole ein zentrales Büro, und Edmund koordiniert von dort aus die Arbeit in Asien. Marli hat keine Ahnung, was sie jetzt erwartet. „Bis vor Kurzem war alles so schön und überschaubar", denkt sie.

In Hongkong angekommen, hält Marli Ausschau nach ihrem Edmund. Ihn zu entdecken ist nicht schwer. In einem Heer von kleinen schwarzhaarigen Chinesen sticht der große hellhäutige Mann sofort aus der Masse heraus. Im Arm hält er einen wunderschönen Strauß roter Rosen.

In der ersten Nacht, die Marli in der asiatischen Millionenstadt verbringt, diskutiert sie mit Edmund über den Sinn dieser Reise. Edmund hat immer noch keine andere Antwort parat als: „Ich spüre einfach, dass Gott etwas Großes mit dir vorhat."

Nach Beendigung seiner Aufgaben in Hongkong muss Edmund weiter nach Guam, auf die größte und südlichste Insel des Marianen-Archipels mitten im Westpazifischen Ozean. Er nimmt Marli gleich mit auf die knapp 50 Kilometer lange tropische Insel, die in einem Umkreis von 900 Kilometern von nichts außer Meer umgeben ist. Guam ist amerikanisches Territorium. Der amerikanische Staat nutzt die Insel für militärische Einrichtungen. Für *TWR* ist es ein Standort für eine leistungsstarke Sendestation – ähnlich wie auf der karibischen Insel Bonaire. Marli und Edmund werden für eine Woche in einem Gästehaus der Mission einquartiert. Marli darf ein altes Missionsauto nutzen und erkundet damit die Gegend. An einem einsamen Strand hält sie mit dem Wagen. Das kristallklare blau-türkis schimmernde Meer ist unglaublich warm. Doch Marli interessiert sich nicht für die tropische Idylle und bleibt im Auto sitzen. „Was hast du vor, Herr?", ruft sie innerlich Gott zu. Sie schlägt ihre Bibel auf. „Vielleicht spricht Gott durch sein Wort zu mir und schenkt Klarheit für die Zukunft", denkt sie. Ihr Blick fällt auf die Bibelstelle in Jeremia 18, ab Vers 2: „Mach dich auf und geh hinab in des Töpfers Haus; dort will ich dich meine Worte hören lassen" (L). Sie liest bis zu dem Satz in Vers 6: „Kann ich nicht ebenso mit euch umgehen, ihr vom Hause Israel, wie dieser Töpfer?, spricht der HERR. Siehe, wie der Ton in des Töpfers Hand, so seid auch ihr in meiner Hand, Haus Israel."

Marli schließt ihre Bibel wieder. Diese Botschaft wollte sie gar nicht hören. Sie öffnet die Bibel trotzdem noch einmal und schlägt Jesaja auf, ihren Lieblingspropheten der Bibel. Bei Kapitel 64, Vers 7 liest sie: „Aber nun, HERR, du bist doch unser Vater! Wir sind Ton, du bist unser Töpfer, und wir alle sind deiner Hände Werk." Schon wieder die gleiche Aussage! Jetzt versucht Marli es im Neuen Testament. Der Apostel Paulus hat bestimmt einen guten Rat. Marli entscheidet sich für Römer 8, ein Kapitel, das ihr schon viele Male zum Segen geworden ist. Da geht es um Hoffnung, um Heilsgewissheit und darum, dass uns nichts von der Liebe Gottes trennen kann. Ermutigt liest sie einfach beim nächsten Kapitel weiter, Kapitel 9. Als sie bei Vers 20 und 21 angelangt ist, kann sie kaum glauben, was sie da liest: „Ja, lieber Mensch, wer bist du denn, dass du mit Gott rechten willst? Spricht etwa ein Werk zu seinem Meister: Warum hast du mich so gemacht? Hat nicht der Töpfer Macht über den Ton, aus demselben Klumpen ein Gefäß zu ehrenvollem und ein anderes zu nicht ehrenvollem Gebrauch zu machen?" (L)

Jetzt muss Marli nicht mehr weiterlesen und nach einer Antwort suchen. Sie bricht in Tränen aus, weil ihr plötzlich klar wird, dass sie Gott keine Bedingungen stellen kann. „Vergib mir, Herr!", betet sie. Der Wagen, in dem sie sitzt, wird für Marli zur Kathedrale, zum heiligen Raum, zu einem Ort der Anbetung. Sie fühlt sich, als sei sie der Ton, von dem in diesen Versen die Rede ist, was ihr zuvor nie so konkret aufgefallen war. Es passiert etwas mit ihr. Marli spürt die Nähe Jesu um sich, als säße er auf dem Beifahrersitz des Autos und schaute sie an. Sie ist umgeben von Jesu Liebe. Plötzlich hat sie keine Bedenken mehr, sich ganz in seine guten Hände fallen zu lassen. Sie überlässt Jesus ganz bewusst ihre Rechte, ihre Pläne, ihren Willen. Sie versteht: „Ich bin der Ton. Und Ton rebelliert nicht, macht keine eigenen Pläne, sondern lässt sich willig von der fähigen Hand des Töpfers nach dessen Plänen formen."

Marli hat immer gedacht, sie sei für Gott gut zu gebrauchen, weil sie so eine flexible Person ist. Immerhin war sie ja auch bereit gewesen, mit Edmund nach Asien zu fliegen. Sie hatte sogar ihr Haus verkauft, um die nötigen Finanzen für die Reisen zu haben. Alles hatte sie zurückgelassen: ihre Familie, die Gemeinde, Freunde, Komfort. Aber Gott scheint ihre Flexibilität nicht zu würdigen. Er will Marlis völlige Hingabe. Er will, dass sie sich komplett verändern lässt, statt sich nur zu verbiegen. Ihr wird klar: Gott benötigt unsere vollständige Formbarkeit anstelle einer begrenzten Flexibilität, damit wir zu unserer Bestform gelangen. Wir sollen jederzeit formbar bleiben wie der Ton in den Händen des Töpfers, der schließlich zu einem wundervollen Kunstwerk wird und zu seiner wahren Bestimmung findet. Nach 32 Jahren im missionarischen Dienst übergibt Marli Jesus ihr Leben noch einmal ganz neu, indem sie ihm verspricht: „Tu mit mir, was immer du willst, Herr!"

Edmund ahnt schon länger, dass Gott etwas Großes mit seiner Frau vorhat. Und an diesem Tag an den einsamen Stränden der Insel Guam ist seine leise Vorahnung bereits dabei, sich zu bewahrheiten.

20

Die Berufung

1996: Marli wischt sich den Schweiß von der Stirn und fächert sich mit einer Zeitschrift Luft zu. Das tropisch-feuchte Klima im Inselstaat Singapur macht ihr zu schaffen. Der reiche, multikulturelle Staat in Südostasien ist nach Hongkong und Guam Marlis drittes Reiseziel, seit sie begonnen hat, Edmund auf seinen Dienstreisen zu begleiten. Hitze hat sie noch nie gut vertragen, und in Singapur gibt es auch keine Hoffnung auf Abkühlung. Die Tagestemperatur liegt fast das ganze Jahr hindurch bei 28–30 Grad Celcius. Edmund hat dienstliche Termine, und Marli weiß nicht so recht, was sie in der Zeit anfangen soll. Die beiden sind im Hotel eines christlichen Chinesen untergebracht. Für die Einwohner Singapurs ist es normal, dass Menschen unterschiedlicher Religionen zusammenleben. Die am weitesten verbreiteten Religionen sind der Buddhismus, das Christentum und der Islam, aber es sind noch viele weitere Religionen vertreten. Hinduistische oder buddhistische Tempel befinden sich in unmittelbarer Nähe zu Moscheen und Kirchen. Für Marli ist es eine neue Welt, ganz anders als ihre bisherigen, eher christlich geprägten Wohnorte in Brasilien, Deutschland, Kanada und den USA.

Marli hat das Gefühl, dass ihr Kreislauf jeden Moment zusammenbricht. Im Hotel ist es zwar kühl, aber dort will sie nicht zehn Tage lang allein herumsitzen – für diese Dauer ist der Aufenthalt geplant. „Es ist, wie ich befürchtet habe: Jetzt bin ich mit Edmund unterwegs und sitze nur nutzlos herum. Und rausgehen kann ich auch schlecht, weil ich das Klima nicht vertrage. Das ist doch zum Heulen!", denkt Marli deprimiert. Doch dann kommt ihr die Idee, sich in einen der klimatisierten Linienbusse zu setzen, die von einem Ende der Millionenstadt zum anderen fahren. So kann sie etwas unternehmen, ohne sich der grausam feuchten Hitze auszusetzen. Es gibt schließlich viel zu sehen in Singapur!

Marli erkundigt sich an der Hotelrezeption nach dem Weg zur nächsten Bushaltestelle. Ein Tagesticket ist erstaunlich preisgünstig. Bald sitzt sie oben in einem der angenehm klimatisierten Doppeldeckerbusse am vordersten Fensterplatz und beobachtet vom Bus aus das bunte Treiben der Millionenstadt. Mangels anderer Ideen macht sie das auch an den folgenden Tagen. Marli hat schon immer gerne Leute beobachtet. Dazu hat sie jetzt reichlich Gelegenheit. Sie beginnt, für die Frauen, die ihr begegnen, zu beten. Sie betet für die vielen Chinesinnen und für die anderen Frauen unterschiedlicher Nationalität, die in Singapur leben. Als der Bus einmal in der Nähe eines riesigen Einkaufszentrums in der bekannten *Orchard Road* hält, beschließt Marli, dort auszusteigen. Sie möchte nämlich unter anderem gerne mit Edmund telefonieren. In der Nähe der großen automatischen Glastür am Eingang entdeckt Marli eine freie Telefonzelle. Als sie sich bereits beim Telefon befindet und gerade Edmunds Nummer gewählt hat, sieht sie ein muslimisches Paar durch die breite gläserne

Haupteingangstür des Einkaufszentrums hereinkommen. Die Frau trägt eine Burka, ist also komplett verschleiert. Nur für die Augen ist ein Schlitz hinter einem Netz freigelassen worden – zwischen den schwarzen Tüchern, in welche die Frau eingehüllt ist. Der Mann dagegen trägt an diesem unerträglich schwül-heißen Tag ein bequemes, luftiges T-Shirt. Im selben Moment hört sie schon Edmund am Telefon: „Hallo? Marli, bist du's? Geht es dir gut?"

Sie antwortet nur kurz: „Ja! Alles bestens! Ich bin in der *Orchard Road* in einem Einkaufszentrum. Edmund, ich rufe dich später noch mal an. Mir ist etwas dazwischengekommen. Bis dann!" Marli kann jetzt nicht mehr telefonieren. Zu viele Gedanken drehen sich in ihrem Kopf, als sie die verschleierte Muslimin beobachtet, die fast schon in der Menge verschwunden ist. Marli hat natürlich im Fernsehen schon muslimische Frauen gesehen, die so angezogen sind. Aber sie hat noch nie eine persönlich getroffen. Der Anblick berührt ihr Herz mehr als je zuvor. Diesmal ist die Frau so real. Ganz in Marlis Nähe. Außerdem spürt Marli die für Singapur typische erdrückende Hitze und die hohe Luftfeuchtigkeit am eigenen Leib. Wie muss sich das erst unter diesem schwarzen Umhang anfühlen? Darüber hat sie früher nie nachgedacht. „Es muss eine Qual sein", denkt Marli, in diesem Klima mit solchen Kleidern herumzulaufen.

Dann hat sie das Gefühl, als würde Gott ihr sagen: „Siehst du diesen schwarzen Schleier? Er ist nicht nur über ihrem Kopf. Er ist über ihren Gedanken, ihrem Herzen, über ihrer Familie, über ihrer Seele und ihrem ganzen Leben! Diese Frau lebt in Dunkelheit!"

An diesem Tag öffnet Gott Marli die Augen für die Not der Frauen in der Welt. Sie dachte immer, sie würde Armut, Elend und Hoffnungslosigkeit kennen. Davon hat sie doch während ihres Dienstes bei der Heilsarmee wirklich genug gesehen! Aber sie täuscht sich. Sie hat keine Ahnung, was Frauen in manchen Regionen der Erde Tag für Tag ertragen müssen.

Jetzt nimmt Marli überall Berichte über erschreckende Zustände und Fakten wahr, die sie vorher nicht realisiert hat: Unzählige Frauen in Asien erleben unvorstellbares Leid. Über eine Million Frauen und junge Mädchen werden in die Sexsklaverei verkauft. Tausende von weiblichen Föten werden aus sozialen, politischen oder wirtschaftlichen Gründen abgetrieben. Millionen muslimischer Frauen haben als Zweite-Klasse-Menschen keine Hoffnung auf ein besseres Leben auf der Erde oder im Jenseits; sie haben keinen Zugang zu Bildung und schon gar nicht zur Bibel.

Marli liest zufällig einen Bericht über Pakistan. Es ist das Land, in welchem die meisten Ehrenmorde pro Einwohner verübt werden. In Pakistan werden Frauen umgebracht, um die Ehre der Familie wiederherzustellen, wenn sich eine Frau unmoralisch verhalten hat. Dazu gehört schon, dass sie nicht in eine arrangierte Ehe einwilligen will, eine Scheidung fordert, vergewaltigt wird oder auch nur einem fremden Mann zu lange in die Augen geschaut hat. Manchmal reichen falsche Anschuldigungen aus, um die Ermordung einer Frau zu rechtfertigen.

Als Marli beginnt, sich mit dem sinnlosen Leid von Frauen in der Welt zu befassen, fragt sie Gott mit zerbrochenem Herzen: „Was kann ich dagegen tun?" Marli wartet still auf eine Antwort. Doch stattdessen kommt ihr eine Frage in den Sinn: „Was hast du in der Hand? Welche Möglichkeiten hast du?"

Ihr fällt sofort ein Mikrofon und das Radio ein. Natürlich! Was sonst?! Das Radio ist DAS Werkzeug, um diese Frauen in ihrer Privatsphäre zu Hause zu erreichen. Das Radio überwindet die Mauern der Armut, der Unwissenheit, der Angst und der Verzweiflung, von der die Frauen umgeben sind. 30 Jahre lang konnte Marli erleben, was Radioarbeit bewirkt – zuerst in ihrem eigenen Land, dann weltweit. Mittlerweile befinden sich an etwa zehn strategischen Orten Sendestationen von *TWR*, mit denen rund 80 % der Weltbevölkerung erreicht werden können! Das Radio ist eine echte Revolution für die Weltmission!

Gott hat Marli einen Traum ins Herz gepflanzt: Sie will sich dafür einsetzen, dass Frauen weltweit durch das Radio von der Hoffnung und Freiheit erfahren, die Jesus Christus ermöglicht.

21

Projekt Hannah

1997: Marli war schon immer sehr kommunikativ. Ihre immer konkreter werdenden Pläne, Frauen durch das Radio vom Evangelium zu erzählen, bringt sie vor Gott, aber natürlich spricht sie auch mit Edmund darüber: „Was hältst du davon, eine Sendereihe für Frauen mit wenig biblischen Vorkenntnissen zu konzipieren? Du weißt doch, wie sehr mir Frauen am Herzen liegen, deren Gaben brachliegen, weil sie eingeschränkt oder unterdrückt werden, seit mir die verschleierte Muslimin im Einkaufszentrum begegnet ist."

Edmund antwortet in seiner ruhigen Art zufrieden: „Ich habe doch gesagt, dass Gott einen Plan mit dir hat! Die Idee finde ich sehr gut." Er verspricht ihr: „Ich bete für diese

Sache!" Und wenn Edmund verspricht zu beten, dann tut er das auch.

Marli denkt in der folgenden Zeit intensiv darüber nach, wie eine Radiosendereihe für Frauen aussehen könnte, die noch nicht viel über den christlichen Glauben wissen. Sie ist ganz begeistert von dem Gedanken, durch das Radio irgendwann vielleicht auch muslimische Frauen erreichen zu können. Inzwischen leben Marli und Edmund dauerhaft in Singapur. Ein Grund dafür ist, dass das TWR-Büro für die Asien-Pazifik-Region von Hongkong nach Singapur verlegt worden ist. Da Edmund sowieso ständig in Asien unterwegs ist, ist es einfach sinnvoller, an zentraler Stelle vor Ort zu sein.

In der neuen Heimat hat Marli schnell Freunde gefunden. Überall, wo sie hinkommt, erzählt sie von ihrem Anliegen und von der Not der Frauen weltweit. Außerdem betet auch sie zusammen mit Gleichgesinnten für ihre Projektidee, und sie erzählt an verschiedenen Stellen von ihrem Anliegen und von der Not der Frauen weltweit. Das Problem des Missbrauchs von Frauen reicht nach Marlis Ansicht weit zurück in der Menschheitsgeschichte. Es beginnt im Garten Eden, als Eva zur verbotenen Frucht greift. Marli liest in 1. Mose 3,15 noch einmal nach, wie Gott zur Schlange spricht: „Von nun an setze ich Feindschaft zwischen dir und der Frau und deinem Nachkommen und ihrem Nachkommen. Er wird dir den Kopf zertreten und du wirst ihn in seine Ferse beißen."
In Vers 16 wendet Gott sich an die Frau: „Mit großer Mühe und unter Schmerzen wirst du Kinder zur Welt bringen. Du wirst dich nach deinem Mann sehnen, doch er wird über dich herrschen." Marli wird klar: Das Problem liegt nicht generell bei Männern, die Frauen unterdrücken. Die Wurzel des Problems ist, dass die Schlange (der Widersacher Gottes, der die ersten Menschen zum Ungehorsam verführte) in die

Welt gekommen ist, um auch heute noch Beziehungen zu zerstören. Davon ist die Beziehung zu Gott betroffen, genauso wie die zwischen Menschen, auch zwischen Mann und Frau. Noch zerstörerischer als eine Misshandlung von Frauen durch Männer ist die geistige Gefangenschaft, in der sich viele Frauen befinden. Sie sind von der Sünde und deren Lügen gefangen.

Marli weiß, dass Frauen deshalb die befreiende Kraft Jesu Christi brauchen. Er ist in die Welt gekommen, um die Werke der Schlange, des Teufels, zu zerstören. Nur der Geist Gottes kann Herzen verwandeln, Gedanken erneuern und wahre Freude und inneren Frieden schenken. Denn Jesus hat – bildlich gesprochen – der Schlange den Kopf zertreten und sie besiegt. So steht es in Hebräer 2,14–15: „Da Gottes Kinder Menschen aus Fleisch und Blut sind, wurde auch Jesus als Mensch geboren. Denn nur so konnte er (…) die befreien, die ihr Leben lang Sklaven ihrer Angst vor dem Tod waren." Ganz besonders während ihrer Zeit bei der Heilsarmee hat Marli erlebt, wie Menschen durch Jesus verändert werden können. Das ist möglich, weil Jesus die Beziehung zwischen Menschen und Gott wiederhergestellt hat. Jeder Mensch, der im Glauben um die Vergebung seiner Sünden bittet, kann zurück in die Gemeinschaft mit Gott gelangen.

Ein Mitarbeiter von *TWR* macht Marli mit Doreen Wong, der Leiterin einer chinesischen Frauengruppe in einer methodistischen Gemeinde in Singapur, bekannt. Doreen wird eine gute Freundin und Gebetspartnerin von Marli. In der Methodistenkirche gründen die beiden eine Gebetsgruppe – zunächst mit Anliegen speziell für chinesische Frauen. Alle Teilnehmerinnen sind sich einig, dass es wichtig ist, für die Frauen in China zu beten. Im Jahr 1979 wurde in China die „Ein-Kind-Politik" eingeführt, um das rasante

Bevölkerungswachstum einzudämmen. Frauen in den bevölkerungsreichen Ballungsgebieten erleben extreme Demütigungen und Misshandlungen, seit es verboten ist, mehr als ein Kind zu bekommen. Wer sich nicht freiwillig an die Gesetze hält, muss mit Zwangsabtreibungen oder hohen Geldstrafen rechnen. Über 20 Millionen Abtreibungen werden jährlich in China durchgeführt. Dabei sind weibliche Föten viel öfter betroffen, weil männliche Nachkommen als wertvoller angesehen werden. Über gesundheitliche und psychische Folgen für die Frauen wird nicht gesprochen, aber gerade die seelischen Verletzungen sind groß. Marli ist schockiert, als sie von den Umständen hört, unter denen viele Chinesinnen leiden.

Sie beginnt, Fakten und Gebetsanliegen zu sammeln, die sie in einem Gebetskalender zusammenstellt. Für jeden Tag gibt es ein konkretes Anliegen, das Frauen betrifft. Zuerst werden die Gebetsbriefe nur in China verteilt, später weltweit. Auch die Themen werden international. Überall, wo Marli Edmund in der nächsten Zeit auf seinen Reisen in Asien, Australien und Neuseeland begleitet, erzählt sie auf verschiedenen Veranstaltungen von ihren Plänen und stellt die Gebetsinitiative vor, die sich daraus entwickelt hat. Die Zahl derer, die sich am Gebet beteiligen wollen und den Gebetskalender regelmäßig erhalten möchten, nimmt stetig zu.

Marli hat mit Edmund abgesprochen, dass sein regionales Team sich Gedanken über eine Sendereihe für Frauen macht. Doch mittlerweile ist Marlis Idee bis zur internationalen *TWR*-Leitung durchgedrungen. Als Edmund mit Marli im Oktober 1997 wieder einmal zu Besuch im *TWR*-Hauptquartier in den USA ist, ergibt sich für Marli die Gelegenheit, dem *TWR*-Präsidenten Tom Lowell ihren Wunsch zu erläutern. Tom Lowell und die Spiekers kennen sich schon viele Jahre. Tom war Stationsleiter auf Bonaire, als Edmund und

Marli die Radioarbeit in Brasilien aufbauten. Sie pflegen ein herzliches Vertrauensverhältnis zueinander. Begeistert erzählt Marli von ihrer Vision und von der Notwendigkeit eines Projekts für Frauen: „Nur 1 % aller weltweiten *TWR*-Radioprogramme richtet sich direkt an Frauen. Und diese Programme sind Bibelstudien. Ich bin mir aber sicher, dass die meisten Frauen noch etwas anderes als theologische Bibelauslegungen brauchen."

Tom Lowell kann ihrer Argumentation folgen: „Marli, ich kenne dich und schätze deine Erfahrung, deine Gaben und deine Motivation. Ich kann dich nur ermutigen, ein Projekt für Frauen bei *TWR* zu starten. Meinen Segen hast du!" Gelder für die Verwirklichung der Idee kann Tom Lowell jedoch keine zusichern. Gerade erst hat es ein Projekt gegeben, das nicht funktioniert hat. Es ist undenkbar, sofort in ein neues Konzept zu investieren, solange niemand für den Erfolg garantiert, obwohl Tom Lowell zugeben muss, dass die Idee mit den Frauensendungen in Kombination mit einer Gebetsbewegung Erfolg versprechend klingt.

Nach dem Gespräch verlässt Marli der Mut, den sie eben noch hatte. Sie kann doch für ein so großes Projekt nicht selbst die Verantwortung übernehmen! Sie fühlt sich wie der kleine Hirtenjunge David, der die viel zu große Rüstung von König Saul anprobierte. Die Herausforderung eines internationalen Frauenprojekts scheint Marli zu groß. Sie bittet Gott um Weisheit und überlegt, wie David weiter vorgegangen ist. Letztendlich hat er anstelle der Rüstung fünf Steine für seine Steinschleuder zum Kampf mitgenommen. Was wäre ihre „Munition"? Welche Steine hat sie zur Verfügung? Marli denkt an das Gebet. Das ist doch der erste und wichtigste Stein! Dann braucht sie Kooperationspartner, außerdem natürlich die Radioprogramme und finanzielle Unterstützung.

Das wären vier Waffen, um den Kampf für benachteiligte Frauen aufzunehmen. Und der fünfte Stein? Marli überlegt sich: „Das Gebet ist so wichtig. Wenn der erste Stein symbolisch für das Gebet für leidende Frauen steht, soll der letzte Stein das Gebet sein, das die Mitarbeiterinnen des Projekts selbst brauchen, um ein Segen für andere sein zu können."

*

Nachdem Marli im Oktober vom *TWR*-Präsidenten offiziell beauftragt wurde, eine Frauenarbeit zu starten, überschlagen sich die Ereignisse regelrecht. Am 5. November 1997 gibt es im amerikanischen *TWR*-Hauptsitz in Cary ein feierliches Mittagessen mit 51 Frauen zum offiziellen Start von Marlis Projektidee. Alle Teilnehmerinnen dieser Veranstaltung werden dazu eingeladen, sich in naher Zukunft an einer 40-tägigen Fasten- und Gebetszeit zu beteiligen, während der sie nach Gottes Plan für das neue Projekt fragen und um seine Leitung bitten sollen. Jetzt hat die Initiative auch einen Namen: Projekt Hannah, benannt nach einer Frau aus dem Alten Testament. Hannah, über die im ersten Buch Samuel berichtet wird, wurde als kinderlose Frau gesellschaftlich nicht geachtet. Noch dazu litt sie unter der frauenfeindlichen Tradition der Vielehe. Ihr Mann hatte eine zweite Frau, mit der er Kinder hatte und die deshalb auf Hannah herabsah. In ihrer Verzweiflung betete Hannah inbrünstig zu Gott. Schon allein das Gebet gab Hannah neuen Lebensmut. Sie konnte ihr Herz bei niemandem ausschütten als bei Gott allein, der sie sah und hörte. Aber Gott gab ihr zusätzlich noch viel mehr als diesen Trost. Gott schenkte Hannah das langersehnte Kind. Ihren Sohn Samuel wollte sie Gott zum Dank zurückgeben und brachte ihn zum Priester Eli, der ihn im Tempeldienst ausbildete. Später wurde aus Samuel ein einflussreicher Mann, der größte Prophet Israels. Diese Geschichte ist ein Beispiel dafür, wie Gott eingreift, wenn wir ihm unser Leben und unsere Familie überlassen und im Gebet seinen Willen suchen. Projekt Hannah soll Frauen ermutigen, sich in jeder Lebenslage Gott anzuvertrauen und ein Werkzeug in Gottes Hand zu werden, um die Gesellschaft positiv zu beeinflussen.

Marli stellt sich eine Sendereihe im Magazin-Stil vor, das heißt eine Unterhaltung zwischen zwei Frauen, Musik dazwischen sowie lockere und praktische Themen als Ergänzung zu den biblischen Inhalten, bei denen die wichtigsten Grundlagen des Glaubens vermittelt werden.

Einen Monat später, im Dezember, stellt Marli ihr Projekt den Mitarbeitern auf Guam vor, der westpazifischen Insel, an deren Strand sie vor einiger Zeit ihr Leben und alle Zukunftspläne ganz neu in Gottes Hände gegeben hat. Erst danach hat Gott Marlis Blick auf die Frauen in der Welt gelenkt, die sich nicht aus eigener Kraft aus ihrem Gefängnis befreien können. Marli ist sich ziemlich sicher, dass die verschleierte Frau in Singapur unbemerkt an ihr vorbeigelaufen wäre, wenn Marlis Seele nicht schon für Gottes stillen Fingerzeig vorbereitet gewesen wäre. Deshalb hat Guam eine besondere Bedeutung für Marli gewonnen. Für sie ist es seitdem der Ort ihrer völligen Hingabe an Gottes Willen.

Marli lädt die *TWR*-Missionare auf Guam dazu ein, sich im Gebet für das neu entstehende Projekt Hannah einzusetzen. Die Radiomitarbeiter sind so begeistert von der Idee dieser Sendereihe, dass elf Frauen anbieten, sich auf das Abenteuer einzulassen und selbst bei der Produktion von Programmen mitzuwirken! Marli und die Kollegen auf Guam stecken sich gegenseitig mit ihrer Begeisterung an, und Marli beginnt in den nächsten Monaten, einen Plan zu entwerfen. Auf Guam werden Mitarbeiterinnen im redaktionellen Bereich als Sprecherinnen und Redakteurinnen geschult. Fachleute wie Psychologinnen und Ärztinnen werden für einzelne Themen gesucht. Passende Sendezeit wird gebraucht und vieles mehr. Zunächst ist eine Art Mustersendung in englischer Sprache geplant. Marli will mit ihrer Freundin Doreen aus Singapur Skripte für 15-minütige Audiobeiträge schreiben. Diese sollen die Hälfte der jeweils 30-minütigen Sendungen ergeben. Diesen Teil nennen sie „Lektionen für die Seele". In Guam sollen die elf bereitwilligen Frauen den anderen Teil produzieren, der sich „Lektionen für den Körper" nennt. Zusammen sollen die beiden Teile eine Sendung ergeben, die sowohl Alltagsprobleme wie Gesundheit, Hygiene oder Kindererziehung als auch geistliche Themen aus biblischer Sicht betreffen, die ebenso alltagsrelevant sind.

Marli ist unermüdlich für Projekt Hannah im Einsatz. Bald hat sie das Projekt in den Niederlanden, in Deutschland, in der Schweiz, in Österreich und in der Slowakei vorgestellt. Außerdem konnten von der ersten Ausgabe eines Infoblatts namens „Hannahs Herzschlag"[6] schon 5 000 Stück an Unterstützer und Interessierte verteilt werden. Den sogenannten Gebetskalender mit Anliegen für jeden Tag gibt es weiterhin monatlich. Die erste offizielle Ausgabe wird per Post an über 600 Beter verschickt.

Im September 1998 reist Marli mit Edmund nach Australien und Neuseeland, um dort Projekt Hannah einzuführen. Während ihrer 18-tägigen Reise können auf insgesamt 28 Zusammenkünften und Konferenzen 350 neue Teilnehmer für das weltweite Gebetsnetzwerk gewonnen werden. Als Marli und Edmund von der Reise zurück in Singapur sind,

---

[6] Im Original: *Hannah's Heartbeat*

bleibt ihnen noch eine Woche bis zum nächsten geplanten Flug nach Myanmar, auch Birma oder Burma genannt, wo sie eingeladen sind, um Projekt Hannah vorzustellen, und vor allem, um ein oder zwei Personen für die Übersetzung und Anpassung der „Women of Hope"-Radiosendungen[7] – so soll die Programmreihe heißen – zu finden. Marli ist so beschäftigt mit ihren Plänen und Begegnungen, dass sie gar nicht merkt, wie sich ihr relativ ruhiges Leben komplett verändert hat. Routiniert hat sie kürzlich mit Edmund die Formulare und Reisepässe für ein Visum in das buddhistische Land Myanmar bei den entsprechenden Behörden eingereicht. In den 1960er-Jahren haben in Myanmar Militärregimes die Macht übernommen, und christliche Missionare sind aus dem Land ausgewiesen worden. Es ist seitdem alles andere als ein politisch stabiles oder sicheres Land. Edmund hat sich vorgenommen, Marli niemals allein in gefährliche Länder reisen zu lassen. Deshalb hat er auch für diesen Flug *zwei* Tickets gebucht. Bisher hat er Marli fast überallhin ins Ausland begleitet.

Einige Tage vor dem geplanten Besuch in Myanmar erhalten Marli und Edmund Post von der burmesischen Botschaft. Marli erwartet die beantragten Visa und öffnet den Umschlag. Sie findet ihr eigenes Visum und ein Schreiben mit der Ablehnung von Edmunds Einreiseantrag. Die Begründung für die Verweigerung ist Edmunds Tätigkeit bei einem Radiosender. Erst kürzlich hatten westliche Journalisten mit ihrer Berichterstattung die Regierung Myanmars in ein schlechtes Licht gerückt. Weil Marli bei *TWR* nur eine ehrenamtliche Mitarbeiterin ist, hat sie als Beruf Hausfrau angegeben. Deshalb wird ihr genehmigt, ins Land zu reisen. An diesem Abend betet Marli

---

[7] *Women of Hope:* Frauen mit Hoffnung

mit Edmund um die richtige Entscheidung. Soll sie allein in das südostasiatische Land fliegen? Gott schenkt beiden unabhängig voneinander durch ein Bibelwort, auf das sie aufmerksam werden, die Gewissheit, dass er Marli schützen wird und sie die wichtige Arbeit fortführen soll. So fliegt Marli dann zum ersten Mal allein in ein unsicheres Gebiet. Ihr Mut lohnt sich, denn sie kann dort Kontakte knüpfen und wichtige Besprechungen leiten, die zum Aufbau der dortigen Projekt-Hannah-Arbeit nötig sind.

*

Im Oktober bildet sich ein Team in Südkorea, welches eine koreanische Version der Projekt-Hannah-Radiosendungen mithilfe einer Übersetzung der vorhandenen englischen Skripte erstellt. Auch die Gebetsbewegung wird in Korea in der Öffentlichkeit bekannt gemacht. Genauso gibt es in Indonesien begeisterte Mitarbeiterinnen, die sich Projekt Hannah für ihre Landsleute wünschen. Als drittes Land kommt noch im gleichen Monat Kambodscha dazu. Eine kambodschanische Missionarin der Radiomission *FEBC* (Far East Broadcasting Company), mit der *TWR* International zusammenarbeitet, wird mit der Leitung einer kambodschanischen Projekt-Hannah-Arbeit beauftragt.

*

Vom 23. bis zum 30. Oktober 1998 organisiert das *TWR*-Team in Singapur eine Fasten- und Gebetswoche, denn ein wichtiges Ereignis steht an: Fast ein Jahr nach der Gründung von Projekt Hannah soll am 30. Oktober die erste Sendung des dafür entwickelten Radioprogramms in englischer Sprache ausgestrahlt werden. Die „Women of Hope"-Sendung wird von der *TWR*-Sendestation auf der Insel Guam ausgestrahlt.

Während Marli immer tiefer in die Arbeit für Projekt Hannah einsteigt, beginnt bei Edmund ein ganz neues Kapitel in seiner *TWR*-Geschichte: Er wird gebeten, die Seelsorge und Betreuung der Mitarbeiter von *TWR* zu leiten. Nach 30 Jahren Pionierarbeit in Großprojekten ist das ein ungewohnter Schritt. Er gibt dafür seinen eigenen Leitungsbereich für die Regionen Südostasien und Lateinamerika ab und ist bereit, mit Marli von ihrem Hauptwohnsitz in Singapur wieder nach Cary in die USA zu ziehen.

Für Marli ändert sich beruflich nicht viel. Sie kann von Cary aus ihre Arbeit für Projekt Hannah ideal koordinieren. Allerdings müssen weiterhin alle Tätigkeiten von Marli ehrenamtlich erfolgen, denn *TWR* stellt bisher keine finanziellen Mittel für das Projekt zur Verfügung, auch wenn die Leitung von *TWR* in Cary ansonsten die Entwicklung dieser Sendereihe befürwortet. Marli macht sich deshalb Sorgen und spricht mit Edmund darüber: „Jetzt sind wir schon so weit gekommen mit den Plänen und teilweise sogar mit der Umsetzung, und trotzdem fehlt noch die Finanzierung. So kann es auf die Dauer nicht weitergehen. Wir brauchen doch Übersetzungen der Sendereihe in weitere Sprachen, damit die Sendungen auch dort ankommen, wo Frauen sie am nötigsten brauchen!"

Edmund versteht ihre Bedenken: „Im *TWR*-Budget sind noch keine Ressourcen für Projekt Hannah eingeplant. Leider. Ich verstehe das auch nicht! Aber das soll uns nicht von der Weiterentwicklung deiner Ideen abhalten. Ich bin überzeugt davon, dass Projekt Hannah Gottes Berufung für dich ist. Wie wäre es, wenn wir TWR anbieten, das Fundraising für Projekt Hannah zu übernehmen? Wir verpflichten uns dazu, für die nötigen finanziellen Mittel zu sorgen."

Marli ist überrascht: „Bist du sicher, Edmund?" Aber sie wartet die Antwort nicht ab, denn sie kann Edmunds Entschlossenheit an dessen Gesichtsausdruck ablesen. „Gut", meint sie. „Wenn das der einzige Weg ist, um Projekt Hannah voranzubringen, dann müssen wir es so machen."

Die *TWR*-Leitung ist mit dem Vorschlag einverstanden, dass Marli und Edmund sich um die Finanzen für Projekt Hannah kümmern und die Verantwortung übernehmen wollen. Da Edmund Regionalleiter für den asiatisch-pazifischen Raum ist, soll Projekt Hannah zunächst auch in diesem Gebiet starten. Edmund kennt alle *TWR*-Mitarbeiter und Sendemöglichkeiten. Er hat viele Kontakte, Partner, Kollegen und Beter an seiner Seite. Marli und Edmund wünschen sich, dass das Radioprogramm so schnell wie möglich in die wichtigsten Sprachen des asiatisch-pazifischen Raums übersetzt und natürlich dort auch ausgestrahlt wird. Marli spürt förmlich, wie ihr Herz kleine Freudensprünge macht, wenn sie an die Frauen denkt, die bald durch die Radiosendungen von Projekt Hannah berührt werden. So viele Frauen brauchen neuen Lebensmut und Hoffnung!

Dass die Sendungen wirklich gehört werden und etwas bewirken, hat sich schon kurz nach der Ausstrahlung der ersten Programme gezeigt. Briefe von dankbaren Hörerinnen und Hörern aus vielen verschiedenen Teilen der Welt sind eingegangen. Der allererste Brief kam zur allgemeinen Überraschung aus Afrika, was gar nicht zum Zielgebiet von Guam gehörte. Es war der Brief eines Jungen, der um das Programmskript bat, das er seiner Mutter, die Analphabetin war, vorlesen wollte.

Solche Rückmeldungen geben Marli stets neue Motivation. Wenn nur die Sorgen um die Finanzierung nicht wären! Ohne das nötige Geld würde alles im Sande verlaufen. Marli und

Edmund haben zwar *TWR* erklärt, dass sie sich selbst um die Mittel kümmern werden, aber dieses Versprechen in die Tat umzusetzen ist gar nicht so einfach.

Doch Gott bezahlt seine Rechnungen; das darf Marli auch jetzt immer wieder erleben. An einem Tag sitzt sie in einem *TWR*-Büro und schreibt Pläne für Projekt Hannah, als das Telefon sie bei ihrer Arbeit unterbricht. Es ist Janet, eine Freundin aus Chatham in New Jersey, wo Marli mit ihrer Familie drei Jahre lang gewohnt hat, bevor *TWR* nach Cary in North Carolina umgezogen ist. „Wie schön, wieder mal von dir zu hören!", ruft Marli in den Telefonhörer. Janet kommt gleich zur Sache: „Marli, Gott hat mein Herz berührt, als ich einen Artikel von dir über die Frauen in Myanmar gelesen habe. Ich habe meinem Mann gesagt, dass wir dir unbedingt helfen müssen. Fred war einverstanden und will seine Microsoft-Aktien verkaufen und das Geld für Projekt Hannah spenden."

„Vielen Dank, Janet. Das ist sehr großzügig", bedankt sich Marli höflich.

Janet erwidert ungeduldig: „Marli, ich glaube, du weißt nicht, wovon ich spreche!"

„Da hast du wohl recht", meint Marli halblaut. „Ich weiß es nicht wirklich."

„Es handelt sich um rund 100.000 Dollar!", klärt Janet sie auf.

Marli bleibt vor Staunen der Mund offen stehen. Es vergeht ein kurzer Moment, bevor sie in der Lage ist, ihre Gefühle in Worte zu fassen: „Danke, Janet! Gott sei Dank! Er möge dich reich belohnen!"

Mit dem großzügigen Geschenk von Marlis Freundin Janet kann die erste englische Grundversion der Sendereihe von Projekt Hannah verwirklicht werden. Diese Version soll als Vorlage für die Übersetzung in weitere Sprachen dienen.

Dieses Geldgeschenk bleibt nicht das einzige Wunder bei der weiteren Entwicklung von Projekt Hannah. Während einer Dienstreise nach Deutschland besuchen Marli und Edmund am letzten Tag ihres Aufenthalts das Theologische Seminar Ewersbach. Es ist ein Sonntag, und Marli und Edmund nehmen an einem Gottesdienst in Ewersbach teil. Im Anschluss möchte ein guter Bekannter der Spiekers, Friedhelm Loh, mit Edmund sprechen. Doch erst am nächsten Morgen finden die beiden Zeit für einen Gesprächstermin – nur wenige Stunden vor Marlis und Edmunds geplantem Abflug von Frankfurt. Friedhelm Loh ist ein Geschäftsmann, dessen Großvater mit Edmunds Großvater gut befreundet war. Er interessiert sich für Edmunds Arbeit und will gerne mehr darüber wissen. Gegen Ende des Treffens spricht er Marli an: „Gestern, als ich mich mit Edmund nach dem Gottesdienst unterhalten habe, hast du meiner Frau von einem neuen Projekt erzählt. Das interessiert mich auch!"

Marli berichtet gerne. Edmund ergänzt hier und da. Er erzählt, dass sechs der TWR-Studios im asiatisch-pazifischen Raum bereit sind, sofort mit der Arbeit der Kontextualisierung und Übersetzung zu beginnen, dass allerdings die Gelder für die Produktion und Ausstrahlung der Sendungen fehlen.

Friedhelm Loh fragt: „Wie hoch sind die geschätzten Kosten?"

„75.000 Dollar pro Jahr", antwortet Edmund.

Für einige Momente herrscht Stille. Dann schlägt der Geschäftsmann vor: „Wie wäre es, wenn ich die Kosten für die Produktion und die Ausstrahlung für einen Zeitraum von drei Jahren übernähme?"

Marlis Augen füllen sich mit Tränen. Damit hatte sie nicht gerechnet. Mit einem Mal ist das Problem der Finanzen für die nächste Zeit gelöst. Der letzte fehlende Stein für ihre Ausrüstung, mit der sie für Gottes Gerechtigkeit in dieser Welt kämpfen wollte, liegt jetzt in ihrer Hand. Der kleine David hat seine fünf Steine für den Kampf gegen Goliath gesammelt. Die kleine Marli hat jetzt auch ihre Waffen bereit!

Bereits ein weiteres Jahr später, im November 1999, hat sich Projekt Hannah in einem ungeahnten Ausmaß entwickelt. Der Gebetskalender wird mittlerweile in zehn Sprachen in 17 Ländern der Welt verteilt. Die „Women of Hope"-Sendungen werden in sechs Sprachen ausgestrahlt. Die erste Sprache war Englisch, dann kam Koreanisch dazu. Es folgten Indonesisch, Burmesisch, Thai und Kmher.

Als Marli einen 13-seitigen Rückblick verfasst, den sie inklusive eines Budget-Vorschlags für das kommende Jahr 2000 bei der *TWR*-Leitung abgeben will, schreibt sie:

Mit überwältigender Ehrfurcht und Dankbarkeit Gott gegenüber für all das, was er für und durch Projekt Hannah getan hat, darf ich den folgenden Bericht vorlegen. Vor zwei Jahren hatte ich das Privileg, Ihnen meine Vision und Sehnsucht vorzustellen, die Gott in mein Herz gelegt hat.

Heute stehe ich wieder hier – diesmal mit einer Gruppe leidenschaftlich engagierter Frauen, welche diese Vision teilen und uns bei diesem scheinbar unmöglichen Auftrag, bei der „mission impossible", begleiten. Es ist unser gemeinsamer Wunsch, die weniger privilegierten, unterdrückten, ungeliebten, ausgebeuteten, missbrauchten, vergessenen und verlorenen Frauen dieser Welt zu erreichen. Ich bete, dass Sie, während Sie diesen Bericht lesen, mit dem gleichen überwältigenden Gefühl von Ehrfurcht und Dankbarkeit Gott gegenüber erfüllt werden. Er hat wieder einmal seinem Volk bewiesen, dass seine Treue so weit reicht wie der Himmel.

Was als ein Akt des Gehorsams begonnen hat (und ich möchte es an dieser Stelle einen wahnwitzigen Gehorsam nennen), hat sich – begleitet von ungewöhnlichen und unvorhersehbaren Umständen – zu etwas Größerem entwickelt, als wir uns das je hätten vorstellen oder erhoffen können. 56 Frauen aus verschiedenen Ländern sind aktiv beteiligt an der Programmproduktion, an der Verwaltung, an der Übersetzung oder an der länderspezifischen Anpassung der Skripte. In 17 Ländern auf drei Kontinenten beteiligen sich Hunderte von Frauen (und Männern) am Gebet und an den Finanzen und kämpfen auf diese Weise für die kostbaren Seelen.

Als Marli die Einleitung geschrieben hat, holt sie tief Luft und hält inne. Wie wird sich das Projekt noch weiterentwickeln? Es tut gut, alles Bisherige aufzuschreiben. In ein paar Jahren wird sie dann nachlesen können, was Gott Großes getan hat. Sie notiert gerne Begebenheiten und Gedanken, um sie zu verarbeiten und um die Erinnerung wachzuhalten. Das Aufschreiben gibt ihr das Gefühl, nicht nur etwas auf Papier verewigt zu haben, sondern auch in ihrem Kopf und im Herzen. Oft wächst die Dankbarkeit mit der Länge ihres Textes. Im Rückblick zeigt sich Gottes Planung wunderbar! Und so manches Mal klärt sich ein Gedankendurcheinander beim Sortieren auf einem Blatt Papier oder auf dem Bildschirm. So hat es schon Marlis Mutter gemacht, als sie regelmäßig zu ihrem Tagebuch griff. Ob sie heute noch manchmal rückblickend darin liest? Marli weiß es nicht. Sie selbst liest jedenfalls selten ihre eigenen Berichte im Nachhinein. Dazu bleibt einfach keine Zeit. Aber eines Tages vielleicht ... Es reicht Marli zu wissen, dass die Möglichkeit besteht.

Nach ihrer Gedankenpause blickt Marli wieder auf ihren Zweijahresbericht, den sie für die *TWR*-Leitung verfasst. Jetzt möchte sie beschreiben, worum es bei Projekt Hannah geht – beziehungsweise, warum diese Arbeit so wichtig ist und wer zur Zielgruppe gehört:

In den letzten Jahrzehnten dieses Jahrtausends ist den Nachfolgern Jesu wieder neu bewusst geworden, dass sie in die Welt hinausgehen und alle Völker zu Jüngern machen sollten. Die unerreichten Volksgruppen des 10/40-Fensters[8] sind beim Erfüllen dieses Auftrags zu unserer Hauptzielgruppe geworden. John Fain, der Leiter einer internationalen Missionsgesellschaft, schrieb einmal: „Frauen im 10/40-Fenster sind vielleicht die Bevölkerungsgruppe der Erde, die bisher am wenigsten erreicht wurde. Wir müssen unbedingt ‚hinter den Schleier' gelangen. Damit dies gelingt, sind schier unerreichbar hohe kulturelle Hürden zu überwinden.

Wenn wir diesen Frauen etwas anbieten wollen, müssen wir daran denken, was der Autor A. Standish einmal ungefähr so formuliert hat: „Frauen haben eher seelische, emotionale Bedürfnisse als Männer. Deshalb brauchen sie Verständnis und genau die Art von kraftvoller Liebe, die nur Jesus Christus geben kann und die ihre Sehnsucht stillt. Ein ausschließlich intellektueller und theologischer Zugang zum Evangelium spricht die meisten Frauen nicht so sehr an."

Marli zitiert in ihrem Bericht auch das Sprichwort: „Die Hand an der Wiege regiert die Welt", was so viel heißen soll wie: Die Mütter, die ihre Kinder großziehen, beeinflussen deren Entwicklung bis zum Erwachsenenalter und nehmen dadurch Einfluss auf die nächste Generation und das gesamte Weltgeschehen. Im Hinblick auf Frauen, denen niemals Wertschätzung und Würde entgegengebracht wurde, schreibt Marli:

---

[8] Das 10/40-Fenster ist die Bezeichnung für ein geografisches Gebiet zwischen dem 10. und dem 40. Breitengrad in der östlichen Hemisphäre. Es erstreckt sich von Nordafrika bis Südasien. In dieser Region sind Christen in der Minderheit und leiden größtenteils unter Armut und geringer Lebensqualität.

Viele Mütter können keine Liebe weitergeben, weil sie keine erfahren haben. Diese Frauen haben niemals von der größten Liebe gehört, die es gibt: der Liebe Gottes.

Trans World Radio *hat seit 50 Jahren das Banner der Liebe Gottes am Himmel über den Wolken dieser Welt hochgehalten. Wir lehren über die Radiowellen, dass Gott sich selbst mit einem einzigen Wort definiert:* LIEBE. *Er nennt sich selbst Beschützer, Befreier, Anwalt und Verteidiger aller, die zerbrochen, vergessen und niedergedrückt sind. Er sagt in seinem Wort, dass Gott, der Vater, auf die rechte Art geehrt wird, wenn jemand den Waisen und Witwen in ihrer Not beisteht und sich nicht an dem ungerechten Treiben dieser Welt beteiligt (Jakobus 1,27).* TWR *besucht durch Projekt Hannah diese Witwen und Waisen mit speziell für sie zugeschnittenen Programmen von Frauen für Frauen. Damit erfüllt* TWR *den Auftrag, Gottes Liebe zu verkünden und ihnen Hoffnung in Jesus zu geben.*

Die Vision von Projekt Hannah ist:

a) diese Frauen und Mädchen durch die Gebete tausender mitfühlender Christen weltweit vor Gott zu bringen und für sie einzustehen.

b) aufbauende Radioprogramme zu senden, die sich mit für Frauen relevanten Themen aus einer christlichen Perspektive beschäftigen. Praktische Ratschläge und fundiertes Bibelwissen sollen dabei weitergegeben werden – in möglichst vielen verschiedenen Sprachen. Das Ziel ist es, in den Frauen das Bewusstsein von Gottes Macht zu wecken und sie zu befähigen, über ihre Lebensumstände hinauszuwachsen, unabhängig von jeglicher misslicher Lage bezüglich ihres sozialen oder und kulturellen Umfelds.

c) das Bewusstsein zu wecken, dass die christliche Kirche eine aktive Stellung in dem Kampf beziehen muss, der in der Gesellschaft gegen christliche Werte und ein biblisches Familienbild geführt wird. Außerdem müssen wir Christen uns dafür einsetzen, dass die Not unzähliger Frauen und Mädchen gelindert wird, indem wir ihnen neue Hoffnung geben.

Das Gebet ist das Rückgrat von Projekt Hannah. In Offenbarung 5,8 und 8,3–5 können wir lesen, dass Gott erst dann sichtbare

Auswirkungen auf der Erde veranlasste, nachdem die Gebete seines Volkes zu seinem Thron aufgestiegen waren. Demnach wird Gott seine Absichten nur aufgrund der Gebete der Heiligen, der Kinder Gottes, wirklich in die Tat umsetzen.

Patrick Johnstone, der Herausgeber eines umfassenden Ländernachschlagewerks mit Gebetsanliegen aus aller Welt, schrieb einmal: „Als Fürbitter haben wir einen immensen Einfluss! Wir haben die Macht, Satans Pläne zu durchkreuzen, seine Festung einzureißen und Gefangene zu befreien. Unsere Gebete verändern unsere Welt, öffnen verschlossene Türen, machen widerstandsfähige Menschen empfänglich für Gottes Liebe, setzen Führungspersonen ein oder ab und erweitern das Königreich unseres Herrn Jesus Christus. Das Feuer, das durch unsere Gebete auf die Erde gelangt, ist der Treibstoff für seine Kirche; es ruft Mitarbeiter herbei, befähigt sie zum Dienst und bringt die fehlenden Jünger aus solchen Völkern herbei, die noch nicht vor Gottes Thron vertreten sind – wie es in Offenbarung 7,9–10 beschrieben wird."

Genau das haben wir bei Projekt Hannah hautnah miterlebt. Wir sind überzeugt, dass Gebet die eigentliche Arbeit ist, während die praktischen Missionsprojekte bereits das Ernten der Gebetsfrüchte bedeuten.

Die erste offizielle Aktion von Projekt Hannah war eine 40-tägige Gebets- und Fastenzeit. Frauen aus verschiedenen Regionen der Welt haben über diese Zeit hinaus ein ganzes Jahr lang gebetet, bevor die erste „Women of Hope"-Radiosendung ausgestrahlt wurde. Seit 1997 laden wir jeden Herbst zu 40 Tagen mit Fasten und Gebet ein.

Wir danken Gott für Hörerreaktionen auf die englische Version der „Women of Hope"-Sendungen aus Afrika, dem Nahen Osten, aus der Asien-Pazifik-Region und aus Südasien. Das weltweite Gebetsnetzwerk von Projekt Hannah wächst dort sprunghaft an! Allein aus der Asien-Pazifik-Region werden 1 300 Beter in etwa 80 Gebetsgruppen gemeldet. Das Netzwerk ist aber auch in Europa beständig am Wachsen, besonders in Deutschland und Skandinavien. Darüber hinaus in

Brasilien, auf der Insel Bonaire und in Nordamerika. Mit Erweiterung der „Women of Hope"-Sendungen um neue Sprachen steigt auch die Zahl der Beter und der Briefe, in denen Hörer uns mitteilen, wie „Women of Hope" ihnen geholfen hat, sowohl geistlich zu wachsen, als auch Alltagsprobleme zu lösen.

Rückblickend fallen Marli aber auch Schwierigkeiten ein, mit denen sie in den letzten Jahren zu kämpfen hatte. Nicht immer ging alles reibungslos voran. Vertrauen und Teamarbeit waren manchmal große Herausforderungen bei der Produktion der Radiosendereihe. Schulungen waren nötig, weil die Radioerfahrung bei manchen Mitarbeitern fehlte. Auf der Insel Guam, wo die Programmproduktion begann, gab es eine Umstrukturierung von *TWR,* welche zu einer Krise bei den Mitarbeitern führte und nicht gerade zur problemlosen Weiterentwicklung der „Women of Hope"-Sendereihe beitrug. Projekt Hannah musste außerdem seinen Platz innerhalb der *TWR*-Struktur finden. Organisatorische Dinge mussten geklärt und Hintergrundinformationen weitergegeben werden, weil manchmal das Verständnis für gewisse Ideen und Vorgehensweisen fehlte. Und doch hatte eine entschlossene, engagierte und treue Gruppe an Frauen es allen Widrigkeiten zum Trotz geschafft, dass die „Women of Hope"-Sendereihe nun schon seit einem Jahr ausgestrahlt werden kann. Marlis Herz fließt über vor Dankbarkeit, wenn sie an diese Frauen denkt, die mehr als nur ihre Pflicht getan haben. Mit Begeisterung und Liebe haben sie alles darangesetzt, das Projekt zum Laufen zu bringen.

Marli möchte ihren Bericht noch durch einige Hörerreaktionen ergänzen. Sie wühlt sich durch Kopien und Notizen, bis sie einen Stapel an Hörerbriefen vor sich liegen hat. Die Schreiben wurden ihr von den Mitarbeitern weitergeleitet, welche für die Beantwortung von Post zuständig sind. Es ist gar nicht so leicht, eine Auswahl zu treffen. Eine der ersten Rückmeldungen war von einer Hörerin aus Uganda (Afrika) gekommen:

Liebe Frauen mit Hoffnung,
an dem Tag, als Sie Ihr Programm gestartet haben, hörte ich gerade zu. Ich danke Gott dafür, dass mein Lieblingssender endlich mit der Ausstrahlung einer Programmreihe beginnt, die dazu beiträgt, dass wir Frauen uns weiterentwickeln. Ich werde eine Stammhörerin sein, auch wenn ich wegen Problemen mit dem Postversand nicht häufig werde schreiben können.

Dann wählt Marli noch weitere bewegende und ermutigende Briefe aus – wie zum Beispiel den von einem Mann namens Diego Garcia aus der Region des Indischen Ozeans:

Ich habe Ihr Programm gehört. Die Empfangsqualität und der Programminhalt waren ausgezeichnet. Ich werde auch nächste Woche wieder zuhören. Könnten Sie mir bitte das Manuskript zum Thema „Bitterkeit" zusenden? Während der letzten drei Jahre war ich ein echter Mistkerl, weil ich egozentrisch war und übermäßig Alkohol konsumiert habe. Das hatte leider Folgen für meine Ehefrau. Ich habe sie so sehr gedemütigt, dass dies unsere Ehe belastet hat. Ich habe mich einer Gruppe der Anonymen Alkoholiker angeschlossen und mache jetzt endgültig ein Entzugsprogramm, damit ich nicht dieses besondere Geschenk verliere, das Gott mir gemacht hat – meine Ehefrau.

Eine Frau aus Myanmar (Burma) schreibt:

In Ihrem Programm ging es darum, Kindern Wurzeln zu geben. Ich habe zwei Söhne im Teenager-Alter. Nachdem ich Ihre Sendung gehört habe, hätte ich am liebsten die Zeit zurückgedreht, um als Mutter noch einmal alles anders machen zu können. Ihr Radioprogramm hilft mir dabei, meine Kinder besser zu versorgen und zu erziehen.

Marli erläutert in ihrem Bericht auch ihre Ideen für die Zukunft. Sie macht sich Gedanken darum, dass viele Frauen nicht nur Analphabeten sind, was das Lesen und Schreiben anbelangt, sondern zusätzlich auch biblische Analphabeten sind. Viele kennen die Bibel gar nicht. Marli überlegt sich, wie man biblische Inhalte spannend im Radio vermitteln könnte, und hat sich schon mit der amerikanischen Bibelgesellschaft und anderen Organisationen deswegen in Verbindung gesetzt. Vielleicht könnte man gemeinsam an einer Art Hörbibel mit Erklärungen arbeiten.

Um die Projekt-Hannah-Mitarbeiterinnen macht sich Marli auch Sorgen. Sie brauchen dringend Schulungen, aber auch Zeit zum Auftanken in Gottes Gegenwart, biblische Lehre, Erfahrungsaustausch und gemeinsames Gebet. Eine jährliche Projekt-Hannah-Konferenz wäre wunderbar! Für ein solches Treffen wäre natürlich Geld nötig. Nicht alle Länder könnten für ihre Mitarbeiter eine Fortbildung bezahlen. Doch auch in anderen Bereichen sind finanzielle Mittel dringend nötig. Marli hat bereits eine detaillierte Aufstellung der Kosten gemacht. Als Anhang wird sie ihrem Bericht einen Antrag für ein Projektbudget über knapp 400.000 Dollar für das kommende Jahr 2000 beifügen.

Über die Finanzen schreibt Marli in ihrem Bericht:

Ohne spezielle Fundraising-Bemühungen oder einen Geschäftsplan hat Gott uns einige besondere Menschen zur Seite gestellt, die unsere Vision teilen und opferbereit Geld dafür gegeben haben. Gott hat uns außerdem viele Ehrenamtliche in verschiedenen Ländern für die Arbeit geschenkt. In den ersten drei Jahren haben unsere Freunde Friedhelm und Debora Loh aus Deutschland die Sendezeit von Projekt Hannah und andere Ausgaben für die englische Originalversion und sechs weitere Sprachen bezahlt. Die Produktionskosten haben unsere amerikanischen Freunde Fred und Janet Broling zwei Jahre lang getragen. Die meisten Kontakte mit Förderern der Arbeit hat Edmund gepflegt. Seine aktive Unterstützung und Beratung waren für Projekt Hannah unersetzlich!

Bis spätabends arbeitet Marli an ihrem Bericht. Es ist generell keine Seltenheit, dass sie noch nach 22 Uhr an ihrem dienstlichen Apple-MacBook sitzt und Berichte oder E-Mails schreibt. In manchen Regionen der Welt ist es mitten am Tag oder frühmorgens, während es bei Marli schon dunkel ist. Deshalb treffen auch rund um die Uhr Nachrichten für sie ein, die sie manchmal gleich beantwortet. Und wenn sie einmal völlig vertieft in ein Projekt ist, lässt sie sich kaum noch davon abhalten, bis alles fertig ist – so wie bei diesem Zwei-Jahres-Bericht. Marli macht keine halben Sachen.

Ihr Bericht ist fast fertig. Es fehlt nur noch ein Schlusswort. Nach reiflicher Überlegung lauten Marlis letzte Sätze folgendermaßen:

Ich möchte meine Dankbarkeit gegenüber der TWR-Leitung dafür aussprechen, dass sie die Notlage und Bedrängnis vieler Witwen und Waisen sieht und die Gelegenheit wahrnimmt, ihnen durch Projekt Hannah zu begegnen. Ich danke Ihnen auch für Ihr Vertrauen, das TWR in mich und in das internationale Projekt-Hannah-Team gesetzt hat. Ich schätze das kluge Management von David Tucker[9], der mit dazu beigetragen hat, Projekt Hannah durch die Herausforderungen der Entstehungsphase zu leiten.

---

[9]   TWR-Präsident von 2002–2008

Lassen Sie uns einen Blick darauf werfen, wo Projekt Hannah heute steht, welche Veränderung es bei unzähligen Menschen bewirkt hat – nicht nur bei Radiohörern, die den Glauben neu entdeckt haben, sondern auch unter Christen und in unseren eigenen Reihen – und welche Unterstützerkreise sich dafür besonders unter gläubigen Frauen aufgetan haben! Wenn wir dies alles bedenken, dann sind wir uns sicher einig, dass Projekt Hannah die einmalige Chance und Verantwortung darstellt, um tätiges Mitgefühl und Ermutigung über die asiatisch-pazifische Region hinaus in die Welt zu tragen – so weit, wie Gott seinen Segen dazu gibt.
Hochachtungsvoll,
Marli Spieker im November 1999

22

Marli ist nicht zu stoppen

Januar 2001: Marli konnte im vergangenen November mit ihren Kollegen schon den dritten Geburtstag von Projekt Hannah feiern. Kaum zu glauben, wie schnell die Zeit vergangen ist! Schon wieder sitzt Marli im *TWR*-Büro und schreibt ihren Bericht für das vergangene Jahr. Mittlerweile ist ihr Lebensmittelpunkt erneut in den USA. Die aktuellen Aufgabengebiete sowohl von Marli als auch von Edmund sind internationaler geworden, sodass der *TWR*-Hauptsitz in Cary für beide der ideale Wohnort ist. Genau wie die vorangegangenen Jahre war auch das Jahr 2000. Marli ist überglücklich, dass sich ihre Vision für das Jahr 2000 aus dem Vorjahresbericht von

1998/99 erfüllt hat: Die Arbeit konnte beständig weiterwachsen und sich tatsächlich auf weitere Gebiete außerhalb der asiatisch-pazifischen Region ausdehnen.

Neue Mitarbeiterinnen wurden eingestellt, weil Marli die Arbeit nicht allein bewältigen konnte. Dazu gehört Peggy Corcoran, die als Internationale Koordinatorin eine wichtige Unterstützung und Assistentin für Marli ist. Neu dabei sind auch regionale Verantwortliche wie zum Beispiel die Koordinatorin für Südostasien namens Gwen Flaming. Die spanischsprachige Arbeit, die vor allem Südamerika betrifft, wird von Sonia Larrosa geleitet, die im Februar ihre Stelle angetreten hat. Im März hat Judy Clauss, eine neue Freiwillige, die Verantwortung für den monatlichen Gebetskalender übernommen.

Marli ist dankbar, als sie die Namen der Verantwortlichen in ihren Report einfügt. Marli ist als Leiterin von Projekt Hannah die erste Frau bei *TWR* in einer internationalen Führungsposition. Dabei ist sie auf andere angewiesen. Sie braucht zuverlässige Mitarbeiterinnen, die ein brennendes Herz für Not leidende Frauen haben und bereit sind, diese Arbeit zu Gottes Ehre zu tun.

Marli erinnert sich daran zurück, wie oft Gott sie im vergangenen Jahr unerwartet beschenkt hat. Eine besonders große Überraschung war ein Telefonanruf im April von Joyce Rogers, der Ehefrau des Leiters der *Southern Baptist Convention*, eines großen Verbands baptistischer Gemeinden in den USA. Als Marli in ihrem Jahresbericht von dem Ereignis schreibt, denkt sie noch einmal an die Einzelheiten zurück. Marli konnte an dem Tag, als Joyce Rogers anrief, kaum glauben, was sie am Telefon hörte: „Marli, ich lade Sie ein, bei unserer jährlichen Frauenkonferenz zu sprechen. Kay Arthur wird am Freitag unsere Rednerin sein, und für den Samstagmorgen würden wir Sie gerne als Referentin gewinnen. Im letzten Jahr hatten wir 4000 Teilnehmerinnen, und wir glauben, dass es dieses Jahr sogar noch mehr sein werden."

Als Marli dies hörte, musste sie erst einmal tief Luft holen und vergaß fast, wieder auszuatmen. Sie kannte Joyce, die Ehefrau des bekannten Predigers Adrian Rogers, gar nicht persönlich. Wie kam Joyce dazu, sie um einen Vortrag zu bitten? Noch dazu als zweite Rednerin auf einer Konferenz mit Kay Arthur, einer bekannten amerikanischen Schriftstellerin und Fernsehmoderatorin!

Als Marli ihre Sprache wiederfand, erwiderte sie: „Joyce, Sie kennen mich gar nicht. Ich spreche nicht einmal perfekt Englisch. Ich habe keine Bücher geschrieben und habe keine TV-Show. Ich passe als Rednerin gar nicht zu Kay Arthur."

Aber Joyce ließ sich nicht beirren: „Mein Mann und ich haben *TWR* kennengelernt. Wir haben Ihre Artikel gelesen und sind davon überzeugt, dass Sie auf unserer Konferenz sprechen sollten. Bitte denken Sie darüber nach!"

Marli versprach, für die richtige Entscheidung zu beten. Natürlich wollte sie auch mit Edmund darüber reden. Als sie es ihm sagte, ermutigte er sie: „Gottes Kraft ist in den Schwachen mächtig." Aber Marli wollte sich ganz sicher sein. Gott sollte es ihr ganz deutlich machen, wenn er sie auf dieser Konferenz haben wollte. Joyce rief ein zweites Mal an, und das sah Marli als Zeichen, dass sie wirklich erwünscht war.

Mit Fasten und Beten bereitete sie sich auf die bevorstehende Veranstaltung vor, als der Termin näher rückte. Die Veranstaltung fand in Memphis, Tennessee, statt. Edmund blieb zu Hause und betete für Marli, während sie sich auf den Weg machte.

Über 7000 Teilnehmerinnen waren zu der Frauenkonferenz in die *Bellevue Baptist Church* in Memphis, Tennessee gekommen. Marli war sehr aufgeregt, als sie ans Rednerpult ging, aber sie hatte ihren Vortrag lange und sorgfältig ausgearbeitet. Sie war wirklich gut vorbereitet. Außerdem wusste sie, dass dieser Auftrag nicht ihre eigene Idee gewesen war. Gott hatte ihr gezeigt, dass sie hier am richtigen Platz war. Und dann war es für sie auch noch beruhigend zu wissen, dass Edmund zu Hause für sie betete. Was konnte da noch schiefgehen?

Tatsächlich ging auch nichts schief. Nach der gelungenen Veranstaltung hatte Marli ein gutes Gefühl. Sie hatte ihr Bestes gegeben! Leider blieb ihr keine Zeit mehr, mit den Veranstaltern ins Gespräch zu kommen, weil schon der nächste Termin anstand. Sie musste sich beeilen, um nach Kanada zu fliegen, wo sie zu einem Vortrag an der christlichen Hochschule Briercrest in der kanadischen Provinz Saskatchewan eingeladen war. Erst nachts kam sie dort im Hotel an. An der Rezeption wurde ihr eine Nachricht weitergegeben. Es war eine Mitteilung von Joyce, der Koordinatorin der Frauenkonferenz, auf der Marli am Tag zuvor gesprochen hatte: „Liebe Marli, ich habe ein Problem. Bitte ruf mich morgen früh an."

Marli hatte keine Ahnung, worum es gehen könnte, und dachte nur: „Was habe ich getan? Ich hoffe, es ist nichts Schlimmes!"

Am nächsten Morgen erfuhr Marli, was das Problem war: Es war das Geld, das nach Marlis Vortrag für Projekt Hannah gespendet worden war. Marli war im Vorfeld mitgeteilt worden, dass es eigentlich nicht üblich sei, bei dieser Veranstaltung einen Spendenaufruf für ein Projekt zu machen. Doch für Marli machten sie eine Ausnahme. Und so waren die Besucherinnen darum gebeten worden, sich an einer Kollekte für Projekt Hannah zu beteiligen. Joyce klärte Marli jetzt auf, dass dabei 52.000 Dollar zusammengekommen seien, die jetzt in großen, schweren Geldsäcken darauf warteten, auf dem richtigen Konto zu landen. Dieses Problem konnte Marli gut verkraften. Dafür würde sich eine Lösung finden; da war sie sich sicher. Was für eine unglaubliche Überraschung! Wieder hatte Gott Marli gezeigt, wie groß er ist und dass er sich um Projekt Hannah kümmert – nicht nur, was die Finanzierung anbelangt. Auch an Gebetsunterstützung fehlte es Projekt Hannah nicht. Allein auf der Frauenkonferenz der *Southern Baptist Convention* hatten mehr als 2 000 Teilnehmerinnen den Projekt-Hannah-Gebetskalender bestellt. Am Tag danach hatte sie vor 900 Studenten und Bibelschullehrern an einer kanadischen Bibelschule gesprochen und wieder 100 neue Beter gewonnen.

Marli hatte sich gewünscht, die Mitarbeiterinnen von Projekt Hannah fördern und ihnen etwas Gutes tun zu können. Auch dieser Plan konnte wie so viele andere tatsächlich in die Tat umgesetzt werden. Nur kurze Zeit nach der großen Frauenkonferenz der *Bellevue Baptist Church* in Memphis waren in Thailand 22 Projekt-Hannah-Mitarbeiterinnen mit elf verschiedenen Nationalitäten zu einer Schulung und Konferenz zusammengekommen. Sie konnten Neues für ihre Arbeit und ihren Glauben dazulernen und gemeinsam Gott loben und ihm danken. Marli erinnert sich an emotional bewegende Momente auf dieser Konferenz. Die Frauen waren offen und ehrlich miteinander umgegangen und hatten füreinander und für die Weiterentwicklung von Projekt Hannah gebetet.

Marli denkt zurück an die Zeit, als Edmund sie das erste Mal mit nach Singapur genommen hat. Er hatte das Gefühl, dass Gott mit Marli noch etwas vorhatte. Wie recht er hatte! Inzwischen gehört auch Marli genau wie ihr Mann zu den Weit- und Vielgereisten. Über 120 Tage war sie im Jahr 2000 unterwegs. Unglaublich! Es kommt ihr vor, als würde sie inzwischen fast überall auf der Welt jemanden persönlich kennen. Zum Glück kann sie sich Gesichter und Namen gut merken. Sie beobachtet Menschen gern, schaut, wie sie sich verhalten und wie sie gekleidet sind, aber sie sieht auch hinter die Fassade. Immer wieder schütten Frauen ihr Herz bei Marli aus. Für jede nimmt sie sich Zeit, hat ein offenes Ohr, ein weiches Herz, gute Worte und ein Gebet. Auf allen Reisen packt sie Geschenke in ihren großen Koffer. Kleine, hübsche Aufmerksamkeiten für Mitarbeiterinnen, die eine Ermutigung und Wertschätzung gebrauchen können. Zusätzlich nimmt sie Geschenkpapier, Tesafilm, Bänder und Grußkarten mit. Wenn Marli dann allein in ihrem Quartier ist, sucht sie passende Präsente für die Leute aus, denen sie begegnen wird, packt sie liebevoll ein und schreibt manchmal noch ganz persönliche Segensworte dazu. Geschenke sind ihre Sprache der Liebe.

Auf ihren Reisen, bei Vorträgen und Konferenzen zeigt Marli stets Durchhaltevermögen. Auch wenn sie sich manchmal stundenlang in geschlossenen Räumen aufhalten muss, immer umgeben von einer Menschenmenge, sieht man sie stets energiegeladen, mit hellwachem Geist und zu Gesprächen bereit. Leider kennt Marli auch Müdigkeit und Migräne nur zu gut, doch kaum jemand merkt jemals etwas davon. Marli reißt sich notfalls zusammen, bis sie abends erschöpft im Hotelzimmer ins Bett fällt – meist erst nachdem sie noch ein paar E-Mails beantwortet oder einen kleinen Reisebericht oder Tagesrückblick verfasst hat. Aber tagsüber lassen die segensreichen Begegnungen und die vielfältigen Aufgaben Marli alle Strapazen vergessen.

23

Schwindelnde Höhen und abgrundtiefe Täler

Im Jahr 2001 ist Marli weiterhin viel unterwegs in der ganzen Welt. Viele dieser Reisen sind nötig, um potenzielle Mitarbeiter für die Projekt-Hannah-Arbeit kennenzulernen – meistens, weil wieder in einem Land oder einer Region der sehnsüchtige Wunsch nach den „Women of Hope"-Radiosendungen geäußert wurde. Aktuell gehören zu den neu geplanten Sprachen Tagalog, Guaraní und Kreolisch. Tagalog wird auf den Philippinen gesprochen. Guaraní ist zusammen mit Spanisch die Amtssprache Paraguays, und Kreolisch sprechen u. a. die Einwohner Haitis.

Marli verreist oft zusammen mit Peggy Corcoran, der Internationalen Projekt-Hannah-Koordinatorin. Peggy ist eine ruhige, gewissenhafte und zuverlässige Mitarbeiterin. Mit ihrem Mann Tom, der auch bei *TWR* angestellt ist, hat Peggy viele Jahre im Ausland gelebt, bevor sie zum *TWR*-Hauptsitz nach Cary gezogen sind. Sie hat internationale Erfahrung und kennt *TWR* gut. Marli ist froh, dass sie Peggy als Unterstützerin hat. Zu Beginn des Jahres waren sie zu zweit unter anderem in Paraguay, in Mexiko und in Deutschland. Beim *Evangeliums-Rundfunk* in Wetzlar haben sie *ERF*-Mitarbeiter getroffen, zum Beispiel Susanna Tielmann, die von Wetzlar aus für die russische Radioarbeit von *TWR* aktiv ist. Gemeinsam haben sie über eine russische und eine ukrainische Version von Projekt Hannah nachgedacht. Marli kommt mit dem Unterwegssein gut zurecht. Sie ist genügsam und praktisch veranlagt. Inzwischen hat sie sich genügend knitterfreie, pflegeleichte Kleidung zugelegt, die außerdem leicht trocknet. Es kann auf langen Reisen schon mal vorkommen, dass Marli Kleidungsstücke im Waschbecken auf einem Hotelzimmer waschen muss. Es tut Marli gut, in Peggy eine Reisebegleiterin zu haben, mit der sie sich austauschen und auch mal über Missgeschicke lachen kann. Mit Edmund ist Marli stets per E-Mail verbunden und gelegentlich auch per Telefon. Wie wunderbar, dass es diese Kommunikationsmittel gibt!

Ein ganz besonderes Highlight des Jahres ist der Start von Projekt Hannah in Angola. Schon lange hat Marli den Wunsch verspürt, Hoffnung nach Afrika zu bringen, einem Kontinent mit so vielen Kriegen, Gewalt, Armut, lebensgefährlichen Krankheiten wie Aids oder Malaria und mit unzähligen Frauen ohne Bildung und ohne Rechte. Hier muss Jesus den Menschen unbedingt Hoffnung und Veränderung bringen!

Ein Anfang ist schon gemacht: Marli hat die perfekte Koordinatorin für Projekt Hannah in Afrika gefunden. Es ist Helena Silvano, die Frau von Isaac Silvano, der schon seit etwa zehn Jahren die *TWR*-Arbeit im südlichen Afrika leitet.

Im Mai 2001 wird Projekt Hannah offiziell in Angola eingeführt, zunächst nur als Gebetsbewegung. Radiosendungen gibt es noch keine. Im darauffolgenden Jahr, im Januar 2002, beten die Projekt-Hannah-Fürbitter ganz besonders für Angola, da im monatlichen Gebetskalender dieses Land das Schwerpunktthema ist. Marli kann sich zu dem Zeitpunkt kein Land vorstellen, das Gebet nötiger hätte! Nach dem Gebetsmonat im Januar wird tatsächlich im Februar 2002 das Ende des Bürgerkriegs verkündet, der seit 27 Jahren im Land herrscht, und im März wird ein Friedensvertrag unterzeichnet. Für Marli ist das eine Gebetserhörung und der perfekte Zeitpunkt, um Projekt Hannah unter den angolanischen Frauen bekannt zu machen. Marli kann ihre Tränen nur mühsam zurückhalten, wenn sie daran denkt, was das Gebet und die Versöhnung für Angola bedeuten. Die Menschen dort brauchen übernatürliche Hilfe. Angola gehört zu den am stärksten von Landminen betroffenen Ländern der Welt. Während des Krieges wurden mindestens eine Million Landminen gelegt, die heute noch das Leben der Einwohner bedrohen. Der Friedensvertrag bewirkt leider nicht, dass plötzlich alle Spuren des Kriegs verschwinden. Schon der Schritt eines kleinen Kindes kann die Explosion eines heimtückischen Sprengkörpers auslösen, der noch irgendwo versteckt liegt. Jeden Tag trifft es weitere Unschuldige. Bereits mehr als 85 000 Menschen wurden durch Unfälle mit Landminen verletzt und viele Tausende sogar getötet.

Helena Silvano, die neue Regionalkoordinatorin für Projekt Hannah Afrika, unternimmt noch im gleichen Monat, in dem der Friedensvertrag unterzeichnet wird, eine Reise durch Angola. Innerhalb von 36 Tagen besucht sie die fünf Städte Luanda, Lubango, Namibe, Benguela und Lobito. Sie spricht in zehn verschiedenen Kirchen und in sieben Gebetsgruppen. Helena Silvano hat zuvor schon Projekt-Hannah-Koordinatoren für die verschiedenen Regionen gefunden und besucht diese jetzt. Sie organisiert sogar schon die Produktion von „Mulheres de Esperança", der portugiesischen Version der „Women of Hope"-Sendereihe. Marli ist begeistert von Helenas Tatendrang und von der Resonanz aus den angolanischen Gebetsgruppen. Sie kann kaum glauben, dass sich in einem derart gebeutelten Land wie Angola so viele Frauen zum Gebet treffen. Aber Helena berichtet Marli immer wieder von positiven Reaktionen.

Im Juni wird die Radioarbeit in Angola mit einem Gottesdienst in der methodistischen Kirche in Luanda offiziell eröffnet. Über 300 afrikanische Frauen treffen sich dort zu diesem Anlass. Die vier Frauen, welche das Produktionsteam bilden, werden mit den Segenswünschen der anwesenden Projekt-Hannah-Beterinnen in ihren Dienst ausgesendet und von da an im Gebet begleitet.

Einige Zeit später findet ein regionales Projekt-Hannah-Treffen in einem großen Stadion mit 2 500 Besuchern statt! Im Laufe des Jahres steigt die Anzahl der Gebetskoordinatorinnen auf 72. Jede von ihnen kopiert und verteilt die ins Portugiesische übersetzten Gebetskalender – insgesamt bis zu 700 Stück monatlich.

*

Im Herbst 2002 wird Projekt Hannah endlich in Marlis Heimatland Brasilien gestartet. Sie ist überglücklich. Fünf Jahre lang hat sie dafür gebetet! Projeto Ana, so nennt sich das Projekt in Marlis Muttersprache Portugiesisch. Mit Edmund zusammen fliegt Marli nach São Paulo. Dort ist die Eröffnungsveranstaltung von Projeto Ana geplant.

Erst wenige Monate zuvor war sie in ihrer alten Heimat gewesen. Der Grund dafür war allerdings ein trauriger: Antonieta war plötzlich und unerwartet verstorben. 1983 hatte Marli ihre Mutter in Brasilien zurückgelassen und war mit Edmund zu den weltweiten Einsatzgebieten ihres Arbeitgebers *Trans World Radio* gezogen. Sie waren seither nicht mehr alle gemeinsam als Familie in Brasilien gewesen. Aber nachdem der Anruf mit der traurigen Nachricht von Antonietas Tod sie erreicht hatte, war es ihnen gelungen, rechtzeitig zur Beerdigung aus den USA nach Curitiba zu kommen. Alle waren im Mai 2002 in Brasilien – nach 19 Jahren zum ersten Mal vereint: Marli und Edmund mit ihren Kindern Marcio,

Simone und Fabio. Es war ein ganz besonderer Anlass. Trotz des tiefen Schmerzes über Mama Antonietas Heimgang gab es etwas zu feiern, nämlich das Zeugnis, das sie durch ihr Leben hinterlassen hat. Es war ein Leben voller Liebe, im Dienst für ihren Herrn und Meister, für die Familie und für so viele Bedürftige, denen sie selbstlos geholfen hat.

Nun ist Marli also wieder in Brasilien – zusammen mit ihrem Mann. Edmund ist zu verschiedenen Treffen eingeladen, unter anderem soll er auf einer Tagung sprechen. Aber zu den Feierlichkeiten am Sonntagabend, dem 19. Oktober 2002, zum Start von Projeto Ana und der Radiosendereihe „Mulheres de Esperança" will Edmund Marli begleiten.

Marli hat ihre Rede bestens vorbereitet – wie immer. Aber diesmal hat sie sich besonders viele Gedanken gemacht und alles perfekt geplant, denn sie empfindet diesen Moment als einen der wichtigsten Tage ihres Lebens. Trotzdem hat sie am Sonntagmorgen ein komisches Gefühl, weil sie schon länger ein Kratzen im Hals spürt, das sich jetzt verschlimmert hat. Gegen Mittag ist sie heiser und bringt kaum noch ein Wort raus. Sie ist entsetzt! Was soll sie jetzt bloß tun? Edmund weiß auch keinen Rat. Nach längerem Grübeln und gemeinsamem Beten beschließen sie, dass Edmund die Rede übernehmen soll, für die er sich allerdings kaum noch vorbereiten kann.

Als sie in der Kirche ankommen, in der die Veranstaltung stattfindet, ist der Raum mit etwa 1 000 Menschen gefüllt.

Marli ist freudig erregt wegen des schönen Anlasses, aber gleichzeitig nervös, weil statt des geplanten Ablaufs alles sehr spontan gestaltet werden muss. Als Edmund an der Reihe ist, geht er mit Marli nach vorne und stellt sie als Gründerin von Projekt Hannah vor. Vielen sind Marli und Edmund natürlich aus vergangenen Tagen bekannt. Sicherlich sind auch zahlreiche Gäste deshalb erschienen, um die beiden zu sehen. Einige wissen, dass Marli insgeheim schon seit fünf Jahren auf diesen Moment gewartet hat. Edmund jedenfalls weiß es genau. Bevor er mit dem Vortrag beginnt, fragt er sie deshalb vor allen Gottesdienstbesuchern: „Wenn du mit einem Wort zusammenfassen könntest, was dir dieser Abend bedeutet, was würdest du sagen?"

Marli tritt ans Mikrofon und flüstert mit ihrer brüchigen Stimme: „Halleluja!" Die Gäste der Veranstaltung lachen und freuen sich. Die Brasilianerinnen sind stolz darauf, dass sie ein Teil dieser weltweiten Bewegung sein dürfen. Nach Edmunds Rede lädt der Pastor der Kirchengemeinde alle Männer in der Kirche dazu ein, die anwesenden Frauen zu segnen. Für Marli fühlt es sich wie ein heiliger Moment an, als die Männer ihre Stimmen zum Gebet erheben und als sich die Kirchengemeinde anschließend verpflichtet, den Beginn von Projekt Hannah in ihrem Land auch weiterhin betend zu begleiten.

In der Nacht, als Marli und Edmund wieder zurück im Hotel sind, spüren sie deutlich greifbar die Anwesenheit Gottes, der ihnen mit seinem Segen ganz nah ist. Es scheint Marli und Edmund, als würden sie auf dem Gipfel ihres Glaubens und ihrer Hoffnung stehen. Gott hat durch ihre Arbeit unzählige Menschenleben verändert und so unglaublich viele Wunder getan, dass sie es manchmal selbst kaum glauben können.

Am nächsten Morgen machen sich Marli und Edmund bereit für den Flug nach Curitiba, wo Edmund eine Besprechung hat und wo sie seine geliebte Mutti Spieker besuchen wollen, die nach ihrem 90. Lebensjahr nicht mehr so gesund ist wie bisher. Danach ist schon der Rückflug in die USA gebucht.

Als die beiden am Flughafen in Curitiba ankommen, warten Marlis Bruder Darby und eine Freundin bereits auf sie. Die Begrüßung ist recht still und reserviert, aber Marli denkt sich nicht viel dabei. Darby sagt den beiden, sie sollten sofort ihre Schwiegertochter Stacey anrufen, die Frau von Fabio.

„Seltsam", denkt sich Marli, „eigentlich ist doch immer Fabio derjenige, der alles regelt und die Gespräche führt." Marlis Bruder Darby legt ihr den Arm um die Schulter. Als er merkt, dass Edmund ihn irritiert anschaut, gibt Darby ihm das Handy, mit dem er gerade Staceys Nummer gewählt hat. Edmund nimmt das Handy entgegen, hört eine Stimme am anderen Ende der Leitung und fragt: „Hallo, Stacey, bist du es?" Am anderen Ende ist nur Schluchzen zu hören. Dann stammelt Stacey: „Fabio ... Fabio ist nicht mehr bei uns. Es war ein Unfall. Fabio ist gestorben. Könnt ihr kommen?"

Edmund ist überrumpelt, schockiert und erst einmal sekundenlang sprachlos. Das Erstbeste, was ihm dann einfällt, ist, Stacey zu fragen: „Wie kommst du zurecht? Wie geht es dir?"

Sie weint bitterlich und ringt um Worte: „Er war immer so gut. Es ist so schwer."

Während Edmund noch mit Stacey telefoniert, erklärt Darby Marli, was passiert ist. Fabio ist beim Bäume-Beschneiden verunglückt. Marli kann es nicht begreifen. Hilfe suchend und ungläubig schaut sie Edmund an, der noch mit Stacey spricht. Sie hört ihn sagen: „Wir kommen." Danach ist das Gespräch beendet, und Edmund sieht Marli in die Augen. Sie fallen sich schluchzend in die Arme; sie weinen unkontrolliert und halten sich aneinander fest, als ob sie sich gegenseitig vor dem schrecklichen Schmerz schützen wollten, der wie ein spitzer Pfeil ihr Innerstes durchdringt. Die Tränen laufen Marli die Wangen hinunter, und ihre Gedanken kreisen um ihren Sohn Fabio. Er war ihr jüngstes Kind, ein Junge, der seinen Eltern stets Freude gemacht hat, ein vorbildlicher Ehemann, ein Vater, der so stolz auf seinen kleinen Sohn Isaac war, der morgen seinen ersten Geburtstag feiert; Pastor von Beruf und ein wahrer Diener des höchsten Gottes. Ihr guter Sohn Fabio ist gegangen. Weil Marli immer noch heiser ist, hat sie nicht einmal eine Stimme, um ihren Schmerz herauszuschreien.

Während Marli still weint, hält Edmund sie immer noch in seinen Armen. Marli hört, wie Edmund laut sagt: „Der Herr hat's gegeben, der Herr hat's genommen; der Name des Herrn sei gelobt!" Danach wiederholt Edmund diesen Satz noch ein paar Mal.

Sie haben Fabio das letzte Mal bei der Beerdigung von Marlis Mutter Antonieta gesehen. Vor fünf Monaten haben sie sich an genau dem gleichen Flughafen in Curitiba verabschiedet. Dieser Abschied war ihr letzter. Auf dieser Welt würden sie sich nie wieder in die Arme nehmen können und nie wieder als komplette Familie vereint sein. Fabio würde ihnen hier auf der Erde immer fehlen.

Als Marli auf dem Flug nach Miami, USA, ihren Platz am Notausgang einnimmt, fällt einer Flugbegleiterin ihr bleiches Gesicht auf. Sie fragt, ob es ihr gut gehe. „Nein", antwortet Marli. „Ich habe heute meinen Sohn verloren." Trotz ihres Mitgefühls für Marli kann die gepflegte Frau in der adretten Uniform der Fluggesellschaft ihre eigenen Sorgen nicht verbergen. Sie erzählt, dass sie ihren Sohn krank zu Hause zurücklassen musste. Marli verspricht der jungen Mutter, für ihr Kind zu beten.

Bevor das Flugzeug abhebt, verschwindet die besorgte Flugbegleiterin hinter einem Vorhang, der Marli und Edmund sowie den Großteil der anderen Passagiere von der geräumigen Businessclass trennt. Kurze Zeit später bittet sie Marli und Edmund, ihr in den vorderen Teil des Flugzeugs zu folgen, wo die Sitze bedeutend komfortabler sind. „Ihr zwei braucht jetzt eine gute Nachtruhe", sind ihre Worte, bevor sie die beiden allein lässt. Dankbar nehmen Marli und Edmund das Angebot der fürsorglichen Stewardess an.

Bald werden die beiden in der Businessclass von einer anderen Flugbegleiterin bedient, die aber schon über Marlis und Edmunds Situation informiert ist. Auch sie wird an ihre eigenen Probleme erinnert und öffnet sich in einem Gespräch. Daniele heißt die 29-jährige Mitarbeiterin der Fluggesellschaft. Sie erzählt Marli und Edmund, dass sie erwägt, sich von ihrem Ehemann zu trennen, und nennt auch einige Gründe dafür. Sie sieht sich selbst als Opfer und erwartet Mitleid. Doch Edmund will das Gespräch nicht an der Oberfläche belassen, sondern Daniele zum Nachdenken anregen. Ihm fällt spontan ein Gedankenanstoß für die junge Frau ein: „Vorhin wurde durchgesagt, dass die Passagiere im Fall einer Druckminderung in der Kabine Sauerstoffmasken bekommen. Wie lautet die weitere Anweisung?"

Daniele merkt, worauf Edmund hinauswill, und antwortet beschämt: „Bevor man sich um andere Passagiere kümmert, sollte man zuerst selbst die Maske benutzen. Meinen Sie damit, ich sollte zuerst über mich selbst sprechen und danach über meinen Mann?"

Edmund nickt nur stumm. Daniele ist ins Nachdenken gekommen und beginnt nun tatsächlich, mehr über ihr eigenes Leben zu erzählen. Nach etwa einer Stunde flüstert Marli Edmund zu: „Du solltest mit ihr beten!" Edmund bietet Daniele daraufhin tatsächlich ein Gebet an, aber die Flugbegleiterin entschuldigt sich nur dafür, dass sie die beiden schon so lange aufhält. Sie bleibt trotzdem noch bei Marli und Edmund stehen. Sie zögert kurz, und dann bricht es aus ihr heraus: „Ich habe Angst vor dem Tod." Edmund erklärt ihr, warum weder er noch Marli Angst vor dem Tod haben und auch jetzt getröstet sind in dem Wissen, dass Fabio bei Jesus ist. Als sich die Gelegenheit bietet, fragt Marli Daniele: „Wollen Sie Jesus nachfolgen und ihn in Ihr Leben aufnehmen?" Ohne Zögern antwortet die Stewardess entschlossen: „Ja, das möchte ich." Inmitten der geräumigen Businessclass-Sitze bekennt Daniele vor Gott, dass sie eine Sünderin ist, Vergebung braucht und daran glaubt, dass Jesus Christus ihre Sünden am Kreuz bezahlt hat. Anschließend danken sie Jesus gemeinsam für sein Geschenk der Erlösung. Edmund rät Daniele: „Gehen Sie in eine Kirche in Ihrer Nähe und sprechen Sie mit dem Pastor darüber, was heute Nacht mit Ihnen passiert ist. Bitten Sie ihn, Ihnen im Glauben zu helfen." Es stellt sich heraus, dass Daniele keine Bibel hat, also schenkt Edmund ihr seine portugiesische Bibel, in der er gerade noch gelesen hat. Das Gesicht von Daniele strahlt, als sie zurück an ihre Arbeit geht.

Für Marli ist es nicht leicht, am Flughafen ihrer Schwiegertochter Stacey zu begegnen, die sie gemeinsam mit ihrer Tochter Simone abholt.

Stacey berichtet ihnen, dass sie durch einen Anruf auf der Arbeit von Fabios Tod erfuhr. Als sie zu Hause ankam, waren bereits Feuerwehrleute und die Polizei eingetroffen. Stacey durfte sich der Absturzstelle zunächst noch nicht nähern. Ungläubig, ratlos und schockiert ging sie deshalb stattdessen in Fabios Büro. Auf seinem Schreibtisch sah sie Billy Grahams Andachtsbuch „Hope for each day"[10] liegen. Es war auf der Seite für den 21. Oktober aufgeschlagen. Der Text für diesen Tag trug den Titel „Komm nach Hause!". Wie in Trance las Stacey mit Tränen in den Augen, dass der Tag kommen würde, an dem Gott uns alle ruft. „Für einige", so schrieb Billy Graham in der Andacht, „wird der Zeitpunkt mitten während ihrer Arbeit sein." Stacey konnte ihre Tränen nicht weiter un-

---

[10] Dt.: Hoffnung für jeden Tag

terdrücken, als sie diesen Text las. Trotz all des Schmerzes und der verwirrenden Gefühle, von denen sie überwältigt wurde, war sie berührt von den Worten, die direkt von Gott in ihr Herz zu fließen schienen. Sie spürte, dass dieser schreckliche Unfall – trotz seiner Grausamkeit – nicht der göttlichen Kontrolle entglitten war.

*

400 Menschen sind zur Trauerfeier gekommen. Viele beteiligen sich an der Gestaltung des Gottesdienstes, indem sie etwas über Fabio erzählen. Sie alle bezeugen, dass Fabio ein sehr guter Freund oder Ratgeber war und ihr Leben positiv beeinflusst hat.

Tom Fry, der Jugendpastor der Gemeinde, in welcher Fabio die letzten viereinhalb Jahre gearbeitet hat, beschreibt Fabio als großherzig, bescheiden und freundlich. Tom sagt, Fabio habe nie seine eigene Ehre gesucht, sondern die seines Herrn. „Jesus Christus sitzt auf dem Thron. Er hat die volle Kontrolle über alle Ereignisse im Himmel und auf Erden – auch über die Ereignisse des 21. Oktober 2002", so setzt der Jugendpastor seine Rede fort. „Und die Hand, welche die Berge und die Täler geformt hat, die Hügel und die Flussbetten, ist dieselbe, die sich nach unten ausgestreckt und Fabio sanft aus seiner Welt geholt hat."

Marli fühlt sich wie betäubt und kann ihre Tränen nicht zurückhalten, aber besonders die folgenden Worte von Tom Fry trösten sie: „Gott nimmt die zerbrochenen Teile unserer Herzen und setzt sie ganz langsam und geduldig wieder zusammen. Er erinnert uns daran, dass Fabio jetzt lebendiger ist als je zuvor und dass seine wunderbaren Eigenschaften, an denen wir uns hier auf der Erde erfreuen durften, jetzt im Himmel perfektioniert werden. Jesus verspricht uns, eine Wohnung für uns vorzubereiten und dort auf uns zu warten, damit wir eines Tages auch dort sein können, wo er ist (Johannes 14)."

Fabio ist nur 28 Jahre alt geworden. Aber Marli und Edmund wissen: Er hat seinen Lebenslauf ehrenvoll beendet, denn sein Lebensziel war die Ewigkeit. Sein kurzes Leben hat er gut gelebt, denn er hat es auf dieses Ziel ausgerichtet. Das zu wissen ist für Marli und Edmund Gottes Gnade und ein großer Trost.

24

Edmunds neue Wege

Am 4. November 2002, 14 Tage nach Fabios Tod, findet eine weitere Trauerfeier zu seinen Ehren statt. Diesmal in Cary, rund 1 500 Kilometer von Fabios letztem Wohnort im Bundesstaat Iowa entfernt. In Cary hat er schließlich lange mit seinen Eltern gelebt. Nur fünf Tage nach der Gedenkfeier in Cary steht für Marli eine neue Herausforderung an: Am 9. November soll der fünfte Jahrestag von Projekt Hannah gefeiert werden. Schon seit Monaten plant Marli die Festlichkeiten, zu der sie internationale Gäste, Vertreter von Kirchengemeinden und Projekt-Hannah-Freunde aus der Umgebung von Cary eingeladen hat. Als Hauptrednerin konnte sie Joyce Rogers gewinnen. Nachdem Joyce Marli im Jahr 2000 als Sprecherin bei der Frauenkonferenz der *Southern Baptist*

Convention eingeladen hatte, ist der Kontakt erhalten geblieben. Nach der geplanten Jubiläumsfeier für Projekt Hannah sollen Evaluierungs- und Planungstreffen mit Vertretern aus 13 Ländern stattfinden, die extra zur Festveranstaltung anreisen und noch länger zu den anschließenden Terminen bei *TWR* in Cary bleiben.

„Was Gott seit dem Start von Projekt Hannah 1997 getan hat, verdient es, gefeiert zu werden", denkt Marli. Gleichzeitig ist Marlis Herz so voller Schmerz. War der Tod von Fabio vielleicht eine Strafe für irgendwelche Sünden, die sie begangen hat? Seit dem Tag von Fabios Tod ist Marli unfähig zu beten. Der Schmerz in ihr ist zu laut für die Stille, die ein Gebet erfordert. Sie will nichts hören und nichts sagen. Gott scheint ihr sehr fern. Genau wie der Prophet Elia, der plötzlich aus seinem erfolgreichen und treuen Dienst herausgerissen wird, kann Marli Gottes Gegenwart nicht mehr erkennen. Genau auf dieses Erlebnis von Elia, über das in 1. Könige 19 berichtet wird, stößt Marli in diesen Tagen des grausamen Schmerzes. Gott zeigte sich seinem Diener Elia schließlich in einem sanften Windhauch. Zuvor konnte Elia Gottes Gegenwart nicht erkennen, obwohl alles darauf hinzudeuten schien, dass er da war. Marli wird klar, dass Gott geheimnisvoll und uns manchmal verborgen bleibt. Sie spürt den Hauch einer Gewissheit, dass uns trotzdem nichts aus seiner Hand reißen kann. Ihr Verstand weiß es. Ihr Herz rebelliert noch. Aber Marli ist sich sicher, dass die Zeit kommen wird, in der Gott sich ihr wieder deutlich spürbar zeigt. Aber momentan ist sie auf die Gebete anderer angewiesen.

„Ich fühle mich nicht in der Lage, das Jubiläum mit Lob und Dank im Herzen zu begehen", gesteht sie Edmund. Sie fühlt sich ganz und gar ausgelaugt. Der Schmerz und die Trauer überwältigen sie immer wieder. Ohne Vorwarnung fangen ihre Tränen an zu fließen. Edmund betet mit Marli, dass Gott ihr irgendwie helfen wird. Er hat Verständnis für Marlis Gefühlszustand und versichert ihr: „Du musst keine Rede halten, wenn du das jetzt nicht schaffst. Alle *TWR*-Kollegen hätten Verständnis dafür. Einige haben mir das auch gesagt."

Marli weiß es, aber sie denkt an die vielen Frauen auf dieser Welt, die noch viel mehr Leid erleben. Entschlossen, aber mit schwacher Stimme, sagt sie zu Edmund: „Aus Liebe zu ihnen will ich so gerne stark sein." Marli würde gerne ihr Programm wie geplant durchziehen, auch wenn sie noch nicht weiß, wie sie das schaffen soll. Aber letztendlich nimmt sie doch resigniert Edmunds Angebot an, den Termin für sie wahrzunehmen.

Sehr früh am Morgen des 9. November, des fünften Jahrestages von Projekt Hannah, hört Marli, als sie noch im Bett liegt, einen Chorgesang. Es ist eindeutig das Kirchenlied *Rejoyce, rejoyce, rejoyce, give thanks and sing!* (dt.: Lasst uns jubeln, danken und singen!). Marli hat diesen Choral schon vor Jahren gesungen, als sie Mitglied eines Kirchenchors in Chatham, New Jersey, war. Doch jetzt gerade ist Jubeln eigentlich das Letzte, was sie tun will. Und doch weckt dieser Lobgesang ihre Lebensgeister. Marli fasst Edmund an der Schulter, um sicherzugehen, dass er ihr seine volle Aufmerksamkeit schenkt. „Wo kommt dieser Gesang her? Hörst du das auch, Edmund?", fragt sie ihn aufgeregt. Aber Edmund hört nichts. „Was meinst du?", fragt er verwirrt.

Langsam begreift Marli, dass sie das Lied tief in ihrem Herzen hört. Die Musik und der Text sind so laut und deutlich für sie wahrzunehmen, dass sie Edmund auffordert: „Schatz, leg deinen Kopf an mich!" Doch Edmund kann immer noch nichts hören. Da verstehen beide, dass diese gesungene Nachricht Gottes Antwort auf Edmunds Gebete ist. Gott selbst will Marli daran erinnern, dass sie sich immer vertrauensvoll und dankbar auf ihn verlassen darf – mitten in allem Leid und Schmerz. Mit Tränen in den Augen umarmt Marli ihren Edmund, der so treu an ihrer Seite steht und für sie gebetet hat. Das Kirchenlied ist Gottes Geschenk an Marli. Plötzlich ist sie bereit, auf der Jubiläumsveranstaltung zu sprechen! Sie kann Gott wieder loben und ihm für seine Wohltaten danken.

Ein paar Stunden später begrüßt Marli die Teilnehmer der Projekt-Hannah-Veranstaltung und führt mit ihrer natürlichen spontanen Art durch das Programm. Die Freude, die sie verspürt, ist echt. Die dunkle Wolke der Trauer, die diesen Tag überschatten wollte, hat sich verzogen. Der Himmel ist noch grau, aber die Sonnenstrahlen der Liebe sind stärker. Sie brechen für Marli spürbar durch die Wolkendecke und wärmen ihr schwermütiges Herz auch noch während der folgenden Tage, in denen sie sich mit den internationalen Besuchern zu verschiedenen Arbeitsbesprechungen trifft.

*

Marli hat die Projekt-Hannah-Treffen gut überstanden. Doch nachdem die letzten Termine und Verpflichtungen im Zusammenhang mit dem Jubiläum beendet sind, wird Marli nachts von heftigen Schmerzen geplagt. In der Brust spürt sie unerträgliche Stiche und Beklemmungen. Sie kann gar nicht richtig atmen. Sie beschließt, ihren Hausarzt anzurufen. Weil sie aber die Telefonnummer nicht finden kann, ruft sie ihre Tochter Simone an, die nur sieben Minuten entfernt wohnt. Edmund ist wenige Tage zuvor noch einmal nach Des Moines gereist, um Fabios Büro im Gemeindehaus auszuräumen und seiner Schwiegertochter Stacey in verschiedenen Angelegenheiten zur Seite zu stehen. Simone, die von Beruf Krankenschwester ist, bringt Marli umgehend ins Krankenhaus und informiert Edmund per Telefon. Marli lässt alles willig mit sich geschehen. Die Energie scheint aus ihrem Körper und Geist gewichen zu sein. In der Klinik angekommen, wird Marli gründlich untersucht. Der zuständige Arzt kann jedoch weder Funktionsbeeinträchtigungen an Marlis Herzen noch andere körperliche Ursachen für ihren dramatischen Zustand finden. Als der Arzt erfährt, das Marli kürzlich ihren Sohn verloren hat, zeigt er ihr eine Tabelle, auf welcher der Tod eines Kindes als der größtmögliche Stressauslöser aufgeführt wird. „Ihre Gesundheitsprobleme werden durch Ihr gebrochenes Mutterherz verursacht", lautet seine Diagnose. „Die Medizin hat dafür kein Heilmittel zu bieten." Marli antwortet nichts darauf. Sie weiß, dass ihre Seele nur von demjenigen versorgt werden kann, der noch viel größere Schmerzen ertragen hat, als er aus Liebe zu uns Menschen freiwillig seinen Sohn in den Tod gab. Sie versucht trotz der Atemnot, tief einzuatmen und zur Ruhe zu kommen. Die Situation wäre ideal gewesen, um dem Arzt eine Predigt zu halten. Aber im Moment fühlt sich Marli zu schwach dazu. Sie braucht selbst eine Ermutigung.

Marli versucht, sich in der nächsten Zeit zu schonen, so gut es geht.

*

Als Edmund wieder zum Arbeitsalltag zurückgekehrt ist, erreicht ihn eine Einladung der Missionsgesellschaft *CiM (Churches in Mission)*, deren Fokus darauf liegt, Kirchengemeinden durch die Teilnahme an kurzfristigen Projekten für die Mission zu mobilisieren. Sie wollen gerne von Edmunds Erfahrung und seinen Führungsqualitäten profitieren und bitten ihn, sich zu überlegen, ob er nicht seine Arbeitsstelle wechseln wolle.

Edmund hat schon länger das Gefühl, dass er in seiner aktuellen Position bei *TWR* nicht mehr hundertprozentig seine Fähigkeiten einsetzen kann, und fragt sich, ob hier noch sein Platz ist. Und tatsächlich – nach Gesprächen mit den Leitern von *CiM* wird man sich einig: Edmund wird eine neue Aufgabe übernehmen. Eine „alte" Aufgabe jedoch will er in den neuen Lebensabschnitt mitnehmen: Er ist bereit, auch weiterhin den Projekt-Hannah-Unterstützerkreis, den er aufgebaut hat, zu betreuen. *TWR* ist damit einverstanden. Auch der Abschied von seiner bisherigen Tätigkeit geschieht in einer freundlichen Atmosphäre, die Edmund sehr zu schätzen weiß. Der neue Präsident von *TWR*, David Tucker, respektiert Edmunds Entscheidung und ermöglicht es ihm, sich von allen internationalen Kollegen in angemessener Weise zu verabschieden.

25

Zehn Jahre voller Wunder

Januar 2013: Marli ordnet einige Unterlagen in ihrem Büro in der *TWR*-Zentrale in Cary. Nachdenklich sitzt sie an ihrem Schreibtisch. Sie erinnert sich nicht nur an das Jahr 2012, das hinter ihr liegt, sondern lässt auch die davorliegende Zeit Revue passieren. Inzwischen sind mehr als zehn Jahre vergangen, seit ihr geliebter Sohn Fabio gestorben ist. Den Schmerz darüber spürt Marli immer noch. Die Zeit heilt vielleicht Wunden, aber Narben bleiben für immer zurück. Drei Jahre hat es gedauert, bis Marli wieder so mit Gott reden konnte wie vor Fabios schrecklichem Unfall. Sie hatte diese lange Zeit gebraucht, um wieder zu sich selbst zu finden und um Gott neu zu begegnen. Marli kann Gottes Liebe und gleichzeitig die Ehrfurcht, die sie vor ihm hat, jetzt noch stärker fühlen als je zuvor. Ihr Motto ist: „Gott hat uns keine ruhige Reise versprochen, aber ein sicheres Ankommen am Ziel." Diese Aussicht trägt sie.

In den vergangenen zehn Jahren hat sich Projekt Hannah wunderbar weiterentwickelt, aber natürlich gab es auch Schwierigkeiten. Manche Ideen ließen sich nicht verwirklichen; andere gehen nur schleppend voran und stellen Marlis Geduld immer wieder auf eine harte Probe. Aber trotz aller Hürden wächst Projekt Hannah unaufhörlich weiter. Wenn Marli auf den Erfolg der Gebetsbewegung und der Sendereihe „Women of Hope" angesprochen wird, beteuert sie immer, dass sie selbst nicht verantwortlich für die unglaubliche Entwicklung ist. Schließlich hat sie keinen Strategieplan entworfen, aus dem man hätte entnehmen können, in welchen Ländern der Welt Projekt Hannah als Nächstes eingeführt werden soll. Die allererste Produktion war in englischer Sprache gestartet, und danach kamen asiatische Sprachen dazu, weil die entsprechende Region in Edmunds Verantwortungsbereich bei *TWR* fiel. Große Überredungskunst war nie nötig, wenn es darum ging, neue Sprachen ins Programm aufzunehmen. Bisher war es immer so, dass *TWR*-Radioteams von der Sendereihe „Women of Hope" erfahren und dann angefragt hatten, ob sie diese Programme auch in ihrer Sprache produzieren dürften. Die meisten brauchen außer der Erlaubnis auch finanzielle Unterstützung. Dafür war dann oft Edmunds aktive Mitarbeit notwendig, dessen Parole weiterhin stets lautete: „Gott zahlt seine Rechnungen", und das haben die beiden auch tatsächlich immer wieder erlebt. Im Rückblick muss Marli schmunzeln, wenn sie daran denkt, wie sie und ihr *TWR*-Team in Cary eines Tages zu dem Entschluss gekommen sind: „Wir werden keine weiteren Sprachen mehr einführen. Es wird zu unübersichtlich, und wir können den Arbeitsaufwand und die Kosten nicht bewältigen." Jeder hatte ihnen zu dieser Entscheidung geraten. Doch im gleichen Jahr waren dann sieben weitere Sprachen dazugekommen! Jedes Mal war die Finanzierung gesichert gewesen, sodass nichts dagegensprach, das Angebot zu erweitern. Weltweit schienen viele missionarisch engagierte Frauen nur darauf gewartet zu haben, mithilfe einer geeigneten Radioreihe ihren Hörerinnen erzählen zu können, wie wertvoll Frauen sind und dass es Hoffnung für ihren Alltag und auf ein Leben nach dem Tod gibt!

Eine Anfrage nach der Sendereihe „Women of Hope" ist Marli ganz besonders in Erinnerung geblieben. Es war während einer Reise nach Paraguay, wo sie Frauen aus allen Gesellschaftsschichten treffen durfte: von Ehefrauen hochrangiger Regierungsmitglieder bis zu den Ärmsten der Armen; von Mitarbeitern im Reich Gottes, die mit Hingabe versuchen, ihre Landsleute für ein Leben mit Jesus zu begeistern, bis zu Frauen im Gefängnis, in deren Augen sich die Apathie ihres Herzens widerspiegelt. Diese eine außergewöhnliche Begegnung rührt Marli immer noch zu Tränen, wenn sie daran denkt: Die Missionarin Irma, die bereits seit über 50 Jahren unter den Mitgliedern des Nivaclé-Stamms lebte, war mit ihrem Mann mehr als 80 Kilometer durch unwegsames Urwaldgelände gefahren, um Marli und ihr Team zu treffen. Jahrelang hatte sie gebetet, dass Gott ihr ermöglichen würde, die Nivaclé-Frauen durch das Radio zu erreichen. Irma sah in den Sendungen von Projekt Hannah die Antwort auf ihre Gebete, da diese voll und ganz den Bedürfnissen „ihrer" Volksgruppe, der Nivaclé-Ureinwohner, entsprechen. Voller Zuversicht hatte Irma angefangen, die spanischen Sendungen von „Women of Hope" in die Nivaclé-Sprache zu übersetzen, ohne zu wissen, ob eine Radioausstrahlung jemals möglich sein würde. Sie kam, um die Mitarbeiterinnen von Projekt Hannah zu treffen, und suchte Unterstützung für eine Produktion und Ausstrahlung der Sendereihe für das Naturvolk der Nivaclé in ihrer Sprache.

Marli wusste nicht, wie sie mit einer solchen Bitte umgehen sollte. Das Budget von Projekt Hannah ist immer knapp, und ausgerechnet zu diesem Zeitpunkt hatten die Spenden einen gefährlich niedrigen Stand erreicht. Marli thematisierte ihre Überlegungen in ihrem nächsten Rundbrief, der den Gebetskalender begleitete: „Ich bitte Sie, ernsthaft dafür zu beten, dass Gott uns in die Lage versetzt, diesen armen, einsamen Stammesfrauen und -männern so bald wie möglich die lebensverändernde Botschaft der Liebe und der Rettung durch Jesus Christus zu bringen." Tatsächlich konnte Nivaclé einige Zeit später als weitere Sprache in das Projekt-Hannah-Programm aufgenommen werden. „Nur mit Gottes Hilfe war das möglich", betont Marli gerne.

Inzwischen wird die Sendereihe „Women of Hope" in rund 60 Sprachen produziert. Marli kann es manchmal selbst kaum glauben. Je mehr Projekt Hannah wächst, desto bekannter wird es, und desto mehr Anfragen erreichen Marli nach zusätzlichen Programmen in neuen Sprachen. Projekt Hannah ist inzwischen fast zu einem Selbstläufer geworden – auch in Europa. Die Koordinatorinnen in den jeweiligen Ländern machen eine tolle Arbeit. Marli kennt sie alle und freut sich über jede Einzelne. Zum Beispiel über Enkelejda, eine sehr engagierte Albanerin, die Marli schon mehrmals mit spannenden Aktionen überrascht hat. Ihr Radioteam macht viele persönliche Hörerbesuche, leistet praktische Hilfe und ist daher nah dran an den Nöten der Menschen. Viele Frauen in dem wirtschaftlich schwachen Land haben nur wenige Jahre Schulbildung vorzuweisen. Das macht es den Männern umso leichter, Frauen in der patriarchalisch geprägten Gesellschaft zu unterdrücken.

Marli hat bei ihren Besuchen in Albanien Frauen getroffen, die schon als 15-Jährige verheiratet wurden und Kinder bekamen, als sie eigentlich selbst noch Kinder waren. Die meisten Albanerinnen müssen hart für ihre Rechte kämpfen. Auch alte Sitten und Gebräuche erschweren den Alltag der Menschen dort. Dazu gehört die Tradition der Blutrache, die schon vielen Familien großes Leid gebracht hat. Insbesondere im Norden des Landes ist es in manchen Regionen immer noch üblich, dass die Familie des Opfers den Täter oder dessen Familie bestraft. Einige Familien fliehen deshalb aus Angst vor Rache in die Berge oder trauen sich kaum noch, ihre Wohnung zu verlassen. Nur echte Versöhnung kann aus dem Teufelskreis, der dadurch entsteht, befreien.

Enkelejda geht in den Radiosendungen auf die Probleme in ihrem Land ein und bringt mit der Projekt-Hannah-Sendereihe unzähligen Frauen neue Hoffnung. Das bezeugen die vielen Rückmeldungen dankbarer Hörerinnen, die bei dem Radiosender eingehen. Interessant ist, dass auch das Projekt-Hannah-Gebet in Albanien so gut angenommen wird. Viele Frauen bedanken sich, dass sie ein Teil dieser weltweiten Bewegung sein dürfen und durch den Gebetskalender Informationen aus anderen Ländern bekommen.

Gut zehn Jahre vor der Einführung von Projekt Hannah in Albanien war der Balkanstaat noch kommunistisch und völlig abgeschottet gegenüber dem Ausland gewesen. Das ist sicherlich der Grund für das große Interesse an internationalen

Themen. Albanien ist zu diesem Zeitpunkt das einzige Land, in welchem täglich im Radio die weltweiten Anliegen aus dem Gebetskalender vorgelesen werden – und zwar auf so vielen lokalen UKW-Sendern im Land, dass 70 % der Bevölkerung damit erreicht werden können. Marli ist begeistert, denn schließlich ist der Gebetskalender das Herzstück von Projekt Hannah!

Marli freut sich über die Berichte von Enkelejda aus Albanien und von anderen europäischen Leiterinnen, die alle vor unterschiedlichen Herausforderungen stehen. Die Lage im mittel- und nordeuropäischen Raum sieht ganz anders aus als die Situation der Menschen in Ländern wie Albanien. Doch auch aus dieser Region bekommt Marli positives Feedback.

Aus Dänemark schreibt ihr die Koordinatorin der dortigen Projekt-Hannah-Arbeit: „Wenn ich den Gebetskalender übersetze, lerne ich viel über die Situation der Frauen in aller Welt. Das öffnet mir die Augen dafür, wie gut es mir selbst geht, aber auch dafür, wie wichtig das Gebet für andere ist. Es ist manchmal schwer, von den großen Problemen in der Welt zu lesen, aber es ist wunderbar, gemeinsam mit vielen anderen zu beten und diese Probleme an Gott abzugeben."

Besonders in Finnland entstehen immer mehr Gebetsgruppen. Viele der generell sehr an Weltmission interessierten Finnen haben kreative Ideen, und sammeln zum Beispiel durch den Verkauf von Handarbeiten bei Wohltätigkeitsbasaren Geld für Projekt Hannah.

Auch aus Deutschland kommt große finanzielle Unterstützung. Die *ERF*-Mitarbeiter engagieren sich für die Gebetsbewegung, und einige könnten sich auch vorstellen, die „Women of Hope"-Radiosendereihe zu produzieren. Allerdings überwiegt die Meinung, der *ERF* hätte bereits ein gut gefülltes 24-Stunden-Radioprogramm plus Fernseh- und

Internetangebote, sodass eine extra Sendung für Frauen nicht nötig sei. Das bedauert Marli sehr.

Inzwischen gibt es Beter in etwa 120 Ländern, und der Gebetskalender wird bald in 80 Sprachen übersetzt. Nach jeder Reise hat Marli wieder neue Kontakte, die sie pflegt. Außerdem steht sie auch jederzeit allen Mitarbeitern, die weltweit in irgendeiner Weise an der Arbeit von Projekt Hannah beteiligt sind, bei Fragen und Problemen persönlich zur Verfügung, auch wenn es für alle Regionen Gebietskoordinatoren als Ansprechpartner gibt. Jede Mitarbeiterin hat ihre eigene Geschichte zu erzählen, wie sie zum Glauben an Jesus gefunden hat oder wie ihr Weg zu Projekt Hannah war. Marli ist immer wieder fasziniert davon, wie Gott seine Mitarbeiter auf der ganzen Welt ruft und befähigt. Sie ist stets eine gute Zuhörerin und interessiert sich ehrlich für die Frauen, die unermüdlich und hochmotiviert daran arbeiten, ihren Landsleuten die gleiche Lebensfreude weiterzugeben, die sie für sich selbst entdeckt haben. Eine solche Mitarbeiterin ist zum Beispiel Naima[11], die Produzentin der „Women of Hope"-Sendungen in Kurdisch Sorani im Nordirak:

Naima war 1981 während des ersten Golfkriegs mit ihrem Mann und zwei Kleinkindern aus ihrem Herkunftsland, dem Nordirak, geflohen. Als politischer Aktivist und Künstler suchte Naimas Mann Meinungsfreiheit, Frieden und Sicherheit für sich und seine Familie. Mit ein paar wenigen Habseligkeiten in zwei Plastiktüten führte ihr abenteuerlicher Weg sie auf dem Pferderücken durch die bergige Grenzregion zwischen Irak und Iran, über Syrien nach Europa, wo die kurdische Familie schließlich in einem deutschen Asylantenheim landete. Ein christliches Ehepaar nahm sich

---

[11] Name geändert

viel Zeit, kümmerte sich liebevoll um die Flüchtlinge und erzählte ihnen vom christlichen Glauben. Als Naimas Mann überzeugter Christ wurde, wollte sie als treue Muslima sich von ihm trennen. Sie hatte Angst vor der Bibel und vor Allahs Strafe. Doch voller Neugier las sie trotz ihrer Bedenken heimlich in der Bibel ihres Mannes und stieß dabei auf den Vers 28 aus Matthäus 11: „Kommt alle her zu mir, die ihr müde seid und schwere Lasten tragt, ich will euch Ruhe schenken." Sie schrie zu Jesus und spürte, wie ihr eine schwere Last abgenommen wurde.

Im Laufe der Jahre wurde ihr klar, wie Gott sie gebrauchen will. Im Irak hatte sie ihre Muttersprache Kurdisch Sorani studiert und als Lehrerin gearbeitet. Aufgrund ihrer sprachlichen Fähigkeiten und ihrer zuverlässigen Arbeitsweise wurde sie eines Tages gebeten, ein Bibelprojekt zu leiten – die erste Übersetzung des Neuen Testaments aus dem Arabischen in Kurdisch Sorani, einer weit verbreiteten Sprache der Kurden im Nordirak. Später produzierte sie außerdem beim *Evangeliums-Rundfunk* christliche Radiosendungen für ihr Heimatland und stieg, nachdem sie viele Jahre Radioerfahrung gesammelt hatte, in die Projekt-Hannah-Sendereihe für Kurdinnen im Nordirak ein. Gott hat alles wunderbar geplant!

Im *TWR*-Büro in Delhi in Indien hat Marli Alpana kennengelernt. Sie ist ein Mitglied des Hindi-Teams von Projekt Hannah. Der südasiatische Subkontinent ist ein riesiges Land mit 22 offiziellen Amtssprachen. In Wirklichkeit werden über 100 Sprachen verschiedener Sprachfamilien mit Hunderten von Dialekten gezählt. Eine der Hauptsprachen ist Hindi. Projekt Hannah wird in dieser Sprache sowie in Bengali und weiteren Sprachen produziert und ausgestrahlt. Mithilfe einer Dolmetscherin erzählte Alpana Marli ihre Geschichte: Ihre Familie nahm den Hinduismus sehr ernst. Täglich führten sie religiöse

Rituale aus und opferten Tiere, um die unzähligen indischen Göttinnen und Götter freundlich zu stimmen. Das tun viele Inder, denn die populären bunten Hindugötter mit ihrer menschlichen Gestalt und ihren unterschiedlichen Charakteren sind in Indien allgegenwärtig. Genauso selbstverständlich wie die Götterverehrung war für Alpana der Glaube an die Reinkarnation, die auch Wiedergeburt oder Seelenwanderung genannt wird. Als kleines Mädchen hörte Alpana eines Tages, wie Leute in ihrem Dorf über den „einzig wahren Gott" sprachen. Das machte Alpana neugierig und stutzig zugleich, weil sie bis dahin gelernt hatte, eine Vielzahl an Göttern zu verehren. Doch erst im Alter von 16 Jahren hörte sie mehr zu dieser religiösen Frage, weil ihr Vater ein Radio gekauft hatte und sie auf eine christliche Sendereihe von *Trans World Radio* stieß. Darin war von dem einzig wahren Gott die Rede, für den sich Alpana schon lange interessierte. Regelmäßig schaltete sie nun die christlichen Programme ein und erhielt endlich Antworten auf einige ihrer Fragen. Eines Tages hörte Alpana eine Predigt über den Text in Römer 1,19–25. Sie erfuhr aus dem Bibelabschnitt, dass Menschen die Wahrheit oft verdrehen und ihren eigenen Lügen glauben. Es geht vor allem darum, dass Menschen die Schöpfung und Götzenstatuen anbeten, statt dem Schöpfer zu dienen. Der Radiosprecher erklärte, dass Gott seinen Sohn Jesus gesandt hat, um eine Beziehung zu uns aufzubauen. Jesus hat am Kreuz für unsere Sünden bezahlt. Er kam, um uns Frieden und Vergebung und letztendlich ewiges Leben zu schenken. Diesen Gott wollte Alpana kennenlernen und sein Angebot annehmen – anstatt auf die Wirksamkeit ihrer eigenen begrenzten Anstrengungen, Opfer und Gaben zu hoffen. Als der Radioprediger die Hörer dazu einlud, mit ihm zu beten, sprach Alpana zum ersten Mal in ihrem Leben mit Jesus und vertraute sich ihm an. Sie fühlte einen inneren Frieden und wusste sich angenommen und geliebt – wie noch nie zuvor in ihrem Leben. Vor Freude musste sie weinen. Heimlich bestellte sie sich bei dem Radiosender eine Bibel und verfolgte weiterhin mit großem Interesse die Sendungen. Fünf Monate lang verheimlichte sie ihren neuen Glauben. Dann erst nahm sie all ihren Mut zusammen und erzählte ihrer Familie davon. Alle wandten sich gegen sie, und ihr Vater schloss das Radiogerät weg. Alpana durfte nicht mehr in die Schule gehen und sollte niemandem von ihrem neuen Glauben erzählen. Ihre Eltern drohten ihr, sie mit einem älteren Hindu zu verheiraten. Trotz all der Schwierigkeiten fühlte Alpana Gottes Beistand. Im Gebet bat sie ihn um ein neues Radiogerät. Tatsächlich geschah 15 Tage später ein Wunder: Der Postbote brachte ein Paket mit einem Radio, von dem niemand wusste, woher es kam. Nach einigem Zögern erlaubte Alpanas Vater ihr wieder, die christlichen Sendungen zu hören. Das war ein zweites Wunder! Drei Jahre lang war das Radio Alpanas einzige Möglichkeit, andere Christen zu hören und Neues aus der Bibel zu lernen. Danach begann zuerst die Mutter, dann der Vater und später weitere Familienmitglieder, an Jesus zu glauben und eine Kirchengemeinde zu besuchen.

Marli freut sich, dass Alpana inzwischen selbst bei Projekt Hannah mitarbeitet. Sie organisiert Treffen, betreut Hörerinnen durch Briefe und Telefongespräche und gestaltet Beiträge für die Sendungen von „Women of Hope".

Im Jahr 2009 hat Marli ein Buch mit Geschichten von Radiohörerinnen und Projekt-Hannah-Mitarbeiterinnen zusammengestellt. Dafür hat sie auch Alpanas Geschichte ausführlich aufgeschrieben. Dr. Thorsten Grahn, der Leiter der internationalen Arbeit des *Evangeliums-Rundfunks* in Wetzlar, hatte sie gebeten, dieses Buch zusammenzustellen. Es ist unter dem Titel „Wenn Hoffnung siegt! Frauen in Not begegnen Gott" im Jahr des 50. *ERF*-Jubiläums erschienen, um noch mehr Menschen im deutschsprachigen Raum auf Projekt Hannah aufmerksam zu machen. Im Rahmen einer großen Jubiläumsveranstaltung in Wetzlar durfte Marli vor rund 5 000 *ERF*-Freunden Projekt Hannah vorstellen. Es ist ihr wichtig, dass die Leser durch diese Lebensgeschichten erkennen, dass Gottes Kraft auch in scheinbar ausweglosen Situationen Veränderung bewirken kann. Es war nicht Marlis Idee, das Buch zu schreiben, aber sie freut sich doch über das Gelingen dieses Projekts, das viel Zeit und Energie gekostet hat. Es wurde später noch ins Englische, ins Finnische und ins Portugiesische übersetzt und ist sicher für viele Leser zu einer großen Ermutigung geworden.

Die vielen Lebensgeschichten, die Marli gehört hat, sind inzwischen zu zahlreich geworden, um sie alle in einem Buch zu sammeln. Manche Frauen scheuen sich auch vor einer Veröffentlichung von Details über ihre Person. Das ist vor allem in muslimisch geprägten Regionen der Fall, in denen Christen das Leben schwer gemacht wird. Diese Mitarbeiterinnen versuchen deshalb, mehr oder weniger im Verborgenen zu arbeiten und trotzdem öffentlichkeitswirksam per Radio ihren Glauben in ihrem Umfeld weiterzugeben. Sie werden von *Trans World Radio* besonders geschützt; ihre Namen und Fotos werden nicht veröffentlicht.

So geht es auch einer türkischen Mitarbeiterin, die darauf achten muss, nicht zu viel von sich preiszugeben. Sie ist als Kind türkischer Eltern in Deutschland geboren und aufgewachsen. Als das Mädchen sechs Jahre alt war, verließ der Vater die Familie und zog zurück in die Türkei. In Deutschland erlebte sie als Türkin Ablehnung und wenig Zuneigung durch ihre vielbeschäftigte alleinerziehende Mutter. Mit zwölf Jahren begann die Schülerin, Tagebuch zu führen und Gott darin alles anzuvertrauen, was sie beschäftigte, obwohl sie nichts Genaues über Gott wusste. Im Teenager-Alter war sie an einem Silvesterabend allein zu Hause und schaute sich den Spielfilm „Ben Hur" im Fernsehen an. Sie sah in dem Film, wie Jesus mit seinen Händen Ben Hur Wasser reicht, um seinen Durst zu stillen. Bei dieser Szene musste sie sehr weinen, obwohl sie nicht wusste, warum.

In den nächsten Jahren verlief das Leben der jungen Türkin chaotisch, und sie erlebte viele Verletzungen. Sie zog zu ihrem Vater in die Türkei – in der Hoffnung, dort Frieden und Annahme zu finden, doch das Gegenteil war der Fall. Während einer schweren Zeit mit traumatischen Erfahrungen musste sie Tag und Nacht arbeiten, um sich über Wasser zu halten. Als sie 24 Jahre alt war, lernte sie türkische Christen kennen. Trotz ihrer Zweifel begann sie, die Bibel zu lesen, und entdeckte darin den Gott, von dem sie schon als Kind in Deutschland geträumt hatte: einen Gott, der in die Herzen schaut und nicht auf leere Rituale und Anstrengungen achtet; einen Gott, der liebt und vergibt. Die Christen, mit denen sich die Türkin traf, ermutigten sie zu beten und versicherten ihr, dass Gott antworten würde. Dass der Schöpfer der Welt zu Menschen spricht, war ein ganz neuer Gedanke für die junge Frau, doch sie wagte ein Gebetsexperiment.

In der darauffolgenden Nacht hatte sie einen Traum: Sie wurde von dunklen Männern verfolgt und musste eine Schlucht überqueren. Doch die Brücke, die vor ihr lag, war an einer Stelle beschädigt. Da kam plötzlich eine Hand vom Himmel, die die Brücke passierbar machte, sodass sie auf die andere Seite in Sicherheit gelangen konnte. Der Traum war sehr eindrücklich, doch eine Erklärung hatte sie dafür nicht. Am nächsten Tag fand die junge Türkin beim Blättern in ihrer Bibel eine Zeichnung, die sie an ihren Traum erinnerte. Es war das Bild eines Abgrunds, der durch ein Kreuz überbrückt wird. Die Bedeutung war klar: Das Kreuz macht den Weg zu Gott frei. Sie war sich schnell sicher, dass genau diese Deutung auch auf ihren Traum passte. Das war eindeutig Gottes Antwort auf ihr Gebet.

Sie vertraute ihr Leben Jesus an und lernte wenig später einen Christen kennen, mit dem sie mittlerweile schon viele Jahre verheiratet ist. Marli ist immer wieder erstaunt, wie hartnäckig Gott an einem Menschen dranbleibt, ihn sucht und ruft. Wenn Mitarbeiter für einen bestimmten Bereich von Projekt Hannah gesucht werden, bittet Marli Gott darum. Er findet immer die passenden Leute und hat einen guten Zeitplan.

Im Mai 2007 durfte Marli zum ersten Mal nach Afrika reisen. Es war ein eindrucksvolles Erlebnis. Marli war fasziniert von den Afrikanerinnen: von ihrem Sinn für Kreativität und Schönheit, von ihren Emotionen, die sie nicht verstecken, und von ihrer inneren Stärke trotz Leid und Schmerzen. Sie hatte die Möglichkeit, nicht nur Angola in Zentralafrika zu besuchen, wo Projekt Hannah gestartet ist, sondern auch Mosambik im Südosten, die Elfenbeinküste und Liberia im Westen. Gute zwei Wochen war sie für diese Reise in den vier afrikanischen Ländern unterwegs. Das Programm war straff organisiert. Überall war Marli eine gefragte Person. Zu Beginn ihrer Tour gab sie in Angola Radiointerviews, traf sich mit 70 Gebetsgruppenleitern und Radioredakteuren, betete für Frauen mit zerbrochenen Beziehungen und Glaubenskämpfen, feierte mit fast 800 Menschen einen viereinhalbstündigen Festgottesdienst, präsentierte Projekt Hannah und sprach vor zahlreichen Bischöfen, Pastoren und einigen Politikern aus dem angolanischen Parlament vom frei machenden Evangelium durch Jesus Christus.

Sie musste weinen vor Freude über die positive Auswirkung der Arbeit von Projekt Hannah, aber auch vor Rührung, als ihr nachträglich zum Geburtstag von einkommensschwachen Frauen stolz eine aufwändige Torte überreicht wurde, auf der ihr Name geschrieben stand. Am einem Sonntagmorgen während ihres Aufenthalts in Angola war Marli zu Gast in einer sehr ärmlichen Gegend, wo sie an einem dreieinhalbstündigen Gottesdienst mit über 900 Besuchern teilnahm und etwas über Projekt Hannah erzählen durfte. Die Frauen in diesem Gottesdienst hatten die ganze vorangegangene Woche für Marlis Visum gebetet, auf welches sie angespannt und voller Ungewissheit hatte warten müssen. Dieses beharrliche Fürbittgebet beeindruckte Marli sehr. Zu der großen Veranstaltung kamen die Frauen singend und tanzend in zwei Reihen feierlich in die Kirche. Für Marli war es eine unglaublich bewegende Erfahrung. Später sagte sie: „Ich sah die tanzende Hoffnung. Ein fantastisches Erlebnis!" Gleichzeitig flossen Marlis Tränen, weil sie so viele herzzerreißende Geschichten hörte. Fast jede Frau hatte im Bürgerkrieg einen lieben Menschen verloren oder schlimme Verletzungen durch Landminen, Zerstörung ihres Eigentums, Ungerechtigkeit und Elend erlebt. Trotzdem sangen diese Frauen voller Freude Liedtexte wie diesen: „Meine Füße sind müde und wund, aber ich laufe weiter, bis ich die Herrlichkeit Gottes sehe."

Am letzten Tag der Angolareise hatte Marli die Gelegenheit, sich mit wichtigen Politikerinnen zu treffen, die zum Frauenausschuss des angolanischen Parlaments gehören. Diese Frauen beeindruckten Marli zutiefst durch ihre harte Arbeit und ihre Zielstrebigkeit, mit der sie sich für gute Projekte engagieren und sich dabei gegen die starke Opposition ihrer männlichen Kollegen durchsetzen müssen. Sie tun dies, um sich für die Frauen und Kinder in ihrem Land stark zu machen, die sonst „unsichtbar" bleiben würden. Marli erklärte den Politikerinnen, dass ihre Landsleute noch mehr benötigen als die staatliche Unterstützung bei der medizinischen Versorgung oder Schulbildung. Die vom Krieg verstörten Menschen brauchen Hoffnung als Motor für ihr Leben. Doch wahre Hoffnung ist nur in Jesus zu finden. Bevor Marli abreisen musste, wurde sie mit Geschenken überschüttet, die allerdings zu groß und zu schwer waren, um sie mit nach Hause zu nehmen. Sie war überwältigt von der Liebe, die ihr entgegengebracht wurde. Wie es für Marli typisch ist, hatte sie ebenfalls Geschenke für die Frauen. Sie hatte bereits im Vorfeld Edmund beauftragt, brasilianische Halbedelsteine in Herzform zu kaufen. Diese verteilte sie an die Frauen mit dem Hinweis, dass der Stein ein Symbol für Gottes Versprechen sei, uns ein Herz aus Fleisch anstelle eines steinernen Herzens zu schenken, ein Herz voller Freude und Hoffnung.

Nach der intensiven Zeit in Angola verbrachte Marli drei Tage in Mosambik, wo sie vor allem Gebetsgruppen besuchte. Sie war berührt von der Großzügigkeit und Gastfreundschaft, die ihr trotz Armut voller Freude und mit viel Tanz und Gesang entgegengebracht wurde. Wenn sie an die Treffen zurückdenkt, fällt ihr besonders eine Gebetsversammlung ein, die schon um sieben Uhr morgens begann. Sie hatte den Frauen aus Jesaja 49,15–16 vorgelesen: „Doch Gott antwortet: ‚Kann eine Mutter ihren Säugling vergessen? Bringt sie es übers Herz, das Neugeborene seinem Schicksal zu überlassen? Und selbst wenn sie es vergessen würde – ich vergesse dich niemals! Unauslöschlich habe ich deinen Namen auf meine Handflächen geschrieben, deine Mauern habe ich ständig vor Augen!'" (HfA). Gemeint sind Jerusalems Mauern, die von Feinden zerstört wurden. Marli versicherte den Frauen: „Gott sieht genauso eure Zerbrochenheit und eure Mauern." Sie ermutigte die Beterinnen, ihr eigenes Leid vor Gott zu bringen. Viele der Frauen, die zusammengekommen waren, baten im

Anschluss an Marlis Vortrag um ein persönliches Gebet für sich. Sie schütteten alle ihre Not vor Gott aus, ihre schweren Lasten wie Krankheit, Kinder mit Drogen- und Kriminalitätsproblemen, untreue Ehemänner oder soziale Ungerechtigkeit. Eine nach der anderen begann zu beten und zu weinen. Marli konnte den heftigen Schmerz fast greifbar fühlen, als die Tränen zu fließen begannen.

Auch in der Elfenbeinküste erlebte Marli viele Emotionen – diesmal vor allem positive. Die Frauen, die Marli traf, waren glücklich wegen der politischen Lage im Land. Bereits 2002 hatte ein Bürgerkrieg in der Elfenbeinküste begonnen, der regelmäßig zu Unruhen und Konflikten führte. Am 21. Mai reiste Marli an, nachdem gerade erst am 4. März 2007 nach langwierigen Verhandlungen ein neuer Friedensvertrag unterzeichnet worden war.

Nach ihrem Besuch in der Elfenbeinküste reiste Marli in das Nachbarland Liberia, eines der instabilsten, ärmsten und gefährlichsten Länder der Welt, in welchem 80 % der Einwohner unterhalb der Armutsgrenze leben. Ein Drittel der Bevölkerung gilt als unterernährt. Auch hier gehören politische Unruhen zum Alltag der Menschen. Marli hörte schreckliche Geschichten von Kriegsverbrechen. Eine Einwohnerin Liberias sagt zu ihr: „Ich habe gelernt, das Leben zu hassen. Wir leben mit der Schusswaffe und wir essen mit der Schusswaffe neben uns. Wir sind den Waffen völlig ausgeliefert."

Marli und ihr Team leiteten zwei Seminare für die Repräsentantinnen der 26 örtlichen Kirchengemeinden, in welchen es Projekt-Hannah-Gebetsgruppen gibt. Die Leiterinnen betonten immer wieder, dass sie diesen Besuch als unendlich wertvoll empfinden: „Ihr seid von weit hergekommen, um uns in Liberia zu sehen. Wir schätzen euren Einsatz sehr! Nicht viele Menschen wagen sich nach Liberia."

Nach alldem, was Marli in Afrika gesehen hat, versteht sie besser als je zuvor den Lieblingssatz des *TWR*-Afrika-Direktors Stephen Boakye-Yiadom: „Afrika braucht Jesus!"

26

Peggy Banks

Im Jahr 2015 feiert Marli ihren 70. Geburtstag. Sie weiß, es wird Zeit, dass sie die Leitung von Projekt Hannah in jüngere Hände abgibt. Schon vor zehn Jahren hat Marli begonnen, für eine geeignete Nachfolgerin zu beten. Vier Jahre später dachte sie einmal, sie hätte die richtige Person gefunden: Marli war im Alter von 64 Jahren immer noch weltweit unterwegs, um Projekt Hannah vorzustellen. Niemand bemerkte, dass sie sich oft ausgebrannt und müde fühlte, wenn sie abends in ihrem Hotelzimmer ins Bett sank. In den letzten Jahren hatte sie zu intensiv gearbeitet, ohne sich regelmäßig längere Ruhepausen zu gönnen. Sie war schon immer ein Workaholic gewesen. Doch jetzt rebellierte ihr Körper. Nachts konnte sie kaum mehr als drei oder vier Stunden schlafen. Unzählige Gedanken gingen ihr ständig durch den Kopf. Sie trug schließlich die organisatorische Verantwortung für Projekt Hannah weitestgehend allein, auch wenn Edmund sie in finanziellen Angelegenheiten und anderen Bereichen jederzeit, wenn es nötig und möglich war, tatkräftig unterstützte. Es waren auch die vielen Reisen, die dazu beigetragen hatten, Marlis Körper zu schwächen. Die Jetlags durch die verschiedenen Zeitzonen störten ihren Schlaf-Wach-Rhythmus. Marli hatte bereits eine renommierte Klinik aufgesucht, wo festgestellt worden war, dass ihre Tiefschlafphase während einer ungewöhnlichen Uhrzeit stattfindet – nämlich von sechs bis acht Uhr morgens. Das war natürlich genau die Zeit, zu der Marli üblicherweise aufstehen musste. Somit verpasste sie meistens ihre wichtige Tiefschlafphase. All diese Faktoren zusammen sorgten für Marlis schwache Kondition, die sie immer geschickt zu ignorieren versuchte. Sie musste dringend etwas für ihre Gesundheit tun und ihr Arbeitspensum verringern. Immerhin war sie inzwischen 64 Jahr alt. Eigentlich längst ein gutes Alter, um eine Nachfolgerin für die Leitung von Projekt Hannah zu suchen.

Bei einer Veranstaltung, bei der sie wieder einmal die Gelegenheit hatte, Projekt Hannah vor einem größeren Publikum vorzustellen, lernte Marli Dr. Peggy Banks kennen. Sie arbeitete für die Organisation, die sie als Referentin eingeladen hatte. Peggy interessierte sich sehr für die weltweite Gebetsbewegung und die Radiosendereihe. Sie fühlte sich mit Marli verbunden, denn beide teilten das gleiche Anliegen: Frauen Selbstbewusstsein und Hoffnung durch die heilsame und verändernde Liebe zu vermitteln, deren Quelle Jesus ist. Beide durften selbst in ihrer Vergangenheit spüren, wie Gott Wunder getan hat. Beide wollen dazu beitragen, dass Gottes Liebe weiterhin weltweit Wunder wirkt.

Peggy machte einen sehr zielstrebigen, intelligenten, bedachten Eindruck auf Marli. Als die beiden sich länger unterhielten, erfuhr Marli, welche beruflichen, theologischen und seelsorgerlichen Erfahrungen Peggy bereits gesammelt hatte. „Sie wäre eine ideale Mitarbeiterin für Projekt Hannah!", dachte Marli. „Ich könnte eine helfende Hand im organisatorischen Bereich gebrauchen. Vielleicht wäre sie sogar geeignet als meine Nachfolgerin!" Als ihr diese Gedanken kamen, lud Marli Peggy dazu ein, Projekt Hannah näher kennenzulernen und zu überlegen, ob sie nicht Teil dieser Arbeit werden wolle. Peggy war durchaus interessiert an dem Angebot, aber sie meinte, dass der Zeitpunkt nicht der richtige sei. Sie hatte nämlich gerade erst eine neue Arbeitsstelle begonnen und ihr Studium noch nicht komplett abgeschlossen. So lehnte sie das Angebot ab. Kurz darauf fragte sie sich allerdings, ob es nicht ein Fehler gewesen war abzulehnen. Niemals mehr in ihrem Leben würde man ihr so eine großartige Aufgabe anbieten. Hatte sie in dieser Sache überhaupt nach Gottes Willen gefragt? Schließlich befasste sich Projekt Hannah genau mit den Themen, die Peggy so sehr auf dem Herzen lagen! Sie beschloss, diese Sorge an Gott abzugeben, und fuhr mit ihrer Arbeit und ihren Forschungen für die Doktorarbeit über seelsorgerliche Hilfe für Opfer sexueller Ausbeutung im 21. Jahrhundert fort.

Als Marli nun sechs Jahre später ihren 70. Geburtstag feiert, ist trotz ihrer regelmäßigen Gebete, die sie seit inzwischen zehn Jahren an Gott richtet, immer noch keine Nachfolgerin für Projekt Hannah in Sicht. Jetzt wird von *TWR* unter Hochdruck nach einer geeigneten Person Ausschau gehalten – auch unter den eigenen Mitarbeiterinnen. Marli hat Peggy längst aus den Augen verloren, aber jemand anders kennt Peggy Banks ebenfalls und kommt auf die Idee, bei ihr anzufragen. Als Peggy einen Anruf von *TWR* bekommt, ist sie ganz aufgeregt, denn schon seit Beginn des Jahres betet sie selbst intensiv in Bezug auf ihre eigene Zukunft. Sie spürt schon seit einigen Monaten deutlich, dass Gott eine neue Herausforderung für ihr Leben bereithält, bei der sie Gott und anderen Frauen weltweit dienen darf. In den vergangenen Jahren hatte Peggy die berufliche Möglichkeit, Reisen in verschiedene Länder zu unternehmen. Sie konnte viele neue Eindrücke und Erfahrungen sammeln. Ihre Doktorarbeit über Frauenhandel ist abgeschlossen. Es scheint der richtige Zeitpunkt für etwas Neues gekommen zu sein. Peggy sagt der Anruferin am Telefon, sie sei bereit, über das Angebot nachzudenken.

Nach diesem ersten Anruf von *TWR* warten Peggy und ihr Mann erst einmal betend ab. Dann sprechen sie mit ihrer christlichen Gemeinde in Dallas. In diesen Gesprächen spüren die beiden, dass die Anfrage von *TWR* ein neuer Ruf von Gott ist und er sie als Ehepaar an einen anderen Ort führen will, und schließlich sagt Peggy zu.

Damit hat Gott endlich Marlis Gebete um eine Nachfolgerin erhört. Sie freut sich riesig! Nachdem sie Peggy noch näher kennengelernt hat, sagt sie: „Ich hätte nach keiner besseren Person Ausschau halten können. Peggy Banks ist bestens für diese Aufgabe vorbereitet – auf jeden Fall besser, als ich es war. Peggy hat mit verschiedenen Organisationen für Frauen zusammengearbeitet; sie ist Seelsorgerin; sie kann großartig Dinge koordinieren; sie ist Visionärin und Bibellehrerin. Sie hat also genau das, was wir brauchen." Marli sieht Peggy als ein Geschenk für Projekt Hannah und ist fest entschlossen, sie mit ihrem Team herzlich willkommen zu heißen und ihr Bestes zu geben, um Peggy für die neue, große Herausforderung vorzubereiten.

Im Februar 2016 wird Peggy von *TWR* offiziell zur Leiterin der weltweiten Arbeit von Projekt Hannah ernannt. Marli bleibt Beraterin. Sie darf Peggy etwa ein Jahr lang begleiten, ihr zur Seite stehen, sie in die verschiedenen Bereiche einführen und sie in einigen wichtigen Regionen der Welt den jeweiligen Partnern vorstellen. Der langsame Übergang soll es Peggy erleichtern, in diese umfangreiche Arbeit hineinzukommen und Mitarbeiter kennenzulernen. Immerhin wird die Sendereihe „Women of Hope" mittlerweile in etwa 70 Sprachen produziert, und in 125 Ländern beten rund 50 000 Menschen mit dem monatlichen Gebetskalender von Projekt Hannah[12]. 18 Jahre lang hat Marli – als Galionsfigur und Kapitän zugleich – das gigantische Schiff „Projekt Hannah" sicher durch so manchen Sturm manövriert. Jetzt ist endlich die Zeit gekommen, das Steuer in andere Hände zu übergeben.

27

Abschied

Dezember 2016: Die Hähne krähen am frühen Morgen in Daressalam, als würden sie einen Wettbewerb veranstalten. Es ist sechs Uhr früh in der größten Stadt Tansanias. Noch im Halbschlaf liegt Marli in einem großen Hotelzimmer im Bett. Im Dezember wird es in Daressalam tagsüber bei hoher Luftfeuchtigkeit sehr heiß, und nachts kühlen die Temperaturen nur wenig ab. Trotz der Ohrstöpsel, mit denen Marli sich Ruhe verschaffen wollte, dringen die Hahnenschreie zu ihr durch. Schon im ersten Morgengrauen ist sie außerdem durch den Gebetsruf eines Muezzins, der stets per Lautsprecher zum ersten der fünf islamischen Tagesgebete aufruft, geweckt worden. Danach hat Marli lange gebetet und

---

[12] Diese Zahlen sind der Stand 2020. Heute nennt sich Projekt Hannah „Women of Hope" (wie die gleichnamige Sendereihe) - siehe Anhang.

Gott ihren Tag anbefohlen. Die Hitze macht ihr wie immer zu schaffen. Schlafmangel kann sie da nicht auch noch gebrauchen. Deshalb zwingt sie sich, noch eine ganze Weile still liegenzubleiben.

Um sieben Uhr steht Marli auf und schaut aus einem der oberen Stockwerke des Hotels aus dem Fenster. Sie sieht die Mangobäume, die selbst aus der Entfernung riesig wirken, bunt gekleidete afrikanische Frauen, die Waren auf dem Kopf tragen, Wellblechhütten zwischen Hochhäusern und gelbe Linienbusse, die in der Ferne als Farbtupfer durch die Straßen fahren. Das Hotel, in welchem die Projekt-Hannah-Mitarbeiterinnen untergebracht sind, gehört zu den Hochhäusern der Stadt, die selbstbewusst und standfest auf die kleinen Hütten und Höfe herunterzuschauen scheinen, die überall jede kleine Lücke auffüllen. Während die Hotelgäste sich bedienen lassen, befeuern draußen direkt nebenan afrikanische Mütter primitive Kochstellen.

Etwa 30 Frauen aus verschiedenen afrikanischen Ländern sowie einige TWR-Partner aus Europa und den USA nehmen an der Projekt-Hannah-Konferenz teil, die gleichzeitig Marlis Abschiedstour und Peggys Einführung in die afrikanische Radioarbeit ist.

An diesem warmen Morgen ist eine etwa achtstündige Fahrt mit dem Bus geplant: von Daressalam ins Landesinnere nach Dodoma, mit einem Zwischenstopp in Morogoro.

Wer aus dem Busfenster schaut, sieht am Straßenrand die rundlichen Baumkronen der üppigen, immergrünen Mangobäume, Baobabbäume mit ihren dicken Stämmen, verschiedene Palmen und pink blühende üppige Bougainvillea. Wenn die Fahrt durch eine Ortschaft führt, gibt es noch viel mehr zu sehen. Die Bewohner bieten verschiedene Waren direkt an der Straße unter offenem Himmel zum Verkauf an:

Katalysatoren, Mahagonibetten, Ziegelsteine direkt von kleinen Brennereien hergestellt, Schöpfkellen, Öfen, Matratzen und kunstvoll aufgetürmtes Obst und Gemüse. Fast alles findet im Freien statt. In einem abgestellten Anhänger schläft ein Mann, ohne sich von lärmenden Kindern und frei herumlaufenden, gackernden Hühnern stören zu lassen. Frauen in maßgeschneiderten bunt gemusterten Kleidern balancieren in stolzer Körperhaltung gefüllte Obstschalen auf dem Kopf. Ein paar Mädchen haben Muster für Hüpfspiele in den Sand gezeichnet, und ein kleines Mädchen bewirft seine Mutter, die an einer Feuerstelle steht, von hinten heimlich mit Sand. Die kräftig gebaute afrikanische Mutter dreht sich blitzschnell um und läuft energisch mit einem dünnen Stock dem Kind hinterher. Doch der Bus fährt immer weiter und lässt den Zuschauer nur kleine Ausschnitte aus dem Alltag der Menschen in Tansania sehen. Marli kämpft mit ihrem Kreislauf und versucht, genug zu trinken. Von der Landschaft, die am Busfenster vorbeizieht, bekommt sie nicht viel mit. Wie immer ist sie entweder am Laptop in ihre Arbeit vertieft, sortiert ihre vielen Fotos auf dem Smartphone oder ist im Gespräch mit Peggy oder anderen Reiseteilnehmern.

Mehrere Höhepunkte sind während der gemeinsamen Zeit in Tansania geplant. Einer davon ist ein Großereignis in Dodoma. Nach einem Marsch durch die Stadt mit einer kleinen Band, viel Gesang und ansteckender Freude beginnt in der *Anglican Cathedral* eine Projekt-Hannah-Konferenz, die nicht nur für Marlis Team, sondern auch für einheimische Gebetsgruppen organisiert worden ist. Über 700 Frauen aus dem Umkreis sind gekommen. Viele tragen selbst genähte Kleider in Dunkellila (der Wiedererkennungsfarbe von Projekt Hannah) mit dem weißen Logo. In Afrika war es nie schwierig, die internationale Gebetsbewegung einzuführen, denn

Afrikanerinnen beten gerne gemeinsam und haben in der Regel weniger Hemmungen, miteinander Freude und Schmerz zu teilen, als das beispielsweise in der nüchternen mittel- und nordeuropäischen Kultur der Fall ist, wo viele sich schämen, laut zu beten und persönliche Schwächen oder familiäre Probleme preiszugeben. Viele der Teilnehmerinnen sind schon um acht Uhr morgens angereist, um bei diesem internationalen Treffen dabei sein zu können. Im Lauf des Gottesdienstes singen mehrere Chöre, einer emotionaler und lebendiger als der andere. Es kommen viele Frauen zu Wort, die erzählen, was Gott in ihrem Leben getan hat. Peggy Banks wird als neue Leiterin von Projekt Hannah vorgestellt und hält eine Predigt. Es werden Anliegen von Projekt Hannah aus dem aktuellen Gebetskalender und persönliche Sorgen vor Gott gebracht. Während des Gebets ist die Kirche von Stimmen erfüllt, die inbrünstige Bitten und Klagen oder herzerfrischende Dankbarkeit vor Gott bringen. Frauen halten sich an den Händen, schwenken ihre Landesflaggen, knien auf dem Boden, heben die Hände Richtung Himmel, weinen oder seufzen. Jede Minute der intensiven Gemeinschaft miteinander und mit Gott wird ausgekostet. Die Zeit vergeht wie im Flug. Die Afrikanerinnen scheinen nicht zu merken, dass der Gottesdienst mehr als fünf Stunden dauert. Da einige schon sehr früh am Morgen unterwegs waren, um rechtzeitig da zu sein oder an dem von Projekt Hannah organisierten morgendlichen Marsch durch die Stadt teilzunehmen, müssen viele von ihnen inzwischen sehr hungrig sein. Erst gegen vier Uhr nachmittags gibt es für alle etwas zu essen. Draußen auf dem Hof wird in einem Kessel über einem Feuer eine große Mahlzeit zubereitet, die für alle 700 Teilnehmerinnen ausreicht.

Am Sonntagnachmittag findet im Auditorium der *Saint John's Universität* eine große Abschieds- und Willkommens-Party für

Marli und Peggy statt. Rund 800 Teilnehmer sind bei dieser Veranstaltung anwesend, die zu Marlis und Peggys Ehren organisiert wurde. Die Bühne ist üppig geschmückt mit lila Bändern und Papierrosetten. Marli und Peggy bekommen einen Ehrenplatz zugewiesen. Etwa fünf Stunden dauert das Programm, ohne dass die Afrikanerinnen müde werden. Sie führen Tänze auf, klatschen, singen, jubeln und haben ihren Spaß bei den Aufführungen und Ansprachen. Jeder ist in seiner Nationaltracht gekommen. Auch die Mitarbeiterinnen von Projekt Hannah sind entsprechend gekleidet. In der Halle sieht es aus wie auf einer bunten Party. Am Ende werden viele Geschenke überreicht. Jede Gruppe, die ein afrikanisches Land repräsentiert, hat etwas vorbereitet, um Peggy herzlich willkommen zu heißen und Marli zu verabschieden. Die Botschaft des Tages kommt bei allen an: Wir sind eine große Familie und wollen unser Bestes geben, damit noch mehr Menschen dazukommen. Alle Mitarbeiterinnen bei Projekt Hannah sowie die Teilnehmerinnen an Gebetsgruppen sind wertvoll, weil sie die gute Nachricht von Jesus durch Gebet und Taten weitertragen – mit dem Ziel, dass noch viele Afrikaner Freude und inneren Frieden trotz schwieriger äußerer Umstände finden.

*

Am darauffolgenden Montag ist für die Reisegruppe eine Fahrt nach Zoissa geplant. Es ist ein Bezirk, der von Dodoma in etwa sechs Stunden mit dem Bus zu erreichen ist. Die Fahrt führt zum Teil kilometerweit durch karge, dünn besiedelte Landschaften und durch kleine Dörfer. Aus dieser Gegend stammt Ruth Mbena, die Regionalkoordinatorin für Afrika. Ihre Familie war sehr arm. Als kleines Mädchen versprach sie

Gott deshalb: „Wenn du mir in meinem Leben Bildung ermöglichst, dann will ich dir mein ganzes Leben zur Verfügung stellen." Gott hatte Ruths Gebet mit der Bitte um Bildung nicht vergessen. Wie durch ein Wunder gelang es Ruth, die in den Bergen lebte, wo es keine Schule gab, einen Platz in einem Internat zu bekommen. Auch wenn dort das Essen und die anderen Rahmenbedingungen äußerst schlecht waren, nahm sie alle Strapazen in Kauf, um etwas zu lernen. So konnte sie später sogar selbst Lehrerin werden. Diesen Beruf hat sie aufgegeben, nachdem sie Marli Spieker kennengelernt und sofort beschlossen hat, sich vollzeitig für Projekt Hannah einzusetzen.

Sie wollte ihr Versprechen einlösen, Gott voll zur Verfügung zu stehen. Ruth hat den großen Wunsch, so vielen Menschen wie möglich Alternativen zur Armut zu bieten und zusätzlich zur Radio- und Gebetsarbeit auch ein praktisches Hilfsprojekt ins Leben zu rufen. Deshalb hat sie auf eigene Initiative ein Haus gegründet, das sich „Hannahs Haus" nennt. Sie hat Sponsoren für Nähmaschinen gefunden und ein Haus errichten können. Dort lernen Frauen, zu nähen und dadurch für ihren Lebensunterhalt zu sorgen. Gleichzeitig hören sie die „Women of Hope"-Radiosendereihe und erfahren etwas über die Bibel. Marli kann sich noch gut erinnern, wie sie vor einigen Jahren Zoissa zum ersten Mal besucht hat. Ruth Mbena hat ihr damals ein Stückchen Land gezeigt und gesagt: „Mein Traum ist, darauf ein Haus zu bauen für Menschen, die hier verzweifelt in extremer Armut leben. Es soll ein Ort sein, an dem Frauen Trost finden, an dem sie unterrichtet werden und zusammen beten können. Sie sollen gemeinsam die Projekt-Hannah-Sendungen anhören und lernen, wie sie besser für ihre Kinder sorgen können." Marli konnte sich zu dem Zeitpunkt noch nicht vorstellen, wie Ruths Idee Wirklichkeit werden könnte, aber sie wusste: „Wir haben nicht nur große Träume, sondern auch einen großen Gott."

All diese Erinnerungen gehen Marli durch den Kopf, als sie mit dem Bus voller Projekt-Hannah-Mitarbeiterinnen nach Zoissa fahren. Sie durfte schon vor fast zwei Jahren erleben, dass ein Teil von Ruths Träumen in Erfüllung gegangen ist. Jetzt nähert sie sich wieder diesem wunderbaren Ort der Hoffnung. Als der Bus noch einen halben Kilometer von „Hannahs Haus" in Zoissa entfernt ist, kann man es schon erkennen, denn weit und breit ist außer dem Haus nichts als weite, nackte Fläche zu sehen. Es ist trocken und kahl zu dieser Jahreszeit. Nur ganz wenig Grün ist hier und da erkennbar, wenige Büsche und Bäume. In der Ferne ragen ringsherum Berge auf, aber bis dorthin scheint die Sicht unendlich weit und ungetrübt. Aus mehreren Richtungen kommen Menschen aus der gesamten Umgebung angelaufen. Sie machen die öde Landschaft bunt und lebendig. Wo sie nur alle herkommen? Wie flatternde, schillernde Schmetterlinge laufen Frauen in farbenprächtigen Kleidern auf den Bus zu, in dem Marli sitzt. Es sind gewiss 1 000 Menschen, die scheinbar aus dem Nichts auftauchen und sich um das einsame Haus versammeln. Wie immer macht Marli Fotos und kann sich nicht sattsehen an den fröhlichen Frauen, die singen, jubeln und begeisterte Begrüßungsworte rufen. „Was für ein Geschenk, dass ich das noch einmal erleben darf", denkt Marli dankbar und genießt die Stunden des Abschieds.

*

Joyce, die Tansania-Leiterin, und Ruth, die Afrika-Koordinatorin, haben zum Abschluss einen weiteren Konferenztag geplant, diesmal nur mit den Projekt-Hannah-Mitarbeiterinnen.

Jetzt ist noch ein letztes Mal Zeit, Berichte aus den einzelnen Ländern zu hören und Erfahrungen auszutauschen.

Marli hat ein gutes Gefühl dabei, die Arbeit gerade jetzt in Peggys Hände abzugeben. Peggy hat schon Konzepte entwickelt, die sie in einer Schulung vorstellt. Mit dem Bibelvers aus Galater 6,9 ermutigt sie die Frauen, nicht müde zu werden und Gutes zu tun. „Gebt, was ihr empfangen habt, an die nächste Generation weiter, denn wir selbst werden nicht ewig hier auf dieser Welt sein", fordert sie die Konferenzteilnehmerinnen auf.

Für Marli gehört Peggy zur nächsten Generation, der sie das Staffelholz weiterreicht. Marli will den afrikanischen Mitarbeiterinnen von Projekt Hannah vieles mit auf den Weg geben. Schließlich werden sie die Arbeit weiterführen, die Marli begonnen hat. Doch diese Frauen sind mehr als nur Kolleginnen; sie sind für Marli wie geliebte Schwestern, und deshalb liegt ihr vor allem eins am Herzen: die Gemeinschaft untereinander. Sie bezieht sich auf 1. Johannes 1,7, als sie sagt: „Jesus ist das Licht der Welt. Wenn er in uns bleibt, wird er durch uns scheinen. Und wenn wir in seinem Licht leben, wie er im Licht ist, werden wir Gemeinschaft miteinander haben – nicht nur mit Gott, sondern auch untereinander, und das wünsche ich euch. Spiegelt in eurem Leben Christus wider und lebt, was ihr predigt – als Kinder des Lichts!"

Nachwort
von Marli Spieker
—

Sie haben gerade meine Lebensgeschichte gelesen. Niemals hätte ich geahnt, dass die Schritte des Gehorsams einer einfachen brasilianischen Großmutter wie mir, die im Westen des Erdballs mit den Flügeln schlägt, einen Wirbelsturm des Glaubens, der Hoffnung und der Liebe auf der anderen Seite der Welt auslösen würde. Mein Leben ist der Beweis dafür, dass es den sogenannten Schmetterlingseffekt nach einer Theorie von Edward Lorenz wirklich gibt: Ein einziger Flügelschlag kann Großes bewirken!

Wie alles begann ...

Es war 1934, als Julie Therése Staveland, eine junge blonde, hochgewachsene, alleinstehende Frau mit freundlichen blauen Augen und Missionarin der norwegischen Heilsarmee, Gottes Ruf folgte und seine lebensverändernde Botschaft der Liebe in die Welt trug. Sie bewegte ihre Flügel und verließ den kühlen Hafen von Oslo, um ins tropische Brasilien aufzubrechen. Julies willige Bereitschaft und ihre Liebe zu Gott und den Menschen machten sie zu einem „Weltveränderer".

Julie war ihrerseits auch von einer europäischen Frau beeinflusst worden. Das war Catherine Booth, deren Mann William gemeinsam mit ihr 1865 die Heilsarmee gegründet hatte. Catherine hatte verstanden, dass aus jedem Menschen, den Gott durch seine Liebe gerettet hat, ein neuer Beauftragter

Gottes für weitere Veränderungen werden kann. Sie pflegte zu sagen: „Wenn wir die Zukunft verbessern wollen, müssen wir die Gegenwart aufwühlen." Ausgerüstet mit Mut und Beharrlichkeit sorgte Catherine Booth mit ihren Flügelschlägen in London für frischen Glaubenswind weit über Englands Grenzen hinaus. Mit der Heilsarmee-Bewegung berührte sie etwa 70 Jahre später auch Julies Herz in Norwegen.

Julie wühlte ihre eigene komfortable Gegenwart auf, indem sie zu einem Missionsdienst in den Straßen São Paulos in Brasilien aufbrach. Sie konnte nicht ahnen, welche weitreichenden Auswirkungen es haben würde, dass sie Gottes Berufung folgte, und wie sehr sie dazu beitragen würde, dem ewigen Schicksal meiner ganzen Familie eine völlig neue, wunderbare Richtung zu geben!

Das Wunder der Veränderung in meiner Familie begann an einem Sonntagnachmittag, als Julie bei einer evangelistischen Freiluftveranstaltung in São Paulo predigte. Meine Großmutter Adelina Banús hörte bei dieser Veranstaltung das erste Mal von der lebensverändernden Botschaft der Liebe Jesu. Zuvor war sie von der katholischen Kirche bitter enttäuscht worden. Adelina war im katholisch geprägten Spanien als einfaches Mädchen in einer Bauernfamilie aufgewachsen. Ein junger Mann aus wohlhabendem Hause namens Rigoberto hatte sich in sie verliebt. Seine Eltern, die gegen die Verbindung waren, baten den Priester der örtlichen Kirche, ihrem Sohn die Beziehung zu Adelina auszureden. Doch Rigoberto blieb stur. Um ihn doch noch umzustimmen, drohte ihm der Priester damit, dass Rigoberto in der Kirche nicht mehr willkommen sei, falls er das Mädchen heiraten sollte. Rigoberto ließ sich nicht davon abschrecken und heiratete seine geliebte Adelina trotz aller Warnungen. Die beiden wanderten ein Jahr später nach Brasilien aus. Sie waren religiöse Menschen und suchten nach Gott, doch mit der katholischen Kirche wollten sie nichts mehr zu tun haben. Ihre spirituelle Reise führte sie zu einem spiritistischen Zentrum, in welchem Geisterbeschwörungen durchgeführt wurden. An jenem Nachmittag jedoch, als Adelina in Brasilien die Predigt der norwegischen Heilsarmee-Missionarin Julie hörte und dabei Jesus begegnete, wusste sie, dass sie am Ziel angekommen war. Zu Hause berichtete meine Großmutter Adelina ihrem Mann Rigoberto aufgeregt: „Jetzt habe ich gefunden, wonach wir gesucht haben!" Die Predigt von Julie veränderte ihr Leben. Meine Großmutter wurde eine treue Christin und eine Frau des Gebets. Nach dem Vorbild von Julie breitete sie nun ihrerseits die Flügel des Glaubens aus und beeinflusste damit nicht nur ihren Ehemann Rigoberto, sondern auch die gemeinsamen sechs Kinder. Eines der Kinder war meine wunderbare Mutter Antonieta. Auch sie hatte eine persönliche Begegnung mit Jesus, die ihr Leben prägte.

Ich kann mich noch daran erinnern, wie meine Mutter erzählte, dass sie keine Ahnung von Kindererziehung hatte, als sie zur Arbeit in ihr erstes Waisenheim geschickt wurde. Sie war selbst noch eine junge Mutter, die versuchte, herauszufinden, wie sie ihre Söhne am besten erziehen sollte. „Ich werde sie so großziehen, wie es meine Mutter bei uns getan hat", dachte sie. Und genauso machte sie es. Der Schmetterlingseffekt setzte seine Auswirkung fort, als meine Eltern Antonieta und Julio sich entschlossen, bis zu ihrem Lebensende Gott und anderen Menschen zu dienen.

Fast 100 Jahre nachdem Catherine Booth mit ihrer Flügelbewegung von England ausgehend eine ganze Armee von Schmetterlingen in Gang gesetzt hatte, und 28 Jahre nachdem Julie aus Norwegen das Gleiche getan und meine Großmutter in Brasilien beflügelt hatte, bin ich in der dritten Generation ein Teil der Heilsarmee und ihrer weitreichenden Mission geworden. Bereits als Teenager wurde ich inspiriert durch das Glaubensvorbild meiner Großmutter und meiner Mutter sowie von vielen anderen erstaunlichen Frauen wie Catherine und Julie. Ich begann eine lebenslange Reise der Liebe und des Dienstes für Gott und meine Mitmenschen, immer auf der Suche nach noch höheren Bergen, die zu erklimmen sind, und nach noch mehr Menschen, die auf meinen Flügelschlag und eine Berührung durch Jesus warten.

Im Alter von 52 Jahren fand ich mich selbst in einem Shopping-Center in der *Orchard Road* in Singapur wieder. Der Anblick einer Frau unter einem schwarzen Schleier, welcher sie von Kopf bis Fuß bedeckte, traf mich mitten im Herz. Das war der Moment, an dem ich die leise Stimme Gottes zu meiner Seele sprechen hörte. Er zeigte mir Millionen von Frauen, die in kultureller, seelischer und vor allem geistlicher Dunkelheit leben. Als ich dastand und auf Gott hörte, hatte ich eine Vision, die mich mit Entschlossenheit und Mut erfüllte. Ich sah, wie sich ihr Leben hier und in Ewigkeit verändern würde. Und wieder einmal habe ich meine schwachen Flügel ausgebreitet. Zu meinem eigenen Erstaunen haben Tausende anderer Frauen ebenfalls begonnen, mit den Flügeln zu schlagen, um für die Frauen in ihrem Umfeld mit Gottes Hilfe eine bessere Welt zu schaffen.

Ich kann die Freude nicht in Worte fassen, die ich empfinde, wenn ich die Gesichter von Menschen sehe, die ihren Wert und ihren von Gott gegebenen Sinn im Leben erkennen. Ich bin bewegt von dem Eifer ihrer Gebete für ihre Schwestern in ähnlichen oder noch schlimmeren Situationen als ihrer eigenen. Vor meinem inneren Auge sehe ich sie als einen Schwarm von Schmetterlingen, der auf Gottes Thron zufliegt. Als Antwort auf ihre inbrünstigen Gebete und die harte Arbeit dürfen wir seit über 20 Jahren unglaubliche Geschichten von verwandelten Menschen hören!

Eine Nachfolgerin

Aber irgendwann war für mich die Zeit gekommen, das Staffelholz an eine jüngere Frau weiterzureichen, die hoffentlich die Mission noch weit mehr erfüllt als bisher. Nach zehn Jahren Gebet um eine Nachfolgerin hat Gott Dr. Peggy Banks berufen. Ein Jahr lang waren wir zusammen unterwegs, damit ich sie den Teams in den verschiedenen Ländern rund um den Globus vorstellen konnte.

Auf einer unserer letzten Reisen dieser Art haben wir eine Konferenz in Südafrika mit Koordinatoren und Produzenten aus verschiedenen Ländern geleitet. Ich kann mich noch an einen besonderen Augenblick erinnern. Peggy und ich hatten schon viele segensreiche Begegnungen auf unserer Reise erleben dürfen. Am Abschiedsabend nach der Konferenz waren meine Augen voller Tränen und mein Herz voller Freude. Ich war überwältigt von den Wundern, die Gott in Afrika tat. Wir hatten zum Abschluss noch eine persönliche Seelsorge für die Teilnehmerinnen angeboten. Die letzte Frau, die an diesem Abend das Angebot angenommen hatte, umarmte mich herzlich. Ich konnte neue Hoffnung und Freiheit in ihren strahlenden Augen sehen, nachdem Peggy ein seelsorgerliches Gespräch mit ihr geführt hatte. Ich war die Übersetzerin für beide gewesen, da die Muttersprache der Afrikanerin Portugiesisch war. Bei unserem gemeinsamen Gebet legte diese Frau all ihren Ärger, ihre Bitterkeit und ihre Ängste, die ihr Leben seit ihrer Kindheit vergiftet hatten, am Kreuz bei Jesus ab. Jesus, der größte Befreier aller Gefangenen, löste die seelischen Ketten dieser Afrikanerin, die sie in der schmerzvollen Vergangenheit voller Missbrauch und Schmerz gefangen gehalten hatten. Was für eine wunderbare Erfahrung auf der Abschlussreise eines 20-jährigen Dienstes für Frauen!

Am gleichen Abend noch vor dem Essen ging ich auf die Toilette, wo ich die Tür des engen Raums hinter mir schloss. Schlagartig verlosch im gleichen Moment das Licht, und mit einem ohrenbetäubenden Knall explodierte die Glühbirne direkt über meinem Kopf in tausend winzige Glasscherben. Da ich nur ein leichtes Sommerkleid und Sandalen trug, war mir augenblicklich bewusst, dass mein ganzer Körper mit kleinen Schnittwunden übersät sein würde. Mein nächster Gedanke war: „Oh nein! Ich muss doch morgen früh mit dem Flugzeug nach Hause fliegen. Ich habe keine Zeit für einen Krankenhausaufenthalt." Einige Konferenzteilnehmer hatten die Explosion im Korridor gehört und eilten erschrocken herbei. Alles war übersät mit Glasscherben. Viele Splitter waren sogar unter der Toilettentür hindurch bis in den Flur gelangt. Die besorgten Frauen sahen mich schließlich inmitten des zerbrochenen Glases stehen. Starr vor Schreck rührte ich mich nicht von der Stelle und wartete auf den Moment, in dem Blut über mein Gesicht und meine Arme fließen würde. Doch nichts geschah. Vorsichtig berührte ich mein Haar. Ich schaute auf meine Arme und Beine und stellte verwundert fest, dass mich kein einziges Glasstückchen getroffen hatte – nicht einmal der kleinste Splitter. Wie konnte das sein? Für einen kurzen Moment meinte ich, Engelflügel um mich herum zu spüren, und ich hatte einen Bibelvers im Kopf: „Der Engel des HERRN umgibt alle mit seinem Schutz, die Gott achten und ehren, und rettet sie aus der Gefahr" (Psalm 34,8; HfA). So durfte ich wieder einmal Gottes Fürsorge erleben. Ein halbes Jahrhundert im Missionsdienst hat mich gelehrt, dass dieses Ereignis wohl kein Zufall war. Nach meinem letzten Auftrag als Leiterin von Projekt Hannah und direkt nach den befreienden Gebeten für eine Afrikanerin wollte der Feind mir zeigen, dass es ihn auch noch gibt. Doch ich durfte erfahren, dass Gott in mir drin stärker ist als der Teufel draußen in der Welt – wie es in 1. Johannes 4,4 steht. Die explodierte Glühbirne über meinem Kopf war ein einschneidendes Erlebnis für mich und wurde zur Einleitung einer neuen Lebensphase.

Mein „besseres Alter"

So nennen Brasilianer ihre Zeit als Rentner: mein besseres Alter. Das gefällt mir! Nicht nur, weil es für Rentner Vergünstigungen im Alltag gibt oder wegen des Respekts, der mir in meinem Alter von der jüngeren Generation entgegengebracht wird. Ich genieße mein „besseres Alter" auch deswegen, weil jetzt die Tage vorbei sind, in denen ich versucht war, mich mit anderen Frauen zu vergleichen, die besser oder gebildeter aussahen oder im Leben scheinbar mehr erreicht hatten. Inzwischen vergeude ich keine Energie mehr mit solchen ungesunden Gedanken. Außerdem brauche ich nicht mehr hart für die Zukunft zu arbeiten. Schließlich bin ich schon in der Zukunft angekommen! Ich lebe sie jetzt und bin bereit, für ewig mit Christus zu herrschen. Reife ist wirklich eine wunderbare Sache!

Es überrascht mich immer wieder neu, wie Gottes wunderbare Gnade in mir einen beständigen Glauben und einen gelassenen Frieden bewirkt, der in ihm allein verwurzelt ist. Und genau das brauche ich in dieser Lebensphase, in einer Zeit, in der einem noch viel bewusster wird, wie ungewiss der morgige Tag ist. Mitten in einer solchen Unsicherheit gibt Gott uns allen die wunderbare Zusicherung, dass die Herrschaft auf seiner Schulter liegt, wie es in Jesaja 9,5 steht. Das gilt nicht nur für mein persönliches Leben und meine Familie, sondern auch für die Ereignisse, von denen wir in den Abendnachrichten hören.

Für Edmund und mich ist das Alter das Wartezimmer zum Himmel, was nicht heißen soll, dass wir die Zeit vertrödeln und auf den nächsten Tag warten. Natürlich dürfen wir uns nach so vielen Dienstjahren ausruhen, aber das gibt uns nicht das Recht, aufzuhören, ohne uns weiterzuentwickeln. Ich liebe das Gedicht von C. T. Studd[13] mit dem wiederkehrenden Refrain:

Only one life, it will soon be past,
Only what's done for Christ will last.

Bald ist es vorbei, unser kurzes Leben.
Nur eines zählt: Was wir Christus geben.

Die Zukunft hat begonnen

Edmund, mein Partner und Geliebter seit über einem halben Jahrhundert, und ich haben unser Möglichstes getan, um unser Leben eines Tages gut zu beenden. Wir wollen Gott zurückgeben, was er uns schenkt, und viele Seelen für sein Königreich gewinnen. Bis zum aktuellen Zeitpunkt ermutigen wir Ehrenamtliche, Pastoren und Leiter durch einen Missionsdienst, an dem wir uns schon vor 15 Jahren in Brasilien beteiligt haben. „Fermata" nennt sich dieses Angebot für Pastoren, Leiter und deren Ehepartner.

Mit seinen 80 Jahren leitet Edmund außerdem ein Medienangebot von *Trans World Radio* für Männer in ganz Brasilien. Egal, wo wir hinkommen, stets begegnet uns das dringende Bedürfnis nach geistlichen Vätern und Müttern, also nach

---

[13] Charles Thomas Studd (1860–1931): Missionar in Indien, China und Afrika

persönlicher seelsorgerlicher Beratung durch erfahrene Christen. Auf diesen Bedarf reagiert Edmund, indem er als Mentor wöchentlich junge gläubige Leiter betreut.

Auch ich durfte erstaunliche Gelegenheiten als persönliche Beraterin im seelsorgerlichen Bereich wahrnehmen. Regelmäßig werde ich zu Frauenkonferenzen eingeladen, bei denen ich Gottes Wort und meine Lebensgeschichte weitergeben und vom Schmetterlingseffekt erzählen darf. Ein weiterer Grund zur Dankbarkeit und Freude ist meine Aufgabe als Beraterin im Leitungsteam der Frauenarbeit unserer Ortsgemeinde. Es gibt also noch keinerlei Anzeichen für einen Ruhestand beim Ehepaar Spieker!

Wenn ich auf all die Jahre meines Lebens zurückschaue, wird mir trotz aller spannenden Ereignisse und Errungenschaften nur eins wichtig: dass mein Mann und ich lebendige Zeugen für diejenigen sind, die nach uns kommen. Ich will diesen Menschen sagen, dass Gott seinem Wort immer treu bleibt.

Gott versichert jedem von uns: „Meine Gnade ist für dich genug! Meine Kraft wird durch deine Schwäche perfekt zum Ausdruck kommen!" (nach 2. Korinther 12,9). Allein Gottes grenzenlose Gnade trägt uns durch den Alltag. Diese Gnade ist für mich wie Geschenkpapier, das unseren Gehorsam, unsere Ausdauer und unsere Ausgeglichenheit im Leben umhüllt, auch dann, wenn das Leben uns manchmal scheinbar nur Schmerz, Leiden, Verlust und Niederlagen beschert. Ich habe nämlich gelernt, dass Rückschläge und Misserfolge die Macht haben, uns stärker zu machen. Die Umwege und steilen Straßen, unsere massiven Bemühungen, die wir einsetzen, um unsere hohen Ziele im Leben und im Missionsdienst zu erreichen – all das stärkt unsere Widerstandsfähigkeit. Vielleicht fragst du dich: „War es das wert?"

Ich sage: „Oh ja! Tausendfach ja!" Wenn ich tausend Leben hätte, würde ich jedes davon nutzen, um mit meinen Flügeln zu schlagen, Menschen zu berühren, Hoffnung zu geben, Freude zu verbreiten, Glauben zu wecken, anderen zu dienen und vor allem meinem Herrn hier und für immer und ewig zu dienen!

Hier bin ich also ... und bitte Gott darum, mir neue Berge zu geben, die ich mit seiner Kraft und Gnade bezwingen kann – sogar, wenn ich unter körperlichen Einschränkungen leide, deren ständige Begleiter starke Schmerzen sind. Trotzdem dränge ich vorwärts und aufwärts. Niemals werde ich mich damit zufriedengeben, am Fuß eines Berges stehenzubleiben. Es könnte ja sein, dass Gott mich für einen Auftrag vorgesehen hat, der all meine Weisheit, meine Fähigkeiten und Erfahrung braucht, die ich im Laufe meines Lebens angesammelt habe. Deshalb darf ich nicht aufhören, meine Flügel zu gebrauchen.

*

Dies ist vielleicht das Ende dieses Buchs, aber nicht das Ende meiner Geschichte. Solange ich atme und mental und körperlich gesund bin und bevor ich zum ultimativen „besseren Alter" befördert werde, halte ich Ausschau nach neuen Bergen, die es zu besteigen gilt, und nach Riesen, die mithilfe von Gottes Macht und Gnade gestürzt werden sollen!

Ihm allein sei alle Ehre!

Marli Spieker – Brasilien 2020

Anhang:
Projekt Hannah heute

„*TWR Women of Hope*" wurde 1997 unter dem Namen Projekt Hannah von Marli Spieker gegründet, um Frauen in aller Welt durch Gottes Liebe zu verändern und dazu die Kraft des Gebets zu nutzen.

In mehr als 70 Sprachen werden *Women of Hope*-Audioprogramme zu praktischen Alltagsthemen mit biblischem Wissen produziert. Weltweit beten Menschen in über 120 Ländern gemeinsam dafür, dass Frauen Gott kennenlernen. Jeden Monat wird dazu ein Gebetskalender veröffentlicht. Dieser enthält Informationen über aktuelle Projekte, macht auf Missstände aufmerksam und motiviert täglich zur Fürbitte. Werden Sie Teil dieser weltweiten Bewegung, und bestellen Sie den *WoH*-Gebetskalender, den *ERF* Medien e.V. monatlich in deutscher Sprache herausbringt.

www.erf.de/woh
international@erf.de

Literaturverzeichnis

Spieker, Edmund: *Foi Assim* ... Band 1–7. 2012, União Cristã, São Bento do Sul – SC

Spieker, Marli: *Wenn Hoffnung siegt! Frauen in Not begegnen Gott.* 2009, SCM ERF-Verlag, Witten

Marquardt, Horst: *Meine Geschichte mit dem Evangeliums-Rundfunk. Warten – Wunder – Wellen.* 2002, Hänssler Verlag, Holzgerlingen

Freed, Dr. Paul E.: *Towers to Eternity. The remarkable story of Trans World Radio as told by its founder.* 1994, Trans World Radio, Chatham, New Jersey

Collier, Richard: *William Booth. Der General Gottes und seine Heilsarmee.* 2015, Neufeld Verlag, Schwarzenfeld

Green, Roger J.: *Catherine Booth. Dienerin der Armen, Gewissen der Reichen, Anwältin der Verlorenen: Die „Mutter der Heilsarmee".* 2010, Brunnen Verlag, Gießen

Dank der Autorin

Danke, Jesus,
für alle Menschen, die mich auf dem Weg zu diesem Buch
begleitet haben:

für
Helena Wall, die jahrelang für dieses Buch gebetet hat,

Mirjam, meine Lektorin, die die Idee zu diesem Buch hatte,

Adelmo Rayman, der für mich portugiesische Texte
übersetzt hat,

Werner Thomas, der mir ebenfalls bei portugiesischen
Sprachproblemen weitergeholfen hat,

Rolf Metzger, Major der Heilsarmee,
der Fachbegriffe der Heilsarmee im Manuskript geprüft hat,

die *TWR*-Mitarbeiterin Tina Sessoms,
die mir sämtliche Dokumentationen, Berichte und Statistiken
von Projekt Hannah zugänglich gemacht hat,

Edmund, der immer alle Fakten und Zahlen parat hatte
und der einen großen Teil des Inhalts
zu diesem Buch beigesteuert hat

und natürlich für Marli, für die Ehre,
dass ich diese außergewöhnliche Frau kennenlernen durfte
und mit ihr sogar befreundet sein darf!

Margret Birkenfeld
Lieder und Lebensgeschichten

Gb., 224 S., 12 x 17,8 cm
Best.-Nr. 271 000
ISBN 978-3-86353-000-6

Margret Birkenfeld hat ganze Generationen mit ihrer Musik begleitet und geprägt. In diesem Buch gibt sie Einblicke in die Geschichten hinter ihren Liedern und lädt ein, noch einmal in vergangene Zeiten einzutauchen.

Auch als Hörbuch erhältlich!

Audio-Doppel-CD in Jewlbox.,
140 Min. Spielzeit
Best.-Nr. 271 035
ISBN 978-3-86353-035-8

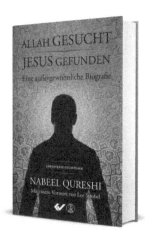

Nabeel Qureshi
Allah gesucht – Jesus gefunden
Eine außergewöhnliche Biografie

Gb., 512 S., 13,5 x 20,5 cm
Best.-Nr. 271 658
ISBN 978-3-86353-658-9

Nabeel Qureshi wächst in einem liebevollen muslimischen Zuhause auf. Schon in jungen Jahren entwickelt er eine Leidenschaft für den Islam. Dann entdeckt er – fast schon gegen seinen Willen – unwiderlegbare Beweise für die göttliche Natur und die Auferstehung Jesu Christi. Die Wahrheit über die Gottessohnschaft Jesu kann er nicht länger leugnen. Doch eine Konvertierung würde automatisch die Trennung von seiner geliebten Familie bedeuten. Qureshis Kampf und die innerliche Zerreißprobe werden Christen ebenso herausfordern wie Muslime und jeden, der sich für die großen Weltreligionen interessiert.

Eine Geschichte über den inneren Konflikt eines jungen Mannes, der sich zwischen Islam und Christentum entscheiden muss und schließlich seinen Frieden in Jesus Christus findet.

Anton Schulte/Sabine Langenbach
Mensch Anton
Über das Leben und Wirken
vom Gründer des Missionswerks
„Neues Leben"

Gb., 352 S., 12 x 18,7 cm
Best.-Nr. 271 157
ISBN 978-3-86353-157-7

Die überarbeitete Autobiografie von Evangelist Anton Schulte schildert eindrücklich, wie aus dem Müllergesellen aus Bottrop einer der bekanntesten Prediger in den 1960er-Jahren wurde. Interviews mit Wegbegleitern, Fotos und Rezepte ergänzen die Eindrücke.